# 指導案通りいかない！

## からはじめる
## 小学校
## 国語授業

JN048278

明治図書

# まえがき

　もしも本の帯が付いて「手に取って，まえがきだけでも読んでほしい」と誰かが推薦してくれたとしたら…，そんな仮説のもと，このまえがきを書き始めました。

　初めまして，今村行と申します。この本が出た時点で，私は東京学芸大学附属大泉小学校というところに勤める一教員で，本なんて出すのは初めてのことです。ですから，ほとんどの方は私のことなんて知りません。そんな，知らない人間の本を，本当に誰かが手に取って読んでくれるのだろうか，という疑問がまず初めにありました。とりあえず，今こうして，まえがきだけでも読んでくださっていることに，感謝を申し上げるべきですね。本当に有難うございます。

　本屋さんに行けば，一生かけても読み切れないような教育に関連する書籍が本棚にびっしりと並んでいます。「今を煌めく」ような，著名な研究者や実践者の方々の名前が印字された本が，たくさんあります。そんな中で，どこの馬の骨かも分からないような，見たこともない名前の人間が書いた本を購入するというのは，随分と狂気の沙汰なのではないか，と思ってしまいます。それなら代わりに魅力的な文庫を1，2冊買ってもらった方がいいのではないか…そういう声は私の中からも響いてきます。

狂気の沙汰と言えば，明治図書出版の大江文武さんが，私に直接メールを送って来た時には，本当に驚きました。「本を書かないか」と。びっくりしました。よくもまぁ，私なんかを見つけ出して，声をかけて来てくださったものだ，と驚いてしまいました。失礼ながら，随分と物好きな人がいるものだ，と思いました。ただ，「書きます」と即答しました。ずっとその準備をしてきたからです。そして，大江さんから提示されたテーマが，とても魅力的だったからです。

　その，大江さんが提示してくださったテーマが本書の「『指導案通りいかない！』からはじめる」というものでした。教員であれば，必ず指導案を書いたことがあります。日々の授業の中で，全ての授業に対して整った指導案を書くわけではないとしても，頭の中にその１時間の授業のプランニングをしています。そこからもう一歩踏み込んで，授業を魅力的にしようとする人の背中を押す一冊を書かないか…そんなことを言われたら，書けるか書けないか分かりません，という状況（だって本なんて書いたことないわけですから）だったとしても「書きます」の一択しかなかったんですね。とりあえずやります，と言い切っちゃった。そんなわけで，今こうしてまえがきを書いているわけです。

　「指導案通りいかない」という状況は，教師をやっていれば，それこそ毎日のように起こります。逆に，「指導案通りいったぁー‼」なんてこと，ありますか？　そんなこ

とがあったら，結構不気味に感じてしまうのではないか…
とすら思います。

　「指導案通りいかない」という悩みを解決した先にある
のはどんな状態か，ということを考えました。それって多
分「指導案通りいくようにできる」ということではないん
だろうな，と思いました。これはあくまで直観でしかない
ですけれど，「指導案通りいくように，自分はできる」と
思っている場合，それは子供との相互関係の中で生まれる
現実に悉く目をつむった結果なのではないかと思います。
私は，そのような授業を素晴らしいとは口が裂けても言い
たくありませんし，そのような教師を一人の人間として尊
敬することもないと思います。

　きっと，「指導案通りいかない」という悩みを解決した
先にあるのは「指導案通りいかないって面白い」という状
態だと，私は思います。プランニング，指導案作成を一生
懸命にやる。その上で思い通りにはいかない。子供は予想
もしなかった反応を返し，それに対して自分がどう立ち回
ればいいのか全く分からない。そこから，スマートでなく
ていい，汗をダラダラ垂らしていていい，しどろもどろで
もいいから，一歩踏み出して，子供と現実を切り拓こうと
する。そのような授業を私は素晴らしいと言い切りますし，
そのような教師を一人の人間として尊敬しますし，仲間だ
と思います。そういう人へのエールを，これからそれなり
のページ数を使って，繰り返し，繰り返し，送っていこう
と思っています。

私が何か話をさせていただいたり，ものを書く仕事をさせていただいたりする際に，意識していることがあります。それは，難しいことをやさしく，深く，愉快に，誠実に言葉にするということです。

　難しいことを，難しく書く人はたくさんいます。自分にとって大切なことを言葉にしようとする時，それは基本的に他の人にとってわかりやすいものではありません。「どうせ全てはわかってもらえない。だからこんなもんでいいだろう」と相手や自分を侮って安易に言語化することに逃げてしまいそうな瞬間もあります。「でも」と今，思う。

　難しいことをやさしくすること，それを深く描くこと，それを愉快に語ること，それをまじめに誠実に伝えようと徹すること。それは決して簡単なことではないけれど，何者でもない自分がそれを怠ったら，それこそこの本を手に取ってくださったあなたに，申し訳が立ちません。

　「それっぽいこと」は書けません。自分が子供と過ごした年月の中で，私がほんとうだと思ったことだけを，血を流して体得して来たことだけを，不器用な言葉に載せて，これからお届けいたします。もしよろしければお付き合いください。まえがきを最後まで読んでくださったあなたの目を見て「届け！」と伝える気持ちで，この先を書きます。


2024年6月


　　　　　　　　　　　　　　今村　行

# 目　次

まえがき ……………………………………………………… 2

第**1**章

## 「指導案通りいかない！」
## を乗り越える

**1** なぜ国語授業は「指導案通りいかない」のか ……… 14

**2** 「指導案通りいかない」とどう向き合うか ………… 18

**3** 「指導案通りいかない」を乗り越えるポイント①
子供から見た景色を想像する ……………………… 22

**4** 「指導案通りいかない」を乗り越えるポイント②
譲れない柱を自覚化する …………………………… 26

**5** 「指導案通りいかない」を乗り越えるポイント③
指導案通りいかないからいいと捉える ……………… 30

# 第2章

# 「指導案通りいかない！」が起こる ポイント地点

1 授業前 児童理解の段階 ……………………………… 36

2 授業前 教材研究の段階 ……………………………… 40

3 授業前 プランニング（指導案作成）の段階 ……… 44

4 授業中 発問の意図が伝わらない ………………… 48

5 授業中 話が逸れる（絞るポイントが明確でない）… 52

6 授業中 想定よりも時間がかかる ………………… 56

7 授業中 進度にばらつきが生まれる ……………… 60

8 授業中 想定とは違う結末を迎える ……………… 64

9 授業後 ずれをなかったことにする ……………… 68

10 授業後 責任の所在をうやむやにする ………… 72

# 第 3 章

# 実践「指導案通りいかない！」からはじめる小学校国語授業

## 1 年

話すこと・聞くこと

**どうぞよろしく**
「いいインタビューってなんだろう？」……………… 78

書くこと

**しらせたいな、見せたいな**
「くわしく書くってどういうこと？」……………… 82

読むこと

**どうぶつの赤ちゃん**
「どこでわける？」……………… 86

読むこと

**おおきなかぶ**
「どんなふうに読む？」……………… 90

読むこと

**ずうっと、ずっと、大すきだよ**
「どんなところから大好きだと分かる？」………… 94

# 2 年

話すこと・聞くこと
## あったらいいな、こんなもの
「引き出す質問ってなんだろう？」……………………… 98

書くこと
## 見たこと、かんじたこと
「あったことと，心の動きで，詩を書こう」……………… 102

読むこと
## スイミー
「場面の様子を思い浮かべるって？」………………… 106

読むこと
## どうぶつ園のじゅうい
「どうやって比べて考える？」………………………… 110

読むこと
## お手紙
「どんなことを考えていた？　そしてどんなことをした？」
……………………………………………………… 114

コラム1　指導案って誰のためのもの？ …………… 118

# 3 年

話すこと・聞くこと
## もっと知りたい、友だちのこと
「仲間からもっと聞くためには？」…………………… 120

読むこと

## わたしと小鳥とすずと

「みんなちがって，みんないいって？」……………………… 124

読むこと

## すがたをかえる大豆

「どんな順番で書かれている？」……………………… 128

書くこと

## 食べ物のひみつを教えます

「どんな順番で書く？」……………………… 132

読むこと

## モチモチの木

「どこで，どんなふうに変わった？」……………………… 136


# 4 年

話すこと・聞くこと

## あなたなら、どう言う

「相手の立場に立とうとするってどういうこと？」……… 140

書くこと

## 感動を言葉に

「連想を広げるヒント」……………………… 144

読むこと

## 白いぼうし

「松井さんってどんな人？」……………………… 148

読むこと

## アップとルーズで伝える

「対比させるよさって？」……………………………………… 152

読むこと

## ごんぎつね

「なぜ，そう書かれているのだろう？」………………………… 156

**コラム2**　　具体と抽象 …………………………………… 160


# 5 年

話すこと・聞くこと

## 「子ども未来科」で何をする

「説得力はどこから生まれる？」……………………………… 162

書くこと

## もう一つの物語

「効果的な構成を考えよう」…………………………………… 166

読むこと

## やなせたかし―アンパンマンの勇気

「どこが，なぜ，心に残った？」……………………………… 170

読むこと

## 想像力のスイッチを入れよう

「具体と抽象を結べ！」………………………………………… 174

読むこと

## 大造じいさんとガン

「誰にとっていいシーン？」…………………………………… 178

# **6** 年

話すこと・聞くこと

## 聞いて、考えを深めよう
「どんな話の流れになるだろう？」……………………………… 182

書くこと

## たのしみは
「どうすればたのしみが伝わる？」……………………………… 186

読むこと

## 帰り道
「どの視点から捉える？」………………………………………… 190

読むこと

## 『鳥獣戯画』を読む
「どんな書き方に惹かれるのだろう？」………………………… 194

読むこと

## やまなし
「明るい？　暗い？　なぜどっちもある？」………………… 198

**コラム3**　VUCA を生きる教師と子供 …………………… 202


あとがき ………………………………………………………… 204

第 1 章

# 「指導案通りいかない！」
# を乗り越える

# なぜ国語授業は
# 「指導案通りいかない」のか

国語授業は，基本的に指導案通りに進みません。ど
れだけ計画を練ったとしても，計画と現実の間にはず
れが生じます。それはいったいなぜなのでしょうか。
結局私たちは人間だから，という結論です。

## コミュニケーションは，ずれる

　自分の言いたいことが，相手にうまく伝わらない，とい
う経験をしたことが全くない，という人はいないのではな
いでしょうか。筆者自身，子供時代はなぜ家族にこんな
にも話が伝わらないのか，話が通じず喧嘩になってしまうの
か，不思議に思っていました。大人になった今でも，その
根本のところは変わらないように思います。身近にいてく
れる人，同僚，クラスの児童，保護者，日々接する人たち
に対して，自分の気持ちや意図がうまく伝わったなぁ，と
感じることはめったにありません。もし「私の話はいつも
相手にうまく伝わっている」と感じ，信じている人がいた
としたら，それは随分と楽観的で，目の前の現実を読み間

違えてしまっている人なのではないかと思います。

　本書のテーマ「指導案通りいかない」も，その辺りのコミュニケーションのうまくいかなさに焦点を当てたものであるように思います。立てた指導案や計画通りに授業が進まないことがほとんどだと分かってはいても，私たちはそのうまくいかなさに自分の力量不足を感じてしまいます。でも，授業も一つのコミュニケーションだと捉えた時に，それが計画通りいくということばかりでないのは明白ですし，なぜ国語授業は「指導案通りいかない」のかと問われたら，**授業とはそもそも計画からずれるものだ，うまくいかない状況が当たり前なのだ**，という身も蓋も無い結論が待っていて，それを一度受け止めるということがとても大切なのではないかと思います。

## 📖 本当に「指導案通り」いっているのか？

　うまくいかない，計画と現実の間にずれが生じる，ということ自体は，言ってしまえば当たり前のことで，決してネガティブなことではない。それが私の基本姿勢です。ただ，コミュニケーションや授業について考える時に，「そこにある計画と現実のずれをないことにしてしまう」ということは，随分と不誠実なことなのではないか，と思います。繰り返しますが，私たちは，基本的に自分の伝えたいことは相手に伝わらないということを，実感を伴って知っています。それにもかかわらず，自分が目の前の子供たちと一緒に作り上げる授業が完全に計画通りに進んでいる，

と考えるのはあまりに楽観的ではないでしょうか。自分の授業がうまくいっていると思い込み，目の前の子供たちとの間に生まれているずれ，子供たちの困り感に気付くことができなかったとしたら，それはネガティブな状況であると言わざるを得ません。ずれがそこに生まれている状況そのものではなく，**ずれがそこに生じているのに気付くことができていない状況**が問題なのです。

　そのような状況が生まれる原因は様々あると思いますが，一つの大きな要因は**「子供たちが教師をよく見ていること」**なのではないかと思います。どういうことか。授業中の教師の意図を子供は読み取っています。語弊を恐れずにいえば「教師に気を遣って」，うまく合わせる，ということすらあります。うまくいっていない授業なのに，子供が教師に合わせようとしてくれるあまりに，表面上授業がスムーズに運んでいるように見え，教師が「この授業はうまくいった」と錯覚してしまう（少なくとも私自身は，そのようなことに思い当たる節がたくさんあり，深い反省の念を込めてこれを書いています）。人間が人間をよく見ること，というのは本来ポジティブなことだと私は思います。ただ，子供が教師をよく見て合わせようとするあまり，本来授業の様々な場面にあるはずのコミュニケーションのずれに教師が気付けなくなるというのは，ネガティブな状況だと思うのです。ですから，当たり前のことなのですが，教師も子供たちのこと，授業の中で何が起こっているのかという事実を，**「自分の理想」というメガネに通さずに，**

**ありのままに見る**ことが必要なのではないかと思います。自分の都合のいいように授業を見てしまうということは，結局本当はうまくいっていないことに目を背けるということで，子供が実は困っている，授業の中で力を伸ばすことができていないという状況を放置してしまうということです。

## 📖 ずれに気付くことから

　ここまでの話をまとめると，**ずれがあること自体が問題なのではなく，自分の理想や願望によって現実の認識が甘くなり，ずれに気付いていないということが問題である**，ということになります。それはつまり，ポジティブな言い方をすれば，ずれがあると気付くことができれば，一歩前進するということでもあります。まさに「無知の知」のように「ずれの認知」がまずは大切なのです。

　指導案に書いた教師の願いと実際の授業の間のずれ，「指導案通りいかない」という悩みはおそらくなくなりません。そして「ずれていない」と思い込むことはとても危険です。どこまでいってもなくならないずれを見つめ続けること，そのずれ一つ一つに向き合っていくことが，授業力が向上するということにつながるはずです。そして何より，子供の前に立つ一人の人間として，そうすることが誠実であるということなのではないでしょうか。子供は教師をよく見ています。誠実であろうとする教師の姿も，子供は目を逸らさず，見てくれているはずです。

# 「指導案通りいかない」と どう向き合うか

そもそも「指導案通りいかない」のが普通であって，それはネガティブな状況ではない，と既に述べました。その状況を誤魔化すのではなくどう向き合うか，ここでは考えてみます。

## 「指導案通りいかない」に傷付かない

教師としての経験が浅い頃，私は確かに，計画通りにいかないこと，指導案に書いたのとは違う方向に授業が進んでしまうことに焦ってしまっていました。そして，授業の後，自分は全然力がないんだな，といちいち傷付いていました。今，当時の自分に声をかけることができるなら，一言こう伝えたいです。

**「気にするのはいい，でも傷付かなくていい」**

どういうことか。

既に述べたように，コミュニケーションは必ずずれるものですから，授業という教師と子供のコミュニケーションにおいてもずれが生まれるのは当然のことです。もし「ず

れていない」と思っているとしたら，それは危ない。授業の中での現実から目を逸らしてしまっている状況です。だから，ずれていることを「気にするのはいい」のです。でも，いちいち「傷付かなくていい」。

微妙な塩梅ですが，コミュニケーションのずれを「気にしなくなったらおしまい」なのですが，「いちいち傷付いていても始まらない」のです。こういう微妙な立ち位置に留まり続けることって，けっこう難しいのですよね。少なくとも，経験が浅い頃の自分にはできなかったのです。気にしないか，とことん傷付くか，そのどちらか一方に振り切ってしまう方が，思考の負荷が少なく，ラクなのでしょう。

## 📖 現実から目を逸らさない

人間は様々な状況が自分のコントロール下にあると信じたい，さらに言えば信じ込みたい生き物です。「正常性バイアス」という言葉を聞いたことがある方も多いと思います。正常性バイアスとは，危険な事態が起こっても，それを正常の範囲内だと捉え，まだ大丈夫だろう，と心を平静の状態に保とうとする心の動きのことです。例えば災害時に警報が鳴っても，まぁ大丈夫だろう，と思って急いで逃げるということをしない。ここでは正常性バイアスが大きく働いています。正常性バイアスが働いている時，私たちは現実をありのままに直視することができていません。自分の都合のいいように，現実を捻じ曲げて受け取ってしま

っている。ですが，当然現実に起こっていることは変わらないので，時に大きな悲劇を生んでしまうことになります。

　授業においても，そのような状況があるのではないかと思います。立てた授業計画がまだまだ甘いもので，子供たちが困っているのにもかかわらず，まぁこんなもんだろう，そんなに大きな問題ではないだろう，と思い込んでしまう。また既に述べたように子供は大人をよく見ていて，その意図に合わせようとしますから，一層大人の側はうまくいっている，大丈夫だと錯覚します。どんどん，自分の都合のいいように授業での現実を捻じ曲げていってしまう。それをそのままに放置しておくと，結局子供が授業の中で何も学ぶことができない，という大きな悲劇を迎えることになってしまうのではないでしょうか。そのような悲劇を迎えないためにも，**目の前に起こっている現実をありのままに見て，目を逸らさない**という姿勢が必要です。

## 📣 「指導案通りいかない」をどう捉えるか

　正常性バイアスが働く時，心の底で私たちは「これはまずい状況だ」と気付いています。それを無理やり押し込めようとするのが正常性バイアスです。かつての私は，授業が計画通りにいかない状況を「まずい状況だ」と思っていました。私は正常性バイアスを働かせて「まぁ大丈夫だろう」と思うよりは，思いっきり不安になって「なんて自分は力がないんだろう」と凹んで傷付いていたわけですが，それを「まずい状況だ」と思っていたことに変わりはあり

ません。ですが，ここで一つの問いを立ててみたいと思います。「指導案通りいかない」というのは，本当に「まずい状況」なのでしょうか。

「指導案通りいかない」という現実の結果として，今目の前の子供たちに学びを提供できていないとしたら，それは決して好ましい状況とは言えません。ですが，コミュニケーションは必ずずれるということを思い起こした時に，それを気にしすぎて立ち止まってしまっても，何も始まらないのです。何が今回のずれの原因だったのかを，現実から目を逸らさずに考える。それをできうる限り改善して，次の授業に臨む。すると，そのずれはクリアされる。でもまた必ず別のずれが生まれて，それがなぜ生まれたのかを考えて…。その状況は，「まずい状況」と一言に片付けられるでしょうか。

私は，ずれを認知しそれに対して改善する方法を考えて実行していくことを「まずい状況」だとは思いません。そのサイクルの中で，子供によりよい学びを提供していくことができるでしょうし，教師としても自分の力量を高めていくことができるはずです。「指導案通りいかない」に向き合い行動することは，子供の学びにとっても，教師の成長にとってもポジティブなことなのです。最後にもう一度。

**「気にするのはいい，でも傷付かなくていい」**

そういうマインドセットが生まれることが大切だと私は思います。

# 子供から見た景色を想像する

「指導案通りいかない」と向き合い，そこから一歩踏み出していくために大切なことをいくつか考えてみましょう。まず何よりも，子供から見た景色を想像することから始めたいと思います。

## 「指導案通りいかない」なんて知らない

　子供の頃，指導案というものは当然知りませんでした。目の前に立つ先生がどのような計画を立てているのか，それも勿論，全く知りませんでした。私自身は，教師が何を望んでいるのかということに随分と疎い，ただ目の前の学びを楽しむ子供でした（ちなみに偉そうに国語のことをつらつらと書いていますが，小学生の時に好きだった教科は理科で，仮説を立てて実験し確かめる，ということがただただ大好きで，そこに「教師が求めている答えを出さなければ」みたいな気持ちは微塵もありませんでした。小学校の教師を目指した当初も「理科の先生になりたい」と思っていました）。ですから，目の前の先生が「指導案通りい

かない」という状況で困っていた，みたいな状況も記憶にありませんし（単に関心がなかっただけかもしれませんが），そんなことが仮にあったとしても，そんなこと知ったこっちゃない，と思っていたはずです。

## 🏃 子供が教師に気を遣う

　一方で，自分が教師になって知ったことは，「教師の求めに応じようとする子供って結構いるんだな」ということでした。私自身はあんまり教師のことをよく見ていない子供だったわけですが，教師のことをよく見ている子供ってたくさんいます。その子たちは教師の求めていることに敏感に反応して，それに合わせようとしてくれます。多分，教師になったばかりの頃は，そうやって子供が合わせようとしてくれていることにも気付いていなかったのです。でも，現任校に来て，教育実習生の指導を毎年させていただくようになって「子供が実習生のことをよく見て，実習生の意図に合わせようとする」という姿を何度も，本当に何度も見てきました。

　実習生の発問は，時に曖昧で何を言いたいのか分からない，ということがあります。そこでまず，子供たちは「いったい何が問われているんだ？」という読み取りをしなければならなくなります。そこでは「学習問題について自分はどう考えるか」について頭を使うより前に，「目の前の先生は何を問おうとしていて，何が求められているのか」ということについて考え，頭を使わなければなりません。

それは，率直に申し上げて，子供の思考力の無駄遣いだと思います。かけなくていい労力を，子供に強いてしまっている。子供が気を遣って，教師の意図に合わせようとしている。そうやって「指導案通りいかない」という状況が本来は不要な子供の健気な努力によって回避されている。実習生の姿を見て初めて，あぁ自分にもこういうことが起こってきたんだなということに遅ればせながら気付かされました。

　でも，本当は子供にとって，そんなことは知ったこっちゃないのです。教師は，子供が「目の前の先生は何を問おうとしていて，何が求められているのか」にいちいち思い悩まずに，**ただただ「学習問題について自分はどう考えるか」に夢中になって頭を使えるような学びの場**をデザインしていくべきではないでしょうか。

## ❖❖ ただ，夢中になる

　ただただ理科の授業で仮説を立て実験し確かめるということに夢中になっていた私は，とても幸せな学び手だったのだと思います。教師に何を求められているのかなんて，全く気にしたことがなかったのです。そしてそれは，当時の理科の先生の力量だったのだと，今は分かります。

　授業が，まずは「目の前の先生は何を問おうとしていて，何が求められているのか」を考えなければならない場だとしたら，子供はどんどん疲弊していきます。それは，学びを愉しんでいる姿とは言い難いでしょう。一方で，「学習

問題について自分はどう考えるか」について夢中になって考えていた私は，言いすぎかもしれませんが疲れというものを知りませんでした。もっと知りたい，分かりたい，やってみたい，というエネルギーに満ちていると，疲弊感など感じなかったのです。

　「指導案通りいかない」に向き合い，その先に一歩踏み出していくためには，やはり子供から見た景色を想像することが大切だと思います。そして，特別なことではなく，学びにただ，夢中になる，ということを目指す必要があると思います。自分の指導案は，子供が夢中になるようなデザインになっているだろうか。指導案や計画と外れることになったとしても，子供がより学びに夢中になっていく道筋が見えた時に，そこに勇気をもって踏み込めるだろうか。授業や単元が終わった後，子供が「目の前の先生は何を問おうとしていて，何が求められているのか」にばかり頭を使っていなかったか，もし使ってしまっていたとしたならば，どのように変化を起こせば，より子供は夢中になれるのか。

　**「指導案通りいかない」を乗り越えた先にあるのは「指導案通りにいく」という教師が安心できる状況ではなく，「子供がただ，夢中になっている」という期待に満ちた状況**だと私は思います。期待に満ちた状態というのは，必ずしも安定した，安心を約束するものではありません。でもやっぱり，そこを目指したいと思うのです。

# 譲れない柱を自覚化する

前項では「子供から見た景色を想像する」と述べました。子供の視点から考えようとすることは大切です。ただ，一方で教師としての自分の信念を見失わないことも，大切だと思うのです。

## なんのための授業なのか？

「指導案通りいく」ということが授業の目的ではない，「子供がただ，夢中になっている」という状態での学びこそが目的である，ということを確認しました。ですから，言ってしまえば，指導案に固執するということには価値がありません。立てた指導案，計画に価値があってそこを守ることが，子供が夢中に惹き込まれるために価値になることもあれば，そこから離れることによって価値が生まれる状況もあります。そのどちらにしても，教師が決断していく際に，**自分の中で信念，譲れない柱を持っている**，ということが大切なのではないかと思います。

## ▌▌ 離れないための柱

　授業には必ずめあてがあります。めあてのない授業というものはありません。指導案を書いたり，心の中で授業のプランを計画したりする際にも，必ずめあてを設定すると思います。子供にこの授業で何を学んでほしいのか，何を実感してほしいのか，子供のどんな姿を我々は見たいと思っているのか，それを明確にしておくことはとても大切なことです。そして，めあてについては，ホイホイとそこからは離れてはいけません。子供たちと一緒に，この授業の中でこういう価値を作るぞ，という目的地は，途中で変えるべきではない，というのが私の意見です。

　例えば，みなさんもご存知の「ごんぎつね」の有名な最後の一文で少し考えてみましょう。

> 青いけむりが，まだつつ口から細く出ていました。

　授業で，この一文の情景描写が何を表しているのか考えるというめあてを立て，次のような意見が出たとします。

> ・火縄銃から出る煙って本当に青いの？　あえてそう
> 　書かれてるってことなのかな？
> ・青というのは悲しいイメージがある。ごんを撃って
> 　しまった兵十の悲しさが表されてるんじゃない？
> ・けむりが「細く」というのも，なんだかあえて書か

れている気がする。寂しげな雰囲気がある。
・「まだ」という言葉もあえて書かれている気がする。
　その場で誰も動けなかったということなのかな？

　これらの考えは，めあてに向かっている，価値ある児童
の発言だと言えます。このような発言はほめたり周りの児
童に紹介したりし，教師による価値付けをしていくといい
でしょう。一方で，めあてに向かわない，離れていってし
まう発言というものも，授業の中ではあるでしょう。

　①火縄銃って，撃つと煙が出るの？
　②ごんは銃の弾をよければよかったのに。
　③早く兵十はごんを助けてあげればいいのに。

　これらの発言は，その方向で話が盛り上がってしまうと，
めあてから遠ざかっていってしまう可能性があります。①
は，火縄銃の写真や動画などを紹介しサッと理解させてあ
げてもいいでしょう。②は，もう一度本文に戻り，兵十が
足音を忍ばせて近寄り背後からドンと撃ったことを確認す
るとよいです。③は，「なぜ兵十はすぐ助けず，銃をばた
りと取り落として立ち尽くしているんだろう？」と問いか
けると，情景描写に視点が向かっていくかもしれません。
　このように，**価値あるめあてを設定しそこから離れない**，
という教師の柱はとても大切なものだと思います。それが
ないと，何のための授業なのか，分からなくなります。

## ❚❚ 離れることを恐れない柱

めあてからは離れない，ということを述べました。一方で，時間配分などは，目の前の児童の様子を見ながら柔軟に変えていくことも大切だと思います。ただ，その際もただなんとなく変えるということではなく，**自分の中の柱を意識する**のが大切ではないでしょうか。

例えば，私は教室における「心理的安全性」というものを大切にしています。児童が思ったことを言っていい，受け止めてもらえるという感覚を大切にしたいです。

C　この煙が，もし赤色って書かれていたらどうだろう？

C　赤色って変じゃない？

C　教科書にも青って書いてあるから赤は関係ないと思う。

T　でも，赤だとどんな感じなんだろうね？

C　赤だと，悲しい感じや，兵十の後悔は伝わってこないと思う。やっぱり青と書かれていることに価値があるんじゃない？

「関係ない」というところでバッサリ切ってしまえば，時間は節約できます。ですが，もし赤だったら，ということを考えることで改めて青であることの価値が明らかになるかもしれません。ですからここでは教師があえて一歩踏み込んで子供に考えさせ，赤という考えを出した子供を肯定し，心理的安全性を高めようとしています。

このように，計画を離れる時にも，教師の中の柱が明確であることが大切なのではないでしょうか。

# 指導案通りいかないからいいと捉える

指導案通りいかなくてもいい，「ずれの認知」が大切だと述べてきました。第1章の最後に，さらに一歩踏み込んで，指導案通りいかないからいい，ということを主張してみたいと思います。

## 📖 教師としてどう生きるか

教師になろう，と決めたのはいつですか？　その時，どんな理想を思い描いていましたか？

私が教師になろうと決めたのは，高校生の時でした。でも，それは大学進学をどうするかという現実を目の前にして出した，大した理想もない決定でした。それから教職を取る大学に進学し，周りがエネルギッシュに教師になる夢を追いかけている姿を見て，自分は大した理想もなくここに来てしまったな，という引け目のようなものも感じました。その中で，自分はいったいどんな教師になりたいのだろう，と考え続けました。その中で一つ心に持つことができたのは「いい意味で子供にとっての壁を生み出せる教師

になりたい」ということでした。思い返せば，自分自身が何か成長するという時に，いい壁が立ちはだかってくれた，それをなんとか乗り越えていくことができた，という経験が何度かありました。成長を拒むような壁ではなく，それを乗り越えることで大きく成長できるようないい意味での壁を，その時その時で，目の前の大人が作り出してくれていた。自分も，そのような壁を作り出せる存在になれないだろうか，と思いました。

　教師になってからも，自分にとって手本となるような，素晴らしい考え方をお持ちの先生方にたくさん出会いました。たくさんのことを学びました。ただ，勿論自分がそれを完全にコピーできるわけでもありませんし，仮にそれができたところで，自分自身の心や体にそれがぴったりと合うかどうかは分からないと思いました。ですから，手本から学びながらも，それを自分という存在のために解釈，翻訳して，自分のものにしていかなければなりません。それは，簡単なことではなく，試行錯誤の連続で，それは今も続いています。

　長々と個人的なことを書いてしまいましたが，自分の理想というものについて，私は今も迷い続けているということをお伝えしたかったのです。あなたは，もう自分の理想を明確に持ち，それを体現することができていますか？

## 📖 何が停滞なのか？

　手本から学び，それを自分のものにしていくために解釈，

翻訳していくという作業をしていく真っ只中において，授業は基本的に「指導案通りいかない」ことばかりです。授業のめあてに設定したいことは分かるけれど，それをどう具体的に授業の活動に落とし込んでいいか分からない。あの先生はこうしているから真似をしてみるけれど，そのままやってもあの先生と同じような児童の反応を引き出すことは全くできていない。悪戦苦闘の日々です。うまくいっている，だなんてとてもじゃないけど思えない。

　ですが，それは停滞ではないと，今は思います。**うまくいっていないのと，停滞は同義ではありません。**うまくいっていない中で，「これは違う，じゃあ次はこれでどうだ」といった具合に，思考は積み重なっていきます。思考が積み重なっているのだけれど，目の前の具体的な現実がなかなか動かない。このような状況は必ずあります。この時は辛いですよね。全然前に進んでいる感覚が得られない。でもそれは，停滞ではなく，ジリジリと達成への距離を詰めている，必要なプロセスなのだと信じたい。

　では，停滞とはいったい何なのでしょうか？　私は，教員5年目の時，ある種の全能感のようなものを得る時がありました。初任校での年数も重なってきて，子供との関係もそれなりにでき上がってきていて，周りの先生方からもそれなりに信頼していただいて，やることなすことうまくいっているように見える時期がありました。誰も私を批判しないし，障害となるようなものがないのです。そうです，いい意味での壁というものが，なくなってしまったのです。

そういう時，授業も指導案通りいっているように感じられるのです。子供もそれに応えてくれているように見えるし，周りの先生方からも批判的な意見がないのですから。今思えば，その時こそが私が最も停滞していた時期だったのではないか，と思います。**うまくいっていると自分で思い込んでいる状況，壁が見当たらずスイスイ進んでいるように感じている状況こそが，停滞だった**のではないか。だって，思考が積み重なっていかないのですから。

## 📖 考えているからだ

　うまくいっていると思い込んでいる状況で，仮に指導案通りいっていると思われる授業を重ねて，子供を意のままに操れているような状況があるとしたら，それが胸を張れる達成なのでしょうか？　私は先ほど，自分の理想というものについて，今も迷い続けている，と申し上げました。理想はまだ，分からないんです。けれど，うまくいっていると思い込んでいる状況は，少なくとも自分の理想とはかけ離れている，と感じます。

　壁が見当たらず，スイスイ進んでいるように見える状況こそが停滞だ，とも申し上げました。この状況はとても楽で，教師としての自己肯定感のようなものも上がります。でも，それ以上考えようという意欲を失っています。その状況に，満足してしまうわけですから。

　私は，その状況に満足してしまうことに不安を感じていたタイミングで，運よく物理的に環境を変えることができ

ました。教員としての６年目に，現任校に赴任したのです。そこで，自分に求められるレベルも数段上がったと思います。これまで通りの自分では立ち行かない，そう思いました。そこでこれまでとは違うやり方で教材を研究したり，授業の方法を考えたりして指導案を立案し，授業をすると，やっぱりはじめ，うまくいかないんです。どこかで，ボタンを掛け違えているような感覚がある。でも，そこがやっぱり考えるスイッチになって，少しずつ自分のやり方を磨き上げることができました。

　私のように物理的に環境を変える幸運が誰にでも訪れるとは限りません。この本が「このままではいけない」と思っているあなたに届いたのであればとても嬉しいです。この本が，あなたが考える一つのスイッチのようになってくれたら，と願って書き進めています。

　**「指導案通りいかない」に悩むのは，もっといい授業をしたい，とあなたが考えているからです。**現状に満足せず，あなたの目の前に今ある壁を無視せずに，そこにあるかもしれない理想のために，考えようとしているからです。指導案通りいかないからこそ，私たちは考え，教師として，人間として成長し続けようとするのだと思います。「指導案通りいかない」から，はじめましょう。自分にとっての壁を見出せなくなり，子供に対してもいい壁を作ることができなくなっていくような生き方は，少なくとも私たちの理想には，なかったはずだから。

第 **2** 章

# 「指導案通りいかない！」が起こるポイント地点

1

# 児童理解の段階

> 「指導案通りいかない」が起こるポイント地点は，様々あると考えられます。これから順を追って考えていきますが，まずは何よりも，児童理解の段階にその大きなポイントがあるのではないでしょうか。

## 児童理解と国語授業

　国語の授業をするという時に，児童理解を無視することはできません。国語の授業プランを示した書籍はたくさん出版されていますが，その通りに授業をして，うまくいくこともあれば，うまくいかないこともあると思います。本になるような，素晴らしいプランのはずなのに，なぜうまくいかないことがあるのでしょうか？

　書籍に掲載されている授業プランには，具体的な対象となる児童像がぽっかりと抜け落ちてしまっていることもあります。こういう授業プランは，「どんな児童にも対応できる内容」になることが多いので，やや具体性に欠ける傾向があります。こういう授業プランをそのままやると，な

んとなくあと一歩深まらない…というような感覚になることが多いのではないでしょうか。

　書籍によっては，執筆者のそれまでの経験をもとにしたその学年の児童の姿を思い描いて書かれていることもあります。そのような授業プランをそのままやったとして，うまくいくというのは，たまたまその「執筆者が想定した対象の児童像」と，授業する目の前の児童に重なる部分があった，ということになります。ということは即ち，「執筆者が想定した対象の児童像」と授業する目の前の児童の間に差が大きい場合は，あまりうまくいかない，当然その授業プランでねらった効果は得られない，ということになります。

　当たり前の話ではありますが，**目の前の児童のことを理解し，その児童に合った授業プランを考える**必要があります。ここでは，児童理解を，個の理解と集団の理解という二つに分けて考えてみたいと思います。

##  個の理解

　学級の中で，国語の授業が好きな児童は何人くらいいますか？　自分の考えを文章で表すのが好きな児童は何人くらいいますか？　文章で表すよりも，口頭で話す方が得意な児童は何人くらいいますか？　すぐには書き始められないけれど，確かに自分の考えを持っている児童は何人くらいいますか？

　国語の授業が好きな児童もいれば，当然苦手意識を持つ

ている児童もいます。では，その児童はなぜ国語に苦手意識を持っているのでしょうか？ 国語で書く活動の時に，自分の考えをすらすら書くことができないからかもしれません。手を挙げて発言するのにとても緊張してしまって，うまく話せるか不安だからかもしれません。自分の考えはなんとなくあるのだけれど，どう表現したらいいのかが分からない状況で，「うまく考えられていない」と大人に見なされてしまった経験があるのかもしれません。**目の前にどんな児童がいるのかで，授業プランの立案は当然変わってきます。**それは，書籍や周りの教員が代替してくれる問題ではなく，他の誰でもないあなたが児童を理解しようとしなければなりません。

　かつて，自分の考えを書くことが苦手で，国語の授業でいつもつまらなそうにしていた児童がクラスにいました。ですが，昆虫が出てくる説明文を扱った際，その子が急にいきいきと考えを書き始めて，誰よりも積極的に発言しようとしたのです。お察しの通り，その子はとても昆虫が好きで，その説明文に惹かれたのでした。その説明文の授業で自分の意見を周りが聞いてくれて，称賛してもらえたことがきっかけで，その後の国語の授業でもどんどん活躍できるようになりました。個の理解をすることが国語の授業の中でもいかに大切かを実感したエピソードでした。

## 📖 集団の理解

　それぞれの個を理解しようと努めた上で，目の前の学級

の集団としての状態を理解しようと努めることも大切です。例えば，話合い活動の時に，自分の意見を言いたい！という意欲が勝って，相手の意見を聞くということにはまだ課題がある集団なのか。相手の意見を聞くことが自分の考えを深めるきっかけになる，ということが学級の文化となっている集団なのか。まだ聞き合う文化が醸成されていない集団で，いきなり数名のグループ活動を設定して自由に話し合わせても当然うまくいきません。話合いはうまく進みませんし，各グループで問題が噴出して教師もあっちに行ったりこっちに行ったり制御ができず途方に暮れてしまう，ということもあるのではないでしょうか。

　書籍などで紹介されている授業プラン，学習活動をそのまま行ってうまくいかないというのは，このように**集団にどのような文化が醸成されているか，何ができて何ができないのかを見誤って，適さない学習活動を行ってしまっているから**，ということが非常に多いと思います。

　勿論，初めからなんでもできる学級集団など存在しません。「聞き合うことはとても大切です」と口で伝えればそれが学級の文化になるわけでもありません。目の前の現状を下手に理想化せずに現実を見て，国語の授業の中での様々な学習活動，教師の価値付けを通して，集団としての文化を醸成していく，という心持ちでいたいものです。国語の授業の中での児童の反応に目を留めながら，児童理解を深めつつそれをまた国語の授業の改善に生かしていく，そのようなサイクルが理想ではないでしょうか。

# 教材研究の段階

　前項で述べた児童理解と，教材研究というのは，授業づくりの重要な二つの車輪であると思います。どちらかが欠けると，どうしても歪な授業プランになってしまい，「指導案通りいかない」が生まれます。

## 教材研究の３段階

　教材研究には三つの段階があるとよく言われます。**「自分の視点で」「子供の視点で」「授業者の視点で」**の三つです。この三つの視点を経ることによって，一面的ではなく，立体的に教材の魅力に光を当てることができます。ここでは，「読むこと」の物語文，４年生で扱う「ごんぎつね」を例に考えてみましょう。

## 自分の視点で

　まずは「ごんぎつね」を，一読者として読んでみます。「ごんぎつね」は長いこと全ての小学校国語教科書に掲載されていますから，まだ自分が授業で扱ったことがなくて

も読んだ記憶があるかもしれません。久しぶりに読んでみて，どうですか？

　私は，「ごんぎつね」を読むと，なんとも言えない読後感が残ります。物語の後半，つぐないのつもりで栗や松茸などを兵十の家に届けていることが「きっと，そりゃあ，神様のしわざだぞ」と誤解されたごんが，「神様にお礼を言うんじゃあ，おれは引き合わないなあ」と言うシーンがあります。「その明くる日も，ごんは，くりを持って，兵十のうちへ出かけました」と続いていくわけですが，私はもうここで「ダメ！　もう行っちゃダメ！」と思わず思ってしまいます。動物と人間という差異を超えていこうとするごんを健気だなと思う部分もあるし，そんな理想さえ抱かなければ…と憐れに思う部分もあります。そして，兵十に撃たれて，ぐったりと目をつぶるごん。兵十は火縄銃をばたりと取り落とし，銃の筒口からは青い煙が細く出ている…。ごんはこれでよかったのか，兵十は全てを察してどれほどの絶望を抱いているのか，そのような謎が青い煙とともにゆらゆらと揺れて残され，読者として立ち尽くすような，すっきりしないような気持ちになります。それが私の感じた「ごんぎつね」の魅力とも言えるのでしょう。

## 📖 子供の視点で

　一読者としての読みは必ず偏りがあります。それだけで授業プランを組もうとすると，それは随分と一面的なものになってしまいます。結果として，「指導案通りいかない」

という状況も生まれます。そのような状況を回避するためにも，子供の視点に立とうと努めて読んでいきます。

「ごんぎつね」は1932年に『赤い鳥』に掲載されましたが，話の舞台は幕末〜明治の初めあたりではないかと言われています。4年生の子供にしてみれば，「ごんぎつね」というのは随分と昔のお話に感じられるだろう，ということが想像できます。日頃子供たちが生きている環境とは随分と違う世界のお話だと言えます。ですので，子供の視点に立てば，時代背景や分からない言葉などを簡単に解説することが必要であろうと思われます。

また，ここでは前項で取り上げた児童理解が生きてきます。4年生の発達段階で標準（このような言い方が適切なのか分かりませんが）としてこのように感じるか，というだけでなく，**目の前のクラスの4年生の子たちがどのように読むのか**，ということを具体的に想像することが大切でしょう。例えば，クラスの子たちはごんに対してどのような感情を抱く傾向があるでしょうか。注目する場面にもよるわけですが，ごんのことをいたずら好きのひどいきつねだと感じる子もいれば，つぐないをしっかりしようと考えるごんはいいきつねだと感じる子もいるかもしれません。「Aさんは多分，ごんのことをひどいきつねだと思うんだろうな。でもBさんはきっと，いいきつねだと思うんじゃないか」といったように，クラスの児童の具体的な顔を思い浮かべながら読んでいくと，授業のプランを考えることにつながっていくはずです。

## 📖 授業者の視点で

　一読者としての読み，子供の視点に立った読みを持った
上で，最後に授業者として読んでいきます。

　例えば，私は一読者として読むと，先ほど申し上げた通
り，「その明くる日も，ごんは，くりを持って，兵十のう
ちへ出かけました」のところで，「なんで持って行くんだ
よ！」という思いを抱いてしまいます。そこが一つ，この
「ごんぎつね」という物語のキーポイントになると思って
います。では，目の前の児童がそこに立ち止まって「考え
たい！」と本当に思うのかどうか，授業で扱う価値のある
問いとなり得るのか，それを想像しながら読んでいきます。
その上で，これはきっといける，となれば授業プランに組
み込んでいきます。

　また，ここではしっかりと押さえたい表現などについて
も確認します。「ごんぎつね」では「空はからっと晴れて
いて，もずの声がキンキンひびいていました」や「青いけ
むりが，まだつつ口から細く出ていました」という情景描
写にはぜひ子供たちも立ち止まってもらいたいところです。
そのような表現を授業者として把握し，授業プランの中で
どのように取り上げていくかを考えていきます。

　このようなプロセスを経て教材研究をしていけば，一面
的な視点に陥らず，仮に「指導案通りいかない」という状
況に陥ったとしても「子供の視点が足りなかったな」など
と振り返ることが可能になるはずです。

# プランニング（指導案作成）の段階

> 児童理解を深め，三つの視点を通して教材研究を深めてきました。いよいよ，授業プラン，指導案の作成の段階です。ここでいかに具体的，立体的なプランを立てられるかどうかが，一つの山場です。

## 三つの視点のどれも，軽視しない

前項の教材研究の段階では，「自分の視点」「子供の視点」「授業者の視点」の三つについて取り上げました。これを生かして，授業プラン，指導案の作成を行っていくわけですが，ここで心に留めておきたいのは，**三つの視点のどれも軽視せず大切にする**，ということです。それはなぜか。

まず「授業者の視点」から考えてみましょう。もうこれは当たり前の話だとお感じになると思いますが，授業プランを考える上で「授業者の視点」は不可欠です。「ごんぎつね」について，どこが授業で扱うべきポイントか，押さえるべき情景描写はどのようなもので，そこからどう考え

44

を広げさせたいか…，それらがなければ，授業プランを立案することはできません。ただし，「授業者の視点」からだけで授業を考えると，それはそれで味気のないものになってしまう可能性があります。

　次に「子供の視点」についてです。ここでは，いわゆる4年生の発達段階で「ごんぎつね」をどう読めるかということだけではなく，目の前のリアルな4年生たちがどのように「ごんぎつね」を読むのかということを考えました。この視点が欠けると，具体的な対象となる児童像がぽっかり抜け落ちた，のっぺりとした授業プランになってしまいます。それこそ，どの学級でもできるかもしれないけれど，その学級特有の深まりというものが生み出せないプランになってしまう。

　最後に「自分の視点」についてです。これはもしかしたら，授業プランを作成するにあたって，一番不要と思われるような視点かもしれません。授業は子供のためにあり，授業者として自分個人の感じ方はそこに介在させない方がいい，そう思われるかもしれません。勿論，個人の一面的な読みを「正解」に仕立てあげて，それを児童に無理矢理理解させようとするような授業プランを作成することは，よいことだとは思えません。しかし，授業は子供の声と，他でもないあなたという人間の肉声の二つから成り立っています。あなたが自分という存在を消して，どこにでもいるような「授業者」という抽象的な存在で授業をすることが，本当に子供と授業を作り上げる上で健全なことと言え

るのでしょうか。私はそうは思えないのです。

　このように，三つの視点のどれも軽視せず，授業プラン
の作成に生かしていくことが大切だと思います。

## 📕 抽象的に書けば指導案通りいく？

　具体と抽象，という考え方がありますが，指導案を書く
際にはそれをどう考えればいいでしょうか。

　指導案を抽象的に書く，ということは，様々な具体を包
括するような書き方をする，ということです。例えば，
「ごんぎつねに出てくる情景描写について，自分の考えを
深める」と指導案に書いたとしましょう。「自分の考えを
深める」というのは随分と抽象的です。いろんな子供の姿
が想像できますよね。繰り返しますが，抽象的に書くと，
いろんな子供の姿を包括できます。どんな反応が返ってき
ても指導案通り，ねらったことの範囲内，ということにな
るかもしれません。

　ただこれって，ちょっと「逃げ」の姿勢が臭いません
か？　具体的にしないで抽象的な書き振りに留めると全て
を想定の範囲内にすることができるのかもしれませんが，
それだと子供の反応に対して教師がどう価値付けたり，他
の児童に紹介したりすればいいかが明確になりません。あ
と一歩「深まり」に欠ける授業になりがちです。これは
「授業者の視点」だけに傾注して授業プランを作成しよう
とした時に，よく起こってしまうことです。そこに「子供
の視点」と「自分の視点」を入れていく必要がある。

## ずれることを恐れずに具体化する

「情景描写について，自分の考えを深める」をより具体的にしていくと，どのような書き振りになるでしょうか。まずは「自分の考えを深め」ている姿を具体的に想像します。その時，実際に目の前にいる4年生の子供の目を通して考えようとすることが大切です。「青いけむりが，まだつつ口から細く出ていました」という情景描写について，クラスの「あの子」はどう思うだろうか？ 「なんでこんな一文が最後にあるの？」とまず疑問に思うかもしれません。そこに違和感を抱くことを，授業者として，一人の読者としてどう評価するか？ 私はそこに違和感を抱くことができることをほめ，周りの児童にも広めたいと思います。

T　Aさんはこの一文がなんであるのって疑問に思っているみたいだけど，みんなはどう？

C　確かにいらないかもしれない。

C　「火縄じゅうをばたりと取り落としました」で終わっても，兵十がショックだったのは伝わるよね？

C　でも，なんか私は「青いけむり」から兵十の後悔，みたいなものを感じるんだけど…

　このようなやりとりがきっと目の前の子供たちの間で繰り広げられるのではないか。具体的に考えていくと，当然「指導案通りいかな」くなる可能性も高くなります。それでもなお具体的に想像することで，子供の意見の価値に即座に反応し，光を当てやすくなるのではないでしょうか。

# 発問の意図が伝わらない

　　ここからは，実際の授業の中で，どのように「指導
案通りいかない」が起こるかを考えていきます。まず
は導入での「発問」について。ここで，子供の思考を
一気に夢中なモードに誘いたいものです。

## 何を問われているか明確に

　前項のプランニングの段階で，具体と抽象の話をしまし
た。プランニングの段階での抽象度，具体度が，発問にも
直接関わってきます。

　抽象的な「情景描写について，自分の考えを深める」と
いう目標を掲げた時，発問も抽象的になりがちです。

> 　「情景描写について，自分の考えを持ち仲間と話し
> 合おう」

　「え，自分の考えを持とうって言われても，どうやれば
いいの…？」「情景描写について，って言われても，ふー

ん，としか思えないんだけど…」という子供の声が聞こえ
てきそうです（勿論，抽象的な発問でも対応できる子供も
いるでしょう。ただそれはその子がスペシャルであるとい
うことが多く，それをスタンダードにすることは危険です。
また，抽象的な発問からそれぞれに考えを膨らませて話し
合うことができる集団もあるでしょう。ただそれは，その
学級が抽象的な発問に対する立ち向かい方を文化として会
得している，そこまでに担任の綿密な手立てによってそれ
が育まれているということであって，初めからそこにある
もの，というわけではありません。そのような特別な例で
はなく，今回はまだそれが難しいと思われる多くの学級を
想定して説明します）。

　「自分の考えを持つ」と言われても，それがどのような
ことなのかイマイチ分からない。先生は一体，「自分の考
えを持つ」と言った時にどんなことを求めているんだろ
う？　このように発問が抽象的だと，子供が教師の中にあ
る正解を探すようになることが多いです。すると，教師の
意図を読むことにエネルギーを割き，夢中になって考える
ことに割くエネルギーが相対的に減っていきます。それが
常態化すると，国語の授業が「教師の意図を読み取ること
がうまい子が活躍できて，教師の意のままに動かない子は
評価されない」という悲惨なものになってしまいます。

　そのような事態が起こらないためにも，**発問を明確にし，
子供が夢中になって考えるということにエネルギーをでき
るだけ割けるようにしていく**必要があります。

# 📖 子供のつぶやきからでも

子供に対しては，教師の言葉よりも子供の言葉の方が伝わる，ということを体感したことがある方も多いでしょう。教師の立場からこれだけ言葉を尽くしても全然伝わらないのに，子供の何気ないつぶやきで全てが伝わる，なんてシーンは日常茶飯事です。教師としては子供の言葉から学び，できる限り目の前の子供たちに届く言葉を模索していくことが大切でしょう。また国語の発問に関しては，**子供の言葉を用いて文言を考える**，ということも効果的です。

例えば，単元の第1時に「ごんぎつね」を読み，初発の感想を書いた際，「なんで『青いけむりが，まだつつ口から細く出ていました』という終わり方なんだろう？　なんか意味あるの？」という素朴な疑問が出てきたとします。この感想は，まだ情景描写の効果には気付いていないわけですが，ここから議論を呼び起こす可能性が十分に含まれている，とても魅力的なものだと思います。この子供の感想をもとに，次のような発問を考えたとしましょう。

> 「なぜ『青いけむりが，まだつつ口から細く出ていました』という一文で物語が終わるのだろう」

ここから，次のような議論が生まれるかもしれません。

C　一見，いらないよね，この一文。

C　でも，書いてあるからには意味があるんだろうね。

C　なんかちょっと，静かで悲しい感じがするんだけど。

C　どういうこと？

C　青とか細くって，なんかこう，シーンって感じがする。

C　確かにそんな感じもしてきたなぁ。

C　兵十がごんを撃ってしまった後悔とかも表されてる？

　なぜこの一文で終わるのか，という子供の素朴な疑問から，この一文の中にある「青い」「細く」という細部にも目が向いています。ここで教師が情景描写という言葉を改めて紹介し，その効果についてそれぞれに考えを述べてもいいでしょう。「情景描写について，自分の考えを持ち仲間と話し合おう」という抽象的な発問で目指していたことも，このような具体的な発問から出発して達成することができます。

## 📖 発問は誰のためのものか

　当たり前の話ですが，発問は子供が考えるためのものです。教師がいくらこれを問いたいと思ったところで，それが子供に伝わるものでなければ，混乱を招くだけです。**プランニングの段階で，具体的に子供に伝わる文言を考えておく**ことが「指導案通りいかない」という状況を避けるために大切です。そして，いざ授業で子供に発問が伝わっていない，という状況に陥ってしまった際は，ひたすらに抽象的な言葉を重ねてさらなる混乱を招くのではなく，**子供の言葉を参考に具体化していく**，という軌道修正をする柔軟さが求められるのではないでしょうか。

# 話が逸れる（絞るポイントが明確でない）

子供が話し合っていく時に，話が逸れる，ということはいくらでも起こり得ます。それは子供がふざけているわけではなく，一生懸命であることが多いです。叱るのではなく，技術を伝えたいものです。

## 話が逸れるのは，一生懸命だから

子供が話し合っていて，話が逸れることはたくさんあります。はじめに確認しておきたいのは，話が逸れるというのはその子や集団の課題ではあるものの，少なくとも「話したい」というポジティブなエネルギーの賜物である，ということです。「話を逸らしてやろう」という悪意？によって話が逸れていることはほとんどありません（それができたらむしろすごく国語力があると言えるのかもしれませんね…）。ですから，話が逸れてしまうという状況に際して，教師や周りの児童がそれをキツく注意するのではなく，適切なアドバイスを送れるようにしたいものです。話が逸れて注意されるのを恐れて，話が弾まなくなるといった状

況の方が，ずっとずっとネガティブですから。

　国語の授業の中でも，子供が一生懸命であるがゆえに話が逸れてしまう，ということはたくさんあります。それによって「指導案通りいかない」という状況も生まれることがある。では，なぜそもそも話が逸れてしまうのか，その時にどのようなアドバイスを送っていけばいいのかを一緒に考えてみましょう。

## ❫❫ なぜ話が逸れるのか？

　話が逸れるのにはいくつかのパターンがあると思うのですが，学級で話が逸れる様子を注意深く見ていると，大元はここにあるのではないか？というポイントがあります。それを私は**「大泉の映画館」**という話で子供たちに説明しています。それだけ聞いても何のことか分かりませんよね。ちゃんと説明します。

　私が勤める東京学芸大学附属大泉小学校の近くに，とある映画会社の映画撮影所，アニメーション作品のミュージアム，映画館が併設されているエリアがあります。「大泉の映画館」の話をしよう，と言った時には，そのアニメーション作品のミュージアムで今こんな展示をしているとか，この前あそこでこの作品を観たとか，最近はあの撮影所で〇〇という作品の撮影をしているらしいとか，そんな内容が考えられます。これ，「大泉の映画館」から逸れていませんよね？

　で，ここからが話が逸れていくポイントなのですが，

「大泉の映画館」を「大泉」と「映画館」に分解してしまうことが多いんですね。

　まず「大泉」の方に逸れると,「大泉学園って本当に住みやすい街のランキングの上位なんだよ」とか「駅前のあの餃子屋さんが美味しい」とか「大型書店も古本屋もあって最高！」とかそういうことになっていきます。

　次に「映画館」の方に逸れると,「ウチの近所の映画館のポップコーンはキャラメルソースの量が少なくて味が薄い」とか「え〜ウチの近所は映画館がそもそもないからそれでも羨ましいよ〜」とかそういうことになるわけです。

　もうね,「大泉の映画館」から随分と遠くに逸れていくんです（笑）。子供たちに話して聞かせるとゲラゲラ笑って「逸れすぎ！」とか「そんなことある⁉」とか言っていますけれど,「これ,国語の授業の中で本当に頻発してますよ」と伝えると「は‼」という表情になってまた可愛いです（笑）。

　ぜひ先生方も,授業の中で話が逸れる様子を観察してみてください。結構この「大泉の映画館」,当てはまると思います。そして,キツく注意するという形ではなく,子供たちが「は‼」と気付けるようにぜひ導いていきたいですね。

## 📖 実際の授業の中で

　例えば「ごんぎつね」の授業で,**「ごんは「神様にお礼を言うんじゃあ,おれは引き合わないなあ」と言っている**

**のになぜその明くる日も兵十のうちへ出かけるのか？」**と
いう問いで話し合っていたとしましょう。

C　たとえ引き合わなくても，つぐないのためにやってい
　　るから行かなきゃと思ったのかな？

C　引き合わないから，俺がやってるんだぞって気付かせ
　　たいという気持ちもあって行ったのかも。

　　はい，逸れていませんね。大丈夫です。

C　私だったら，もう行かないかも。私は直接お礼言って
　　もらいたいなぁ。

　　これは一見逸れているようにも感じられますが，国語の
学びの中で自分の経験とも重ねて思考するのは大切ですし，
なぜごんはこの状況でも明くる日も行くのかという問いに
対して正対しています。

C　神様にお礼を言うって私はよく分からない。

　　これは，ごんの行動ではなく，問いの中に出てきた「神
様」の方に思考が傾きすぎています。このような発言から
他の子が「でも～」と話をつなげていくと，どんどん話が
問いから遠ざかっていってしまうことがあります。しかし，
この発言をした子はあくまでも一生懸命考えようとしてい
るはずです。「それは今関係ない」と切り捨てるのではな
く，問いに目を向けられるような声掛けをしていくといい
のではないでしょうか。

　　実際の授業の中でも，教師が軌道修正したり，子供たち
同士で逸れているかもしれないということに気付き合った
りしながら，話合いを進めていくといいと思います。

# 想定よりも時間がかかる

「指導案通りいかない」の中でも「想定よりも時間がかかる」はその代表例とも言えるかもしれません。想定通り進めるべき時も，想定から外れて時間をかけるべき時もありそうです。

## なぜ「想定よりも時間がかかる」のか

　教育実習生の指導をさせていただいていて，実習生の書いてくる指導案を見ると「多分これは指導案に書いてあるよりも時間がかかるだろうなぁ」と思うことがしばしばあります。そのプラン通りに授業をすれば当然，そこで計画よりも時間がかかり，その後の活動に割く時間が少なくなってしまう，ということになります。なぜ実習生や私たちは指導案を書く時に，実際よりも活動の時間を短く見積もってしまうのでしょうか。

　考えられる理由としてはまず，**「活動を詰め込みすぎる」**という傾向があると思います。勿論そのクラスの実態にもよるわけですが，授業の中で大きな学習活動を二つも三つ

も入れるのは現実的ではありません。児童に活動させたいことのアイデアがたくさんあるのは素晴らしいことかもしれませんが，一つの活動に割ける時間がどんどん短くなってしまい，せっかくの魅力的な活動の価値が損なわれてしまいます。これはあくまでも私の体感ですが，大きな学習活動は1時間の中で一つに絞った方がいいのではないかと思います。

　合わせて，<u>**「計画の段階で子供の思考を理想化しすぎる」**</u>という傾向も我々にはあると思います。指導案に書かれている想定時間は，大抵の場合教師が設定するゴールへ最短で走って行った時にかかるであろう時間になっています。そこに「寄り道」の余地が残されていない。これは前項の「話が逸れる」とは少しニュアンスが違っていて，価値のある「寄り道」というのが確かに存在しています。その「寄り道」を想定して時間を設定していけば，大きな学習活動は授業の中で一つに絞ってもいいのではないか，というのが私の意見です。活動をいくつも入れると，その価値ある「寄り道」を切り捨てて，ゴールへ最短で走っていくことに徹さなくてはいけなくなります。それは，子供の視点からしても，随分急ぎ足な，味気ないものになってしまうのではないでしょうか。ゴールへ最短，にこだわれば，時には価値ある「寄り道」の意見を出した子の意見がバッサリと切り捨てられる悲劇に見舞われます。それでも「指導案通り」いくということに価値を置いた方がいいのか，我々はよく考えてみる必要があるでしょう。

## 🔖 価値ある寄り道とは何か？

　価値ある寄り道にもいくつかのパターンはあると思います。ここでは**「他の可能性を検証する」**というものを取り上げて考えてみましょう。「譲れない柱を自覚化する」の項でも取り上げた「ごんぎつね」の「青いけむりが，まだつつ口から細く出ていました」という情景描写についての話合いです。ある子が，青という色に着目し，もしも他の色だったとしたらどうだろう，と他の可能性を検証しています。

C　この煙が，もし赤色って書かれてたらどうだろう？

C　赤色って変じゃない？

C　教科書にも青って書いてあるから赤は関係ないと思う。

T　でも赤だとどんな感じなんだろうね？

C　赤だと，悲しい感じや，兵十の後悔は伝わってこないと思う。やっぱり青と書かれていることに価値があるんじゃない？

　ここでは，一見脱線のように見える「赤色だったら」という可能性の検証によって，他でもない青色だからこそ意味があるのではないか，ということに子供が気付くことができています。これはまさに価値ある寄り道と言えるものではないでしょうか。教師がゴールに向かって最短距離を進まなければならない，という焦った心持ちでいると，このような寄り道の可能性を潰し，深まりに欠ける授業に陥ってしまう傾向があるように思います。

##  めあてを具体的に明確にしておくことが大事

　価値ある寄り道を可能にするためには，焦った心持ちではなく，ある意味余裕をもてるプランニングが大事，という話をしてきました。ですが，時間に余裕をもたせて，何でもかんでも寄り道を許容していけばいい，というわけでも勿論ありません。前項の「大泉の映画館」の話ではないですが，寄り道とは言えない本筋からの脱線ということもいくらでも起こり得るのが教室におけるリアルです。では，どのように我々は価値ある寄り道と，本筋からの脱線を見分けていけばよいのでしょうか。

　結論を言えば**「めあてを具体的に明確にしておくことが大事」**ということになります。これは「3　プランニング（指導案作成）の段階」の「ずれることを恐れずに具体化する」と大きく重なる部分ですが，「ごんぎつね」の授業場面で言えば，「子供に情景描写の効果を実感させたい」という教師の願いが明確になっていて，どのような話合いが起こりうるかを具体的に目の前の児童の実態に合わせて想定しておくことが大事です。「赤色」という発言が子供から出た瞬間に「これは『なぜ他の色ではなく青色なのか』を考えることにつながる価値ある寄り道だ！」と教師がピンとくることができるか。プランニングの段階は，「指導案通り」やるための準備というよりは，このように「価値あるものにピンとくる」ための準備と言った方がいいのかもしれません。

# 進度にばらつきが生まれる

進度にばらつきが生まれるのは当たり前。子供たちはロボットではありません。生まれた差を嘆くのではなく，むしろ授業で生かすような心持ちでいることが「指導案通りいかない」を超える一手です。

## 「計画通りいくこと」が目的ではない

前項の「想定よりも時間がかかる」ともつながる部分ですが，指導案で書いた時間に余程余裕を持たせておかなければ，結果として授業の中で「子供を急かす」という状況に陥りがちです。そして，子供たちはそれぞれ違う存在ですから，進度にばらつきが生まれるのもまた必然です。例えば大人であっても「研究授業までに指導案を作る」ということに対しても，早く完成させられる人もいますが，なかなか書き上がらない人もいます（ちなみに私は，ものすごく遅いです）。でも，みんなが同じペースで完成させなければいけないわけでは勿論ないですよね。

指導案やプランニングの段階というのは，どうしても子

供の姿を理想化してしまう傾向にありますから，進度にばらつきが生まれた時にどうするかということをあまり明確にしていないケースがあります。

　早く考え終わった子供は，もう考えることが見つけられなくなって，自分の席で所在なさげにキョロキョロとしたり，「授業中は席を立ってはいけない」という教師の教えを真面目に守って姿勢よく座っていたり，やることがなく一気に意欲を失ってしまったり。

　一方時間がかかっている子供は，考える手がかりすら掴めておらず考えあぐねていたり，考えるべき道筋は見えているけれどもう少し時間がかかってしまうことが自分で分かって「自分が周りを待たせてしまっているのではないか」と不安に駆られてしまったり…。

　「ばらつきを想定していない指導案」という一つの定規に当てはめようとすると，結局両者が幸せにならないということが想像できると思います。

　では，そのようなばらつきは，ない方がいいのでしょうか？　その方が，「指導案通り」いくので楽なのかもしれません。それでもやはり，私は**子供たちのばらつきを「できれば無くすべきもの」として捉えるのではなく，教室にあるギフトとして扱いたい**と思います。

## 📖 学びにバリエーションを

　進度にばらつきが生まれる，それぞれに子供のペースがあるということに加えて，それぞれの子供に適した学び方

のスタイル，というものもあります。例えば大人が指導案を書くにしても，まずは誰かとアイデアを出し合ってブレインストーミングから始めたいという人もいれば，まずは一人でじっくり考えて組み立てたい人もいます。ちなみに私はまず一人でじっくり考えて，自分の奥にあるものを知りたい，と思うタイプです（だから「時間がかかる」のかもしれません）。そういう私が「まずブレストからやるよ！」と周りに言われても，「ちょっと待って，１回自分で考えさせて」と思ってしまうかもしれません。勿論自分の学び方，考え方が硬直化してしまっていることもあるので，一概に「自分に適していると思っているやり方」にこだわればいいというわけではなく，お試しもしてみるべきだと思います。ですが，それでも一つのやり方をいつも強いるとなれば，それはやや乱暴だと言わざるを得ません。

　学級にも，まずじっくり一人で考えたい私のような傾向の子供もいれば，一人ではどこか思考が空回りしている感覚に陥ってしまうから，きっかけを掴むためにもまず誰かと共有したいという子供もいます。それぞれの学び方を許容できる緩やかかつ具体的なプランニングが求められます。

　「話が逸れる」の項でも取り上げた「ごんぎつね」の授業で，**「ごんは「神様にお礼を言うんじゃあ，おれは引き合わないなあ」と言っているのになぜその明くる日も兵十のうちへ出かけるのか？」**という問いについてノートに自分の意見を書くという場面を具体的に想像してみましょう。

　Aさんがこのようにノートに書いたとします。

たとえ引き合わなくても，つぐないのためにやって
いるから行かなきゃと思ったのかな？

　前の場面までのごんを踏まえて考えたいい意見だと思い
ます。ここまで書いて，まだ教師が設定した次の活動まで
の時間に余裕がある。そこで，Ａさんはぼーっと過ごす…
ではもったいないですよね。ここでは教師が**「残り時間は**
**誰かと意見を共有してみたら」**と提案できると，Ａさんは
誰かの意見に触れて「確かに！」という気付きを得られる
かもしれません。

　一方でＢさんは，「もし自分だったら」と新たに問いを
立てて，多面的に考えているとしましょう。この思考にも，
とても価値があると思います。多面的に考えようとする子
は時間がかかります。Ｂさんには**「もう少し自分で考えて**
**みて，後でぜひみんなに紹介してね」**と伝えると，一層考
えるエンジンが入るかもしれません。全体共有の場面で，
Ｂさんの意見からＡさんの考えが深まる，ということもあ
るでしょう。

　子供それぞれにペースがありますし，適した学びのスタ
イルというものがあります。それを生かして，相互にギフ
トとして感じられるようつなげていくことを目指したい。
そして，その中で「お⁉」と子供の姿に驚く瞬間もあるか
もしれません。そのような**児童理解のアップデートの機会**
**を逃さない**ようにしたいと，いつも思います。

# 想定とは違う結末を迎える

> 授業を進める中で，想定していたのとは違う方向で児童の意見が出て，想定とは違う結末を迎えることもあります。その際，結末についての具体と抽象のレベルを認識しておくことが大事だと思います。

## 結末における具体と抽象

「プランニング（指導案作成）の段階」の項で，指導案を書く際の具体と抽象，という話をしました。抽象的な書き方に留まっていると，いろんな子供の姿を包括できるので，どんな反応が返ってきても指導案通り，ねらったことの範囲内，ということになります。でも，それでは具体的な子供の姿を前に価値付けることができず，あと一歩「深まり」に欠ける授業になりがちなので，ずれることを恐れずに具体化していくことが大切なのでは，と論を展開しました。ここで留意しておきたいのは，プランニングの段階では，**抽象→具体**の方向に進み，指導案を作成する授業者の思考が深まっていく，ということです。

そして，実際の授業の結末にあたって，プランニングの段階で具体的に思い描いていたものとは違う結末を迎えたとして，それは「失敗」ではありません。具体としてパッと見える結末が異なっていても，それは少し抽象化すれば同様の意味を表していることもあるからです。ですから，実際の授業の結末の意味を考える際には**具体→抽象**の方向に進み，授業者の思考が深まっていくといいのではないかと思います。

##  具体→抽象で見える価値

実際の授業の場面に当てはめて考えてみましょう。ここまでも度々取り上げている「ごんぎつね」の最後の一文，「青いけむりが，まだつつ口から細く出ていました」という情景描写についての話合いです。プランニングの際の抽象と具体は次のとおりです。

---

抽象…情景描写という表現の効果，読者にどのような
　　　印象を与えるのかについて考える
具体…「青い」や「細く」の色から兵十の後悔や最後
　　　の場面の静けさを読み取る

---

抽象だけでは子供の姿がなかなかイメージできませんが，具体へと思考を進めて想定すると，子供の発言に対しても明確に価値付けをすることができると思います。実際の授業で，次のように話合いが進んだとしましょう。

C　一見，いらないよね，この一文。

C　でも，書いてあるからには意味があるんだろうね。

C　なんかちょっと，静かで悲しい感じがするんだけど。

C　どういうこと？

C　青とか細くって，なんかこう，シーンって感じがする。

C　確かにそんな感じもしてきたなぁ。

C　兵十がごんを撃ってしまった後悔とかも表されてる？

　ここまでの話合いだと，想定した具体ともピッタリと重なっています。さらに，話合いが進んだとしましょう。

C　でも，だったら「兵十は深く後悔しました」とか書けばもっと分かりやすくない？

C　確かに。この一文じゃなくて，もっとダイレクトな一文にしたらいいと思う。

C　え，でもこういうフワッとした，はっきり気持ちを言わない書き方も好きだな。

T　面白いですね，みんなは直接気持ちが書いてある終わり方と，この終わり方だったらどちらがいいですか？

　プランニングの段階では，最後の一文の「青い」「細く」から静けさや悲しさを読み取れれば十分と考え結末を想定していましたが，話合いが「最後の一文は適切なのか？」という段階にまで進んでいます。子供たちが，最後の一文を批判的に読んでいるわけです。ここからは想定した結末とはズレるから，批判的な読みはしなくてもいいのでしょうか？　私は，子供が話合いをそこまで進めるのなら，どんどん進めたらいい，と考えています。それはなぜか。

具体…情景描写が用いられた一文は「ごんぎつね」の
　　　最後の一文として適切なのか自分の考えを持つ
抽象…情景描写という表現の効果，読者にどのような
　　　印象を与えるのかについて考える

　このように，具体は違っても，抽象の「表現の効果，読
者にどのような印象を与えるか」について「この終わり方
でいいのか？」という疑問をもとに考えることができてい
ます。むしろプランニングの段階で想定していたよりも深
いところまで到達している，とも言えるかもしれません。
　抽象というのは「要するに」「つまり」どういうことか，
ということです。結末における具体が「つまり」どのよう
な意味を持つのかを考えることで，子供がどんな価値を生
み出したのかが見えてきます。

## 📖 具体と抽象を行き来する

　想定していた結末と，全く同じ結末を迎える。想定して
いた具体と，実際に生まれた具体がピッタリ重なったとし
て，これは「指導案通り」うまくいった，と言えるのかも
しれません。ただし，その場合は授業者の頭の中で具体と
抽象を行き来する思考は生まれません。具体と抽象を行き
来する時，授業者としての思考は深まり，教師としての幅
は必ず広がります。そう，**「指導案通りいかない」からこ
そ，具体と抽象を行き来する思考が生まれる**のです。

# ずれをなかったことにする

ここからは，授業後の振り返りの段階の話をしてみたいと思います。プランニングして，実際に授業して，そこで何を振り返るのか…。「指導案通りいかない」を解く鍵は授業後にもありそうです。

## 多忙な中であっても

いつも，授業の振り返りをどれくらいしていますか？研究授業であれば協議会があります。でも，研究授業って1年間の中で1回するかしないかですよね（きっとこの本を手に取られたあなたは，研究熱心で，誠実で，日々少しでも子供によりよいものを差し出したい，と願われている方だと思います。それでも1年間に2回も3回も研究授業をするという機会はなかなかないのではないでしょうか）。協議会以外で，一人で，授業の振り返りということを，私たちはどれくらいできているでしょうか。

　教員の日々は多忙です。朝出勤して8時過ぎには子供がやってきて授業して授業して子供と一緒にグラウンドで走

り回って授業して給食指導して掃除してまた授業したりして子供が下校してもう15時前後。そこから会議したり保護者に電話したり校務分掌の仕事をしたりして，あっという間に退勤時間。僅かな時間で，明日の授業の準備か，今日の授業の振り返りか，と言われた時，まずは明日を乗り越えなければいけないですから，背に腹は変えられぬという思いで振り返りではなく明日の授業の準備に手をつける…。そんなこともあるのではないでしょうか。

　そもそも振り返りの時間を取ることができない。そうなると，授業の中で教師の意図と子供との間にずれがあったとしても，そこに「指導案通りいかない」という状況があったとしても，そこに思いを巡らすことすらできません。

　ここまで繰り返し述べていますが，私は「指導案通りいかない」こと自体は問題だと思っていません。それ自体ではなく，**「指導案通りいかない」ことに気付かなかったり，放置したりしてしまう状況が問題**だと思っています。そして，多忙ということが，どんどん振り返りの機会を奪い，ずれをなかったことにする，という状況を引き起こしてしまっていると感じます。

　多忙な中，この本を手に取ってくださったあなたに，「あとひと踏ん張り，授業の振り返りをしてみよう」という元気を出していただけるようにと願って，ここまで書き進めてきました。日々少しずつでも改善し，子供によいものを差し出したいというあなたに，私もなんとか少しでもよいものを差し出したいと思います。

##  子供にとっても自分にとってもいい時間

**授業を振り返る時間というのは，子供にとっても自分にとってもいい時間である**，というのが私の考えです。

授業をして，教師の想定と子供の実際の姿がピッタリと重なる，なんてことはほとんどあり得ないことです。そこには必ずずれが生じています。そのずれがなぜ生じたのか，どうすればそのずれを小さくすることができるのか。それを考えることは，必ず目の前の子供のためになります。「指導案通りいかない」が起こる［授業中］のポイント地点として，５点取り上げてきました。例えば「教師の意図が伝わらない」時に，そこでは困っている子供が必ずいるわけです。その子に，次はもっと夢中になって学びに向き合ってほしい。改善のためには，何よりもまず，ずれに気が付くことが大切です。協議会など他の人の助けがなくても，たった一人でもずれに気付いていくためのヒントとして，代表的な５点を取り上げたつもりです。

振り返りを積み重ねることは，自分の見る目を養うことにも必ずつながります。まず振り返るためのヒントとして私が五つの視点を提示させていただいたわけですが，振り返りを積み重ねれば，もっと細かな視点でずれを認知できるようになります。この本に書かれていることを超えていくことができる。この本がきっかけの一つになって，この本を超えて自分が成長し，目の前の子供とよりよいものを作っていける，それが理想です。

##  アップデートする人だけが子供を惹きつける

　子供って，本当に鋭い。それは教師であれば誰もが頷ける事実なのではないでしょうか。

　授業で，先生の発問の意味がよく分からなくて困ってしまう。あるいは，もうちょっと考えたいのに先生が「では次に〜」と言って時間を切ってしまう。その１回で教師への信頼を失うことはないかもしれません。でも，教師がそのずれをなかったことにして，その状況が１年間続くとしたら，子供の立場で教師を信頼し慕い続けることができるでしょうか。当然ですが，「子供が教師を諦める瞬間」というのは，いつかやってきます。そうやって自分も，子供の信頼を失ってきてしまったのかもしれない，と思うとゾッとします。

　だけど，「よりよくしたい」という教師の姿勢に対しても，子供は鋭敏に反応します。「指導案通りいかない」ことが，問題ではないんです。それを放置せずに，向き合って振り返って考えている人間に対して「この先生は，見て見ぬふりをしないんだな」「この先生は口先だけじゃなく，本気なんだな」ということを，子供は必ず感じます。先ほど私は，この本を手に取ってくださったあなたを「誠実」な方だと思う，と申し上げました。誠実であるかどうかということに対して，子供は驚くほど鋭いです。**誠実に，アップデートする人だけが，子供を惹きつけることができる**のではないでしょうか。

# 責任の所在をうやむやにする

> 「指導案通りいかない」という状況があった時，振り返ることでその原因を明らかにし，次への一手を建設的に考えることが大切だと考えます。責任を自分が引き受ける，が何より大切な初めの一歩です。

## 📖 責任の行方

　前項「ずれをなかったことにする」では，そもそも我々教員は多忙でなかなか振り返りの時間を取れないという問題を取り上げました。その中でも，子供に少しでもよりよいものを差し出すために，振り返りをし，ずれをなかったことにしないで見つめるということの意義を強調しました。では，振り返りをする際にどのようなことに留意していけばいいのでしょうか。私は**「責任」**というものが一つのキーワードになるのではないか，と思います。

　これはもう正直に申し上げますが，私は授業がうまくいかないことを，子供のせいにしてしまっていた時期があります。適切に発問しているつもりなのに，子供が全然分か

ってくれない。魅力的な活動のはずなのに，全然子供が乗ってこない。子供が集中していないから，どんどん話が逸れてしまう。自分の想定よりも活動に時間がかかって，「早くして！」と言ってしまったことも数えきれない…。「指導案通りいかない」状況ばかりでした。明らかに，自分の意図と，実際の子供との間に大きなずれが生まれています。でも，「自分はちゃんと準備しているのに，ちゃんとやっているのに」とどこか開き直るような気持ちで，責任を子供になすりつけていました。今思えば，随分と誠実さに欠ける，ひどい心構えだったと思います。

　責任を自分で引き受けなければ，「指導案通りいかない」という状況は全く変わらないでしょう。責任を自分以外の誰かや状況になすりつけたり，責任の所在をうやむやにしたりしている限り，始まりません。**まずは責任を自分で引き受ける。**それをここに強調しておきたいと思います。

## 📖 自分で立てた案に，自信も不安もある

　個人的なエピソードになってしまいますが，ずれの責任を子供になすりつけるのではなく自分で引き受けることができるようになったのは，本気でプランを立てるようになってからだと思います。

　「進度にばらつきが生まれる」の項で，私は自分が指導案を書くにもまずじっくり一人で考えたいタイプで，時間がかかる，と申し上げました。そういうタイプなのですが，私が本気でプランを立てるようになったのは，一人で考え

られない状況に直面したことがきっかけでした。

　校内研にしろ，自治体の研究会にしろ，私的な研究会に
しろ，「指導案検討」というものをすることがあると思い
ます。当時の私は指導案検討というものが苦手でした。自
分が立てた案に対して，いろんな人がいろんなことを言い
ます。最終的に決めるのは自分だと分かっていても，いろ
んな情報が自分に流れ込んできて，段々と今考えているの
が自分の指導案なのかどうか分からなくなってくる，とい
うことがありました。これ，言われたことを全部受け入れ
てやったとしたら，後で「この方がいいと言われたのでこ
うしました」と（自分が）言い出しそうだな，と思ったん
です。これは他の誰でもない自分がやる授業なのに，そう
いう状況になるのは嫌だな，悔しいよな，と思った。だか
ら，周りの助言は受け入れつつも，周りをねじ伏せるよう
な強い自分のプランを作らなければならないと思いました。

　最終的に，その時の研究会の部長の先生が「今村さんの
やりたいことは，芯があるよ。やりたいようにやってみた
らいいよ」と言ってくれた。これは，今振り返っても，本
当にありがたかったですね。勿論自分で立てた案に，自信
も不安もあるわけです。でも，よしやってみよう，と思え
た。授業は成果も課題もありましたが，そこで起こった全
てを，自分で責任を取ろう，自分で責任を取りたい，と思
った。だって，自分が本気で考えたものでしたから。そこ
での責任を，他の誰かに取らせるようなもったいないこと
はしたくない，と思いました。

##  責任を取らないと，自分のことが見えない

「責任は自分で取りたい，他の誰かに責任を取らせるなんてもったいないことはしたくない」と思うに至ったというのは自分にとって大きな転機だったと思います。

自分で責任を取る，と決めることで見えるようになることがたくさんありました。自分にはこんな傾向があるのか，自分にはこんな癖があるのか，ということに少しずつ気付けるようになりました。

例えば，ここまでにも具体と抽象という話を何度かしましたが，私は物事を抽象的に考える傾向があります。ですから，発問にしても抽象的な文言になってしまって，子供にイマイチ伝わっていないことが多かった。これをかつては「子供が分かってくれない」と責任放棄して思っていたので，なぜ伝わらないのか原因を探ることもできなかったわけです。でも自分で責任を取ってみたい，というマインドセットでいると「あぁ，自分は随分抽象的なんだ」ということに気付くことができる。そうすれば，抽象だけでなく具体も考える必要があるな，と自分の行動を決めていくことができるようになります。

授業の中で抽象的になって子供に伝わらない，ということは，授業前のプランニングの場面でもなんらかの課題があるということです。教材研究の視点として「自分の視点」「子供の視点」「授業者の視点」という三つを取り上げましたが，私は「子供の視点」を考える際に，目の前のク

ラスの子供のリアルな姿を重ねて読む，ということができていなかったんですね。だから指導案を立てるにしても，具体的なところに踏み込みきれずに，どこかフワッと抽象的にまとめてしまうところがあったのだと思います。そうすると，いざ目の前で子供が価値ある発言をしていても，気付くことができないんですね。こういうことに自覚的になることで，なんとか目の前の子供たちの理解を深めようと努めるようになりましたし，子供が実際に授業でどんな考えを生み出すのかということをワクワクしながら待ち構えるということができるようになりました。

## ❚❚ はじめからできたことは，説明できないから

　私は，今でも「指導案通りいかない」ことばかりです。そんな人間が，こんな本を書いていいのだろうか？と思わないでもありません。もうお分かりだと思うのですが，ここまでの項で書いてきたこと，全部「自分がはじめはできなかったこと」なんです。偉そうに書いてきましたがお恥ずかしい話ですよね。ですが，はじめからできることは，説明できないことも多いです。できなかったことが，できるようになったから，その過程を通っているからこそ説明できることもあるんです。

　できなかったことができるようになる過程を知っている人が子供の前に立つことにも意味があると信じています。今はできないことに立ち向かうエネルギーをそういう自分だからこそ与えられるかもしれないから。

第 3 章

**実践**

「指導案通りいかない！」
からはじめる
小学校国語授業

# どうぞよろしく

光村図書

## 「いいインタビューってなんだろう？」

---

### こんな学習場面

　他己紹介の活動を想定しています。クラスの仲間にインタビューをし，相手のことで分かったことをノートにメモしたり，もっと知りたいことを質問したりしながら活動していきます。相手の言葉に反応しながら前向きなやりとりができるよう支えます。

## 指導案でねらう学習展開

**T**　クラスの仲間を紹介するために，インタビューをしましょう。

**C1**　好きな果物はなんですか？

**C2**　バナナです。

**C1**　バナナ美味しいよね！　僕も好き。なんでバナナが好きなの？

**C2**　そのまま食べても美味しいし，お母さんが作ってくれるバナナケーキがとっても美味しいから。

**C1**　いいなぁ！　食べてみたい！

> ● ねらい
>
> 　インタビューはする側とされる側がいます。される側は，できる限り質問に具体的かつ個別的な答えができることが望ましいです。また，する側は相手の具体的，個別的な返答に対してポジティブな反応ができると，インタビューがさらに盛り上がります。

## 指導案通りいかない学習展開

T　クラスの仲間を紹介するために，インタビューをしましょう。

C1　好きな果物はなんですか？

C2　バナナ。

C1　そっか。バナナがなんで好きなの？

C2　**美味しいから。**

C1　**そっか。じゃあ，好きな遊びは？**

C2　**おにごっこ。楽しいから。**

> 　インタビューされる側の答えが「美味しいから」と具体性，個別性に欠けたものになっています。する側もそこからさらに具体的に質問を重ねていくことができればいいのですが，それができていません。

## 📖 「指導案通りいかない」からの進め方

C1 そっか。バナナがなんで好きなの？

C2 美味しいから。

（Tからの支援）

T **バナナ，美味しいよね。私も毎朝食べています。バナナはどうやって食べるのが好きなの？　そのまま？**

C2 そのまま食べるのも好き。でも，一番好きなのは，お母さんが作ってくれるバナナケーキ。

T **お母さんのバナナケーキ，美味しそうだね！　Aさん，Bさんのお話聞いてどう？**

C1 僕もバナナケーキ美味しそうだなって思った！

T **「どんなふうに食べるのが好きなの？」と詳しく聞いたり，美味しそうだねって言ったりするとインタビューって楽しいね。Aさん，他に何を質問してみる？**

C1 好きな遊びはなんですか？

C2 おにごっこです。

C1 おにごっこ，僕も大好き！　じゃあ，おにごっこはいつから好きですか？

C2 小学校に入ってからです。校庭がすごく広いから，逃げるのも，追いかけるのもドキドキして楽しいです。

C1 僕も校庭でおにごっこするの好き！　今度，休み時間一緒にやろうね！

## ❶まずは具体的な支援を

　インタビューは，なかなか最初からうまくはいきません。する側にも，される側にも，技術が必要です。教師が具体的に質問の型を示して隣で実践することで，児童も「なるほど」と納得できると思います。この事例では活動の中で支援をしていますが，そもそも活動に入る前にモデリングをして，よいインタビューのあり方をクラスで共有してから各自の活動に入っていくのもいい方法でしょう。ただ，それでも個別の支援が必要なこともあると思います。

## ❷児童のよい姿を広げていく

　教師がモデリングするのもよい手立てですが，やはり児童のよい姿を広げていくことが，何よりよいモデルとなるのではないでしょうか。インタビューの様子をタブレット端末などで撮影し，スクリーンに映し出して見返すことで，よいやりとりを真似してみたい！という児童の意欲につながるはずです。また，映像の記録だと表情や細かな反応なども見ることができるので，どんな表情，反応があると互いに嬉しい気持ちになるかを学ぶこともできます。手本となる児童も周囲からほめてもらえることで嬉しくなり，ポジティブな効果がたくさんあります。

# しらせたいな、見せたいな

光村図書

「くわしく書くってどういうこと？」

---

### こんな学習場面

　見つけたものをクラスの仲間やお家の人に知らせる文章を書く単元です。見つけたものをよく観察し，それを文章に表していく場面で，どんなことを知らせればいいか考えるのに，時間がかかる児童もいると考えられます。

## 📖 指導案でねらう学習展開

T　読む人に，どんなものか分かるように，よく見て，知らせたいことを考えて書きましょう。

[カマキリについて書いている児童]

C　体は緑と，ちょっと茶色が入っていて，大きなかまがかっこいいです。触ると，ちょっと硬くてトゲトゲしています。獲物を捕まえる時，バッと素早く動くのがびっくりしました。

T　みなさん，知らせたいことは上手に書けましたか？では，周りの仲間と読み合ってみましょう。

> **ねらい**
>
> まず生活科などで見つけた生き物や植物，学校にあるものなどの中で「これを知らせたい！」というものを児童が見つけられるようにします。それについて，よく観察して知らせたいことを具体的に書く，ということを目指します。

## 📖 指導案通りいかない学習展開

T 読む人に，どんなものか分かるように，よく見て，知らせたいことを考えて書きましょう。

**［カマキリについて書いている児童］**

C 体は緑と，ちょっと茶色が入っていて，大きなかまがかっこいいです。**もう書くことがない…。何書けばいいか分かんない。**

T みなさん，知らせたいことは上手に書けましたか？では，周りの仲間と読み合ってみましょう。

C 全然書けてないよ…。

> 「知らせたいことを考えて書きましょう」という指示は，ずいぶんと抽象的です。それでは「もう書くことがない…」「何書けばいいの？」というふうに，書く手が止まり，時間がかかる児童が出てきます。

## 📖 「指導案通りいかない」からの進め方

T 読む人に，どんなものか分かるように，よく見て，知らせたいことを考えて書きましょう。

[カマキリについて書いている児童]

C1 体は緑と，ちょっと茶色が入っていて，大きなかまがかっこいいです。もう書くことがない…。何書けばいいか分かんない。

T **例えば，触ってみてどうだったの？**

C1 あ，かまはツルツルしてるんじゃなくて，硬くてトゲトゲしてた。

T いいねぇ。カマキリを見ていて，**びっくりしたことなどはあった？**

C1 獲物を捕まえる時，バッとすんごく速く動いてたのがすごかったよ！

[イチョウについて書いている児童]

C2 色がだんだん黄色になってきてきれいで，不思議だな，と思いました。

T **目だけではなく，手や，耳や，鼻でも感じられたことはありますか？**

C2 風が吹くと，イチョウの葉っぱがサワサワなっていたよ。あとギンナンはちょっと臭いなって思ったなぁ

T とってもいい発見ですね。それもぜひ知らせたいことに書いてみましょう。

## ❶指示を具体化する

　「知らせたいことを書きましょう」と言われても，「知らせたいことってなんだろう…」と手が止まってしまう児童もいると考えられます。「知らせたいこと」はやや抽象度が高いので，具体的な指示で伝えることで，児童の考えも動き出します。今回は生活科との関連も考えて，目で見たこと以外にも，手で触ったり，耳で聞いたり，鼻で嗅いだり，五感を生かして考えられるように助言するといいでしょう。具体的には「触ってみてどうだった？」「どんな音や匂いがした？」などの助言が効果的です。

## ❷観察したことから，自分が感じたことへ

　まずは観察したこと，客観的な事実を書いていくということが大切ですが，それを観察して自分はどう思ったのか，ということも書けると，知らせたいことがより具体的，立体的になっていきます。例えば，「あなたが観察していて，びっくりしたことは何？」などの助言が効果的です。クラスの中には，同じものを選んで観察し文章を書く児童もいると考えられます。その子たちも，感じたことをそれぞれが書いていれば「私と同じものなのに，感じたことが違うね！」と交流する価値が生まれます。

# どうぶつの赤ちゃん

光村図書

「どこでわける？」

---

### こんな学習場面

　「どうぶつの赤ちゃん」を読む単元です。「動物の赤ちゃん」は、はじめの説明と、ライオンの事例、しまうまの事例の三つに分けることができます。本文を三つに分ける学習を通して、児童に文章のまとまりを意識させる場面です。

## 📖 指導案でねらう学習展開

T　今日は「分ける」という学習をします。先生の体を三つに分けるとしたら、どう分けますか？

C　頭、お腹の辺り、足かなぁ。

T　では、どうぶつの赤ちゃんという文章を読んでこの文章を三つに分けてみましょう。

C　どんな様子をしているのでしょう、どのようにして大きくなっていくのでしょう、という最初の説明と、ライオンのこと、しまうまのことで三つに分けられる。

**● ねらい**

　「動物の赤ちゃん」は，はじめの説明と，ライオンの事例，しまうまの事例の三つに分けることができます。前単元「くちばし」で学んだ問いを見つけながら分けることを目指します。さらに，動物ごとに事例が分かれていることも意識させたいところです。

## 📖 指導案通りいかない学習展開

T　では，どうぶつの赤ちゃんという文章を読んでこの文章を三つに分けてみましょう。

C1　どんな様子をしているのでしょう，どのようにして大きくなっていくのでしょう，という最初の説明があるから，ここで分けられそう。

C2　ライオンの赤ちゃんの話と，しまうまの赤ちゃんの話で動物が変わっているから，ここで分けたい。

**C3　私はしまうまが生まれたところと，大きくなっていくところで分けたい。**

　はじめの説明，ライオンの事例，しまうまの事例の三つに分けて文章のまとまりを意識させたいですが，しまうまの中でも生まれたばかりのところと大きくなるところで分けたい児童が出てきています。

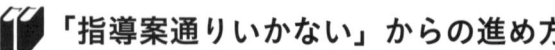

# 「指導案通りいかない」からの進め方

C3 私はしまうまが生まれたところと，大きくなっていく
ところで分けたい。

T いろんな分け方のアイデアが出てきましたね。これだ
と，三つではなく四つに分かれてしまいますね。三つ
に分けるとしたら，どの分け目を残せばいいかな？

C4 C3さんのようにしまうまが生まれたところと，大きく
なっていくところで分けると，しまうまの話の途中で
切れちゃう。そこは一緒にしてもいいんじゃない？

C5 C3さんのしまうまの生まれたところと，大きくなって
いったところで分けたいというのはすごくいいと思っ
た。そうすると，ライオンも生まれたところと，大き
くなっていくところで分けられそう。

C6 確かに！

T どうすればいいかな？

C7 三つに分けるんだったら，はじめの説明，ライオンの
話，しまうまの話で分けたらいいけど，もっと細かく
五つとかに分けていいんだったら，C3さんのしまうま
の生まれたところと，大きくなっていくところで分け
るのもいい分け方だと思う。

T C3さんどうですか。

C3 私も，三つに分けるならその分け方でいいかなと思い
ました。

## ❶児童に委ねられるところは委ねる

　三つに分けようという活動で，こちらが意図した分け方より，さらに細かな分け方をした児童がいる場面でした。そこで教師の言葉で説明をしてもいいのですが，児童に「どう考える？」と投げかけることで，思考のスイッチが入ります。実際には席を立って自分の意見を発表し合う時間を取ったのですが，いろんな意見を聞く中で「三つのまとまりにするならこの分け方がいいのかな？」と児童自身で気付いていくことができました。

## ❷目標とズレた意見の価値付け

　この事例では，より細かく分けようとした児童の意見が「もっと細かく分けるなら C3 さんの分け方はいい分け方」と価値付けられています。このように，一見ズレた意見は授業のさらなる気付きにつながることが多いのではないでしょうか。必ずしも目標とズレた意見が価値付けられるとは限りませんが，児童同士がそのように価値付け合うことができれば，集団としての心理的安全性も高まり，自分の考えを周りに伝えることに対してポジティブな雰囲気が育まれていきます。特に 1 年生段階では，そのような雰囲気作りを強く意識したいところです。

# おおきなかぶ

東京書籍・教育出版・光村図書

「どんなふうに読む？」

---

### こんな学習場面

　「おおきなかぶ」でおじいさんが，一人でかぶを抜こうとして抜けなくて，おばあさんを呼んできたところまでを読む場面です。「おおきなかぶ」は想像を膨らませる余白が多く残された文章であると言えます。その想像を膨らませる場面を取り上げます。

## 📖 指導案でねらう学習展開

T　おじいさんの表情や様子はどんなだったんだろうね。

C　抜こうと思ったのに全然抜けないから悔しい。

C　年寄りだし，すごく苦しい，大変なんじゃないか。

T　どんな顔かな？（C　こんな感じかな？《実演》）

C　もしかしたらなんだけど，ちょっと嬉しい顔だったんじゃないかな？

C　「おおきなおおきなかぶになれ」と言っていたから，抜けないくらい大きくなって，嬉しいと思っているかもしれない。

ねらい

　表情や様子を想像し，音読の仕方や，書き足す台詞などを検討します。その際，授業者としては答えが一つではない，ということを留意します。「最初は『え？』って思っていたけど，なるほど！」という姿が学級に生まれるような時間を目指したいものです。

## 指導案通りいかない学習展開

T　おじいさんの表情や様子はどんなだったんだろうね。

C1　抜こうと思ったのに全然抜けないから悔しい。

C2　年寄りだし，すごく苦しい，大変なんじゃないか。

C3　ばあさん大変だ！　助けてくれ！って言ってるかも。

T　どんな顔かな？（C3　こんな感じかな？《実演》）

C3　もしかしたらなんだけど，ちょっと嬉しい顔だったんじゃないかな？

C4　え !?

**C5　抜けないのに嬉しい顔なんて，絶対おかしいよ !!**

　台詞や様子の描写が少ないので，おじいさんがどんな表情だったのかには唯一の正解はないですが「抜けないからくやしい，大変」という考えにこだわり，「嬉しい」を認められない姿があります。

## 🔖 「指導案通りいかない」からの進め方

C3　もしかしたらなんだけど，ちょっと嬉しい顔だったん
　　じゃないかな？

C4　え!?

C5　抜けないのに嬉しい顔なんて，絶対おかしいよ!!

T　**C3さんの考えは，これまで出てきた考えとちょっと違
　　いますね。面白いですね。どうしてそう考えたんです
　　か？　みんなで聞いてみましょう。**

C3　「おおきなおおきなかぶになれ」と言っていたから，
　　抜けないくらい大きくなって，嬉しいと思っているか
　　もしれない。

T　**みんなどう思いましたか？**

C4　さっきは「え!?」って思ったけど，聞いてみるとあ
　　あなるほどなぁって思った。

C5　「おおきなおおきなかぶになれ」って言っていて，ほ
　　んとに大きくなっているのは，そうだなって思った。

T　**C4さんやC5さんのように，自分と違う考えだけど，
　　それもあるかもな，と思えるのはすてきなことです
　　ね。**

C3　うん，それもあるかもなって言ってもらえると嬉しい。

C5　でも，私は抜けないから悔しいもやっぱりあると思う。

T　**どちらかだけが正解，というわけではないですね。で
　　は，自分が想像したおじいさんの様子になりきって，
　　表情なども工夫して音読してみましょう。**

## ❶意見の対立を生かす

「え!?」「それはおかしいと思う!」という発言が子供から出ると，教師としてはドキッとします。「そうやって仲間を否定してはいけません!」と反射的に言ってしまいそうにもなります。ですが，意見の対立は，お互いによく聴き合っている証拠でもあります。教師が感情的に反射的に対応するのではなく，「どうしてそう考えたのか，まずは聞いてみよう」と促すことで，対立を生かした話合い，聴き合いになっていきます。

## ❷結末における抽象を意識する

第2章「想定とは違う結末を迎える」では，結末における具体と抽象という話をしました。今回取り上げた授業場面では，「おじいさんの様子，表情を本文から考え，工夫して音読する」ということが抽象の部分になります。悔しそうな様子，嬉しそうな様子，という具体はどちらでも構いません。それぞれの考えを大切にしつつ，工夫して音読できるよう，抽象の部分を見失わずに子供の意見を結びつけていきます。そうすれば，それぞれの子供が「こうじゃないかな!」とのびのびと考えを表出し，学びを愉しむことができるはずです。

# ずうっと、ずっと、大すきだよ

光村図書

「どんなところから大好きだと分かる？」

---

「ずうっと，ずっと，大すきだよ」を読む単元で，「『ぼく』がエルフのことが大好きだと分かるところを見つけよう」という学習課題を扱う場面です。「エルフは，せかいでいちばんすばらしい犬です」のような直接的な表現以外にも目を向けたいところです。

## 📖 指導案でねらう学習展開

T 「ぼく」がエルフのことが大好きだと分かるところを見つけましょう。

C 「エルフは，せかいでいちばんすばらしい犬です」や「エルフ，ずうっと，大すきだよ」って言っているところ。

C エルフを２階に背負って連れて行ってあげるところ。

T どうしてそこから大好きだと分かるの？

C 小さい頃からずっと一緒に寝てて，年老いて階段を上がれなくても一緒に寝たいって，好きってこと。

**● ねらい**

　「『ぼく』がエルフのことが大好きだと分かるところを見つけよう」という学習課題について,「エルフは,せかいでいちばんすばらしい犬です」のような直接表現だけではなく,「ぼく」の行動からエルフのことが好きだと分かる部分を見つけることを目指します。

## 📖 指導案通りいかない学習展開

T　「ぼく」がエルフのことが大好きだと分かるところを見つけましょう。

C　「エルフは,せかいでいちばんすばらしい犬です」っていうところ。世界でいちばん素晴らしいって,好きってこと。

C　「エルフ,ずうっと,大すきだよ」って言っているところ。大好きって書いてある。

T　他にも,大好きだと分かる部分はありますか?

**C　もう素晴らしいとか,大好きとかは書いてない。**

　「せかいでいちばんすばらしい」や「ずうっと,大すきだよ」と,直接好きということが分かるところには着目できていますが,「ぼく」の行動には着目することができていません。

## 「指導案通りいかない」からの進め方

C 「エルフ，ずうっと，大すきだよ」って言っていると
ころ。大すきって書いてある。

T 他にも，大好きだと分かる部分はありますか？

C もう素晴らしいとか，大好きとかは書いてない。

T **絵に描いてあることや，文に書いてある「ぼく」のや
っていることから，エルフのことが大好きだと分かり
そうなところはありますか？**

C エルフのお腹をまくらにして寝ているのは，大好きじ
ゃないとやらないかもしれない。

C 確かに！　私も飼ってる猫と一緒に寝るもん。

C エルフが年老いて，「とてもしんぱいした」のところ。
「とても」っていうのは，大好きだからじゃないかな。

T **「とても」がなく「ぼくはしんぱいした」だとどう？**

C 「とても」があった方が，大好きだから心配だって分
かる気がする。

C 重そうだけどおんぶして2階に上げてあげてるところ。

T **どうしてそこから大好きだと分かるの？**

C 小さい頃から一緒に寝て，一緒に夢を見たりもしてい
た。だから，エルフが自分で上がれなくなっても，
「ぼくのへやでねなくちゃいけないんだ」って言って
るんだと思う。それくらい好きだから，重くてもおん
ぶして上げてあげてる。（C　確かに！　なるほど！）

T **「ぼく」の行動からも，大好きなのが伝わりますね。**

## ❶登場人物の行動に着目させる

　本文中に「せかいでいちばんすばらしい犬です」
「ずうっと，大すきだよ」と，直接大好きなことが伝
わってくる表現もあります。ですが学習指導要領にも
あるように，行動から様子を読み取ることも大切です。
「絵に描いてあることや，文に書いてある『ぼく』の
やっていることから，エルフのことが大好きだと分か
りそうなところはありますか？」などと発問し，子供
が「ぼく」の行動に着目し，大好きだと分かる部分を
さがせるように促すと効果的です。その際は，その子
自身の経験と照らし合わせて行動の意味を考えさせる
のもよいでしょう。

## ❷教師が称賛し，子供の共感を生む

　初めは直接「大すき」と書かれている部分からしか
読み取ることができない子も，他の子が「ぼく」の行
動面に着目して考えを述べることで「確かにそこから
も大好きだと分かる！」と気付いたり，共感したりす
ることができます。そのために，教師が行動面に着目
した子の意見に対して「どうしてそこから大好きだと
分かるの？」と聞いて具体的に語らせてあげたり，
「行動からも大好きと分かることに気付けたね！」と
称賛したりすることが大切です。

# あったらいいな、こんなもの

光村図書

「引き出す質問ってなんだろう？」

---

**こんな学習場面**

「今はないけれど，こんなものがあったらいいな」
と思うものを考え，質問し合ってさらによりよいもの
にしていく場面です。まずは相手の考えていることを
詳しく知るために質問し，相手の願いを踏まえた上で
建設的な話合いができるよう指導します。

## 📖 指導案でねらう学習展開

T　相手が考えた「あったらいいな」と思うものについて，
　　よりよく知るために質問しながら，アドバイスを送り
　　合いましょう。

C1　私は動物が何を話しているのかを聞くことができるイ
　　ヤフォンを考えました。

C2　どうしてそれを考えたの？

C1　猫を飼っているんだけど，もっと気持ちが分かったら
　　いいなぁと思って。

C2　例えばどんな時にそう思ったの？

　相手の考えた「あったらいいな」と思うものに対して，もっと詳しく知るための質問をします。質問されることで，細かく考えていなかった部分に気付かされることもあります。いい質問を重ねることで，自分の考えをより具体的なものにしていきます。

2
年

## 📖 指導案通りいかない学習展開

T　相手が考えた「あったらいいな」と思うものについて，よりよく知るために質問しながら，アドバイスを送り合いましょう。

C1　私は動物が何を話しているのかを聞くことができるイヤフォンを考えました。

C2　どうしてそれを考えたの？

C1　猫を飼っているんだけど，もっと気持ちが分かったらいいなぁと思って。

C2　**猫，いいね！　名前なんて言うの？**

　相手の話に興味を持っているのはいいのですが，質問が「あったらいいな」と思うものから逸れています。本人たちも気付かないうちにどんどん話題が逸れていってしまうことがあります。

##  「指導案通りいかない」からの進め方

C1　私は動物が何を話しているのかを聞くことができるイヤフォンを考えました。

C2　どうしてそれを考えたの？

C1　猫を飼っているんだけど，もっと気持ちが分かったらいいなぁと思って。

C2　猫，いいね！　名前なんて言うの？

C1　名前はね，たまって言うんだ。

T　**たまちゃん，いいですね。C2さん，さらにC1さんの考えを知るために，どんな質問をしますか？**

C2　う〜ん，気持ちが分かったらいいなぁって思った時って，**例えばどんな時があったの？**

C1　じーーっと私を見てくる時があるんだけど。その時，たまが何を考えているのか分かればいいなぁって思ったんだよね。

C2　なんか，話を聞いていると，C1さんの言葉もたまちゃんに分かるように，猫の言葉にしてくれるマイクみたいなのもくっついているといいんじゃない？

C1　確かに，たまの言葉が分かるだけじゃなくて，私の言葉もたまに伝えられたら嬉しいかも！

T　**C2さんが，「例えばどんな時？」と，具体的な場面のことを質問してくれたおかげで，人間の言葉も向こうに伝えられるように，と考えが深まったね。C2さん，素晴らしい質問でした！**

## ❶話題が逸れたら注意するのではなく導く

　第2章「話が逸れる」でもお話ししましたが，子供が話し合っていて話題が逸れてしまうことは多々あります。「大泉の映画館」という例を挙げましたが，ここでも出てきた猫に興味が惹かれて，猫の名前を聞くという「あったらいいな」と思うものからは逸れた質問になってしまっています。そんな時注意するよりも「こんなこともある」という教師の構えで，そこからよりよい話合いへのアドバイスを送っていく方が建設的なのではないでしょうか。

## ❷いい質問とは何かを共有する

　この場面では，C2さんが「例えばどんな時？」と具体的なC1さんの体験を引き出す質問をし，話合いが深まりました。ここで教師は最後にC2さんの質問のよさを称賛しています。これを二人の間で終わらせるのではなく，教師が全体にやりとりを紹介することで，「こんな質問によって意見が引き出され，考えが深まるんだ！」ということを子供が気付いていくといいのではないでしょうか。「いい質問集」を教師がはじめに紹介するなども手立てとしてはいいですが，「C2さんのいい質問」として紹介した方が，子供の手柄にもなります。

2年

# 見たこと、かんじたこと

光村図書

「あったことと，心の動きで，詩を書こう」

## こんな学習場面

　　見たことや聞いたこと（あったこと），思ったことや感じたこと（心の動き）などを短く詩に書く授業場面です。あったことを詳しく観察して書くだけでは，詩になりません。そこに心の動きを入れていくことで，その子にしか書けない詩になっていきます。

## 指導案でねらう学習展開

T　実際にあったことから，詩を書きましょう。

C　校庭で見つけて飼っているカマキリについて書こう。

　　「カマキリとぼく」

　　前につかまえたカマキリ

　　えさをバッとつかまえるのがかっこいい

　　おどかすと，けんしみたいに

　　両手のかまを大きくかまえてポーズをとる

　　ちょっとこわいけどぼくも同じポーズをとる

　　おまえにはまけないぞ！

## ねらい

見たことや聞いたこと（あったこと），思ったことや感じたこと（心の動き）などを短く詩に書くことを目指します。あったことを思い出して書くことに加えて，そこでの自分の心の動きを詩に表せるように指導していきたいものです。

## 🔖 指導案通りいかない学習展開

T　実際にあったことから，詩を書きましょう。

C　校庭で見つけて飼っているカマキリについて書こう。

　　「カマキリとぼく」

　　前につかまえたカマキリ

　　毎日えさをぼくがとっている

　　えさをつかまえるのがかっこいい

　　おどかすと，両手のかまを大きくかまえてポーズをとる

見たことや聞いたこと（あったこと）を書くのは比較的簡単なのですが，心の動きを入れていくことがなかなか難しいこともあります。そうすると，詩としてもやや淡白な印象になりがちです。

**「指導案通りいかない」からの進め方**

C1　校庭で見つけて飼っているカマキリについて書こう。

　　　「カマキリとぼく」

　　前につかまえたカマキリ

　　毎日えさをぼくがとっている

　　えさをつかまえるのがかっこいい

　　おどかすと，両手のかまを大きくかまえてポーズを

　　とる

T　カマキリを捕まえてからお世話して観察したことがよ
　　く表れていますね。**C1くんがカマキリを飼っていてび
　　っくりしたこと，心が動いたことは何かあった？**

C1　えさを捕まえる時に，「バッと」素早く動くのがびっ
　　くりした。

T　いいですね。**かまをかまえたポーズはどんな感じ？**

C1　なんかかっこいい剣士みたいな…。それで負けないぞ
　　って思って。

T　いいねぇ！　それも詩に入れてみましょう！

　　　「カマキリとぼく」

　　前につかまえたカマキリ

　　えさをバッとつかまえるのがかっこいい

　　おどかすと，けんしみたいに

　　両手のかまを大きくかまえてポーズをとる

　　ちょっとこわいけどぼくも同じポーズをとる

　　おまえにはまけないぞ！

104

## ❶「心の動き」を入れていく

　1年生の書くこと「くわしく書くってどういうこと？」では，カマキリについてくわしく観察したことを書く事例を紹介しました。2年生では，カマキリを題材に詩を書く事例を扱いました。比べてみると，詩を書く際はやはり「心の動き」を中心に据えることが大切ではないかと思います。子供たちは様々な体験の中で必ず心を動かしています。それを言語化するのは，慣れていない子もいると思われます。そのためにも教師が時に寄り添って心動いたことを掘り起こすことが求められます。

## ❷読み合う時にも，「心の動き」に注目する

　書き上がった詩は，ぜひクラスの仲間同士で読み合うといいです。その際も，相手がどんなところに心が動いたのかを想像しながら読むようにするといいと思います。「かまきりが剣士みたいにポーズとったら私もちょっとこわいと思うけど，CIくんが負けないぞって同じポーズをとっているのがすごく面白かった！」という感想をもらえると，CIくんにとっても嬉しい時間になるのではないでしょうか。また，心の動きがよく伝わるような表現（擬音語や，「〜のような」などの比喩表現）にも注目させるといいです。

# スイミー

東京書籍（1年）・教育出版（1年）・光村図書

「場面の様子を思い浮かべるって？」

---

### こんな学習場面

　「スイミー」を読む単元で，それぞれの場面ごとの様子を思い浮かべる学習場面です。今回は，おそろしいまぐろがやってきて，スイミーがひとりぼっちになってしまう場面を取り上げます。

## 📖 指導案でねらう学習展開

T　この場面を読んでどんな様子を思い浮かべましたか？

C　「おそろしいまぐろ」と書いてあるから，怖い。

C　「おなかをすかせて，すごいはやさでミサイルみたいにつっこんできた」から，すごく怖いんじゃないか。

C　まぐろが小さな赤い魚たちを食べてしまってスイミーはひとりぼっちになったから，寂しいんじゃないかな。

C　「くらい海のそこ」をひとりぼっちは怖くて，寂しくて，悲しいよね。

T　どれくらい怖くて寂しいのかな？

C　夜，迷子になったらすごく怖くて寂しいと思う…。

## ねらい

　おそろしいまぐろがやってきて，スイミーがひとり
ぼっちになってしまう場面で，「ミサイルのような」
などの言葉に着目しながら，場面の様子を思い浮かべ
ていきます。その際，自分の経験も語れると，より場
面の様子を詳しく思い浮かべられると思います。

## 指導案通りいかない学習展開

T　この場面を読んでどんな様子を思い浮かべましたか？

C　「おなかをすかせて，すごいはやさでミサイルみたい
　　につっこんできた」から，すごく怖いんじゃないか。

C　まぐろが小さな赤い魚たちを食べてしまってスイミー
　　はひとりぼっちになったから，寂しいんじゃないかな。

C　「くらい海のそこ」をひとりぼっちは怖くて，寂しく
　　て，悲しいよね。

T　どれくらい怖くて寂しいのかな？

C　**「おそろしいまぐろ」と書いてあるからすごく怖い。**

　　「ミサイルみたいに」などの言葉には注目できてい
ますが，様子を思い浮かべるのに，自分の経験を思い
起こすことができていません。本文だけにこだわるの
ではなく，経験も動員して読みたいところです。

## 「指導案通りいかない」からの進め方

T この場面を読んでどんな様子を思い浮かべましたか？

C 「おなかをすかせて，すごいはやさでミサイルみたい
につっこんできた」から，すごく怖いんじゃないか。

T 「ミサイルみたいに」ってどんな感じなのだろう？

C ビュン！ってすごい速さなんじゃないかな。こんな感
じ（手を動かしたり，実際にまぐろになりきったつも
りで実演したりする）。

T そんな速さできたら，本当に怖そうですね。

C まぐろが小さな赤い魚たちを食べてしまってスイミー
はひとりぼっちになったから，寂しいんじゃないかな。

C 「くらい海のそこ」をひとりぼっちは怖くて，寂しく
て，悲しいよね。

T どれくらい怖くて寂しいのかな？

C 「おそろしいまぐろ」と書いてあるからすごく怖い。

T 同じくらい怖くて寂しかった経験はある？

C 1回だけ迷子になったことがあるんだけど，すごく怖
くて不安だった。スイミーみたいに，真っ暗な海の底
だったらもっと怖くて寂しいと思う…。

T みんなどうですか？

C 夜中に迷子になったらすごく怖いだろうなぁ。スイミ
ーはもっと怖かったかもしれない。

C 「こわかった。さびしかった。とてもかなしかった」
というところも，すごく怖かったんじゃないかと思う。

### ❶ 経験を語らせ，ほめたり広めたりする

　本文の内容と関連させて，自分の経験を想起できる
ように声掛けをしていくといいと思います。自分の経
験を語るのに抵抗のない子もいますが，ちょっと恥ず
かしく思う子もいます。ですから，経験を語ってそれ
を通して場面を思い浮かべようとした姿をほめたり，
「みんなどうですか？」と投げかけて仲間からの共感
を引き出したりして，経験を語ることのよさを子供た
ちが実感できるようにしていくといいのではないで
しょうか。

### ❷ 「なんとなく」を認め，徐々に具体化させていく

　「ミサイルみたいにつっこんできた」という言葉に
着目し，恐ろしさを感じているということは素晴らし
いことです。そこでさらに「どんな感じなのだろ
う？」と問いかけることで，「なんとなく」想像して
いたものを具体化し，よりはっきり思い浮かべられる
ようにするといいでしょう。「こわかった。さびしか
った。とてもかなしかった」という部分も，短い言葉
を連ねる表現の工夫が使われています。ここでもその
表現の効果を自覚化はできなくても，まずは「なんと
なく，すごく怖かったんじゃないか」という意見が出
てくることを称賛するといいと思います。

# どうぶつ園のじゅうい

光村図書

「どうやって比べて考える？」

---

　教材文を読み，筆者の仕事の中で初めて知って驚いたこと，それについて自分の身の回りのことと比べて考えたことをノートに書く場面です。

## 📖 指導案でねらう学習展開

T　筆者の仕事の中で，初めて知って驚いたことはありますか？

C　ふだんから顔を見せて，慣れてもらっているというところです。顔を見せて慣れてもらって，いたいところやつらいところを見せてくれるようにする，というのが初めて知ってすごく驚いた。

T　そこに驚いたのですね。自分の身の回りのことと比べて考えたことはありますか？

C　私も，慣れてない人相手には「いたい」とか「困った」とか言えず我慢しちゃう。安心できる人には言える。動物たちが安心できるようにしているのがすごい。

**ねらい**

　自分の経験と照らし合わせながら，筆者の仕事の中ですごいと思う部分を探していきます。自分の経験と照らし合わせることで，筆者の仕事の中の工夫をより具体的に思い浮かべ，すごい！ということを実感していくことを目指します。

2
年

## 📖 指導案通りいかない学習展開

C　ふだんから顔を見せて，慣れてもらっているというところに驚いた。顔を見せて慣れてもらって，いたいところやつらいところを見せてくれるようにする，というのが初めて知ってすごいなぁと思った。

T　そこに驚いたのですね。自分の身の回りのことと比べて考えたことはありますか？

C　**自分の身の回りと比べるってどういうこと？　私は別に動物も飼ってないからなぁ。比べるって言っても比べるところがないなぁ。**

　驚いたところを見つけるところはできていますが，それを自分の経験と結びつけることができていません。ここでは，「比べる」と言ってもうまく比べることができていない様子が生まれています。

## 「指導案通りいかない」からの進め方

C1　ふだんから顔を見せて，慣れてもらっているというところに驚いた。顔を見せて慣れてもらって，いたいところやつらいところを見せてくれるようにする，というのが初めて知ってすごいなぁと思った。

T　そこに驚いたのですね。自分の身の回りのことと比べて考えたことはありますか？

C1　自分の身の回りと比べるってどういうこと？　私は別に動物も飼ってないからなぁ。比べるって言っても比べるところがないなぁ。

T　**動物を飼っていなくても，比べられますよ。例えばC1さんはあんまり慣れていない人，初対面の人相手にどんなことを思いますか？**

C1　すごく緊張してしまって，あんまり言いたいこと話せないかも。はじめは，習い事の先生に相談とか全然できなかった。

T　そっか，緊張してしまうんですね。**比べて考える時は，「似ているところ」と「違うところ」を考えてみるといいですね。**今回C1さんは，似ているところが見つかりそうです。

C1　私は，あんまり慣れていないと本音で話せないのは，きっと動物たちと一緒だな，と思った。だから，慣れてもらうために毎日顔を見せて慣れてもらおうとする獣医さんの工夫がすごいと思った。

## ❶「比べる」という言葉を具体化する

「比べてみよう」という教師としては何気ない言葉が実は子供によっては伝わっていない，ということは大いに起こりうることです。ここでは教師から，同じような状況であれば自分はどう思うかという問いかけをし，比べるという言葉を言い換えて子供とやりとりを進めています。また比べる時は「似ているところ」や「違うところ」に着目してみよう，と具体化して伝えることで，子供も自分の経験と獣医の仕事を照らし合わせて考えることができます。

## ❷交流につなげる

交流する際，たとえ本文の同じ部分を選んでいたとしても，どんな経験と照らし合わせたかによって意見は変わります。例えばC1さんと違い，C2さんは「私は顔を覚えてもらうために毎日挨拶するというのは，堂々とできないかもしれない」という意見を持ち，獣医の仕事の大切さを感じるかもしれません。全く一緒の考えだと，交流というのは盛り上がりませんが，自分の経験と結びつけることで必ず違いが生まれるので，「なるほど，そういうことか！」と発見が生まれるようになります。そのような，互いの価値を知ることができる交流を設計したいものです。

# お手紙

東京書籍・光村図書

「どんなことを考えていた？　そしてどんなことをした？」

---

### こんな学習場面

かえるくんは，がまくんに対して手紙を書いたこと，そしてその内容を告白します。それを聞いたがまくんは「ああ」「とてもいいお手紙だ」と言い，二人で玄関に出て，お手紙が来るのを4日待ちます。その時の二人の様子を考える活動場面です。

## 📖 指導案でねらう学習展開

T　がまくんとかえるくんは，どんなことを考えてお手紙を待っていたのでしょうか。

C　「とてもいいお手紙だ」ってがまくんも言っているから，きっと「楽しみだね，まだかな！」と考えていた。

C　絵で二人とも笑顔。「しあわせな気もち」とも書いてあるから踊り出しちゃったりするんじゃないかな？

C　でも，4日もたってからかたつむりくんが来たから，流石に途中で「本当にくるのかな」ってがまくんは思ったんじゃない？　私だったら不安になる。

## ● ねらい

　どんなことを考えていたか，と問うことを通して，その時の二人の気持ちや，会話，様子，行動などを具体的に想像することを目指します。また，二人の様子を想像する中で「自分だったら」という考え方で意見をもつことも目指したいところです。

## 📖 指導案通りいかない学習展開

T　がまくんとかえるくんは，どんなことを考えてお手紙を待っていたのでしょうか。

C　「とてもいいお手紙だ」ってがまくんも言っているから，きっと「楽しみだね，まだかな！」と考えていた。

C　絵で二人とも笑顔。「しあわせな気もち」とも書いてある。

C　うん，「しあわせな」って書いてあるから，それが正解でしょ。

C　楽しみで，しあわせな気持ちだね。

　本文の「ふたりとも，とても，しあわせな気もち」という部分に着目できていますが，それを「正解」としてそれ以上，具体的な会話や行動，自分だったらという具体的な想像が広がっていません。

## 「指導案通りいかない」からの進め方

C1 　絵で二人とも笑顔。「しあわせな気もち」とも書いてある。

C2 　うん，「しあわせな」って書いてあるから，それが正解でしょ。

T 　確かに「しあわせな」と書いてありますね。**がまくんとかえるくんは，幸せな気持ちでどんなことをしていたんでしょうね。ずっと座っていたのかな？**

C2 　嬉しくって，ルンルンで，二人で**ダンスを踊ったかもしれない。**

C1 　笑顔で，**歌とか歌ってたかもしれないね。**

C3 　でも，四日もたってからかたつむりくんが来たから，流石に途中で「本当にくるのかな？」ってがまくんは思ったんじゃない？

T 　そうかぁ，幸せな気持ちだけど，途中で「本当にくるかな？」と思ったかもしれないんですね。**どうしてそう思ったんですか？**

C3 　**私だったら2日たったくらいで，まだこないなぁって不安になると思ったから。**

C4 　僕はお手紙が来るってかえるくんが教えてくれたから，ず〜っと幸せな気持ちで楽しく遊んだりしながら待つと思うな。多分僕も楽しく待つと思う。

T 　自分だったら，と考えると，いろんな意見が出ますね。みんなはどう考えますか？

## ❶より具体的に想像させる

　学習指導要領にも，「場面の様子に着目して，登場人物の行動を具体的に想像すること」が低学年の指導事項に挙げられています。考えたことや気持ちを想像したら，そこからさらに，がまくんとかえるくんがどのような行動をしたのか，という具体をたくさんクラスで出し合うといいと思います。「書かれていることが正解」に留まらずに，「書かれていることをもとにもっと想像し愉しむ」という文学の学びを，子供たちに味わわせたいものです。

## ❷自分と重ねる

　「どうぶつ園のじゅうい」でも自分と比べる活動を取り扱いましたが，「お手紙」の学びでも，自分と比べ「自分だったら」という思考を働かせて意見をもつことがとても大切です。子供の意見を聞き「どうしてそう思ったの？」「自分だったらそういう時どうするの？」と問い返すことで，自分の経験や，自分ならこうするだろうな，という考えを生き生きと語ることができるのではないでしょうか。そういう発言が呼び水となって，「え，僕はそうはしないだろうと思って，自分だったら〜」というような子供同士の対話も生まれてくると考えます。

コラム **1**

# 指導案って誰のためのもの？

　授業のプランを立てたり，指導案を書いたりしている時に，「指導案って誰のためのものなのか？」という問いを，度々自分に対して向けることがあります。

　まず，指導案というものに仕上げる以上は，そこに読者がいます。授業を見てもらうための情報の一つとして，授業の概要や児童の実態を詳細に書き，授業者がどんなことをしようとしているのか理解してもらう必要があります。ですから相手意識を持って，自分の意図が相手に伝わるように書く努力をしますよね。

　また，指導案を作っていく際に，「自分がこの単元，この授業で子供にどんな力を身に付けてほしいと考えているのか」を明確にしているのではないでしょうか。頭の中で既に考えがまとまっていて，それをプリンターに接続して吐き出すだけ，という行為ではない。書きながら自分の考えを少しずつ明確にしたり，自分はこんな子供の姿を生み出したいと願っていたんだ，ということを発見したりすること，ありませんか？　ですから，指導案は自分自身のために書く，とも言えると私は考えます。

　そして，何よりも指導案の先にはクラスの子供がいます。指導案って，子供は，直接は読みません。例えば，漫才師

さんの脚本がありますよね。漫才を観に来たお客さんは，直接脚本は読みません。当たり前ですね。でも，その脚本を書く中で練り上げた芸が目の前で展開されることによって，私たちは笑ったり，感動したりすることができます。指導案って，それとちょっと似てるのかな，と思っていて，子供は当然指導案を直接は読まないのだけれど，それが書かれる過程で練り上げられたものと出会うことによって「学ぶのって愉しいんだ」ということを実感できることがある。そう考えると，指導案は子供のためにある，と言えるのではないでしょうか。

　漫才師さんの脚本の例を出しましたが，お客さんって，漫才師さんの漫才が，脚本通りいったかどうかって，全く気にしないですよね（少なくとも私は全く気にしたことはありません）。脚本通りやることが目的ではなくて，目の前のお客さんに届けること，お客さんを笑顔にすることこそが目的なのだと思います。ですから，目の前のお客さんの反応によって変える部分もあるし，目の前のお客さんにグッと寄っていくための逸脱，アドリブだってあるはずです。指導案も，全く同じですよね。子供にとって，「指導案通りいっているかどうか」というのは全く問題ではありません。そこでどんな学びが生まれるのかどうか，が全てです。ですから，指導案を書き終えたら一安心，なんてことはなく，授業において繰り広げられる現象に目を見開いて，子供と教師の相互関係の中で学びを作り上げていくことが大切です。それが愉しいといっことだと私は思います。

# もっと知りたい、友だちのこと

光村図書

「仲間からもっと聞くためには？」

---

### ◢ こんな学習場面

　　自分で話したいことを決め，それについて話し，互いに質問し合う単元で，いい質問，いい聞き方とは何かを確認する場面です。実際に代表でクラスの一人に話をしてもらい，それに対する質問を出す活動の中でいい質問，聞き方について確かめていきます。

## 📖 指導案でねらう学習展開

C1　僕は，最近飼い始めた猫のたまをとても大切にしています。たまは時々何か言いたそうに僕を見つめてきます。そういう時はじーっと見つめ返します。（後略）

C2　C1さんがとても猫のたまを大切にしているのが分かりました。私は猫を飼ったことがないのですが，お世話で大変なことはなんですか？

C1　猫は爪が伸びるとお家を傷つけてしまうので，爪切りをするのですが，嫌がるので大変でした。

C3　へぇ，爪切りが大変なんだ，知らなかった!!

## ねらい

実際のやりとりの中で，いい質問，いい聞き方とは何かを確認していくことを目標にします。自分の興味のあることを聞くこと，そのための質問の種類，話し手が嬉しくなる聞き手の反応などを確認し，グループ活動でもそれぞれが実践できるようにします。

## 指導案通りいかない学習展開

C1　僕は，最近飼い始めた猫のたまをとても大切にしています。たまは時々何か言いたそうに僕を見つめてきます。そういう時はじーっと見つめ返します。（後略）

C2　C1さんがとてもたまを大切にしているのが分かった。

C3　すごくかわいいなぁと思った。

C4　私も猫飼いたいんだけど，お母さんがダメって言うんだよね。

（C5とC6がC1の話を聞かずに二人で話している）

T　C5さんとC6さん，ちゃんと聞きなさい。

C1〜C4は，一生懸命聞いていますが，感想に終わってしまって聞きたいことを見つけることができていません。またC5とC6はC1の話を聞いておらず，教師から注意されるに至っています。

## 「指導案通りいかない」からの進め方

C1 僕は，最近飼い始めた猫のたまをとても大切にしています。たまは時々何か言いたそうに僕を見つめてきます。そういう時はじーっと見つめ返します。（後略）

C2 C1さんがとてもたまを大切にしているのが分かった。

T **確かにC2さんの言うとおり，伝わってきましたね。C2さん，もっと知りたいこと，ありますか？**

C2 **私は猫を飼ったことがないのですが，お世話で大変なことはなんですか？**

C1 猫は爪が伸びるとお家を傷つけてしまうので，爪切りをするのですが，嫌がるので大変でした。

C3 **へぇ，爪切りが大変なんだ，知らなかった!!**

T C2さんの，自分は飼ったことがないのですが，というところから知りたいことの質問，とってもよかったですね。C1さん，話していて，嬉しかった聞き方などはありましたか？

C1 **C3さんが「知らなかった!!」と驚いてくれたのがすごく嬉しかった！**

C3 え，そうなの？

T C3さんのような聞き方や反応は，「積極的建設的反応」と言ったりします。シーンとして聞かれるよりC3さんのように思わず呟いたり，頷いたりしてもらうと，とっても嬉しいですよね。グループでの話合いでも，そういう反応ができるといいですね。

## ❶はじめから教え込むのではなく子供の反応から

　実際に話し合う前に「上手な質問のしかたはこれです。上手な聞き方はこれです」と教え込めば，スマートに「指導案通り」に進み，多くの子がそれを実践できるのかもしれません。ですが，子供の姿から上手な質問の仕方や聞き方を取り上げ，学級の文化としていくこともできるのではないでしょうか。「C2さんみたいに聞きたい！」「C3さんみたいに反応したい！」と，クラスの仲間の名前を挙げて目標を持てるようにすることを目指したいものです。

## ❷積極的建設的反応を広げる

　上手な聞き方として，話す人の方を見て，話が終わるまで静かに聞く，ということが言われることが多いです。それも確かにいい聞き方の一つではありますが，この項で取り上げた「積極的建設的反応」には，様々なものがあると考えます。例えば，話している時にこちらを見ていなくても一生懸命メモを取りながら聞いてくれたら嬉しいですし，途中で思わず驚きの表情や，声を挙げてくれたら嬉しいものです。子供にも「話していて嬉しかった聞き方はありますか？」などと投げかけて，いい聞き方のクラスの文化を創っていくのがいいのではないでしょうか。

# わたしと小鳥とすずと

光村図書

「みんなちがって，みんないいって？」

---

### こんな学習場面

連ごとに様子を思い浮かべながら読み，最後の連の「みんなちがって，みんないい。」について，どのように思うかを問う場面です。

## 📖 指導案でねらう学習展開

T 「みんなちがって，みんないい。」とありますが，「わたし」はどうしてそう言っているのでしょうか。

C 第一連で，「わたし」と「小鳥」を比べている。「わたし」は「小鳥」のように空は飛べないけれど，小鳥は私のように地面をはやくは走れない，と書いてある。

C 第二連でも，「わたし」と「すず」を比べて，「わたし」の体を揺すってもすずのように綺麗な音はしないけれど，たくさんの歌を知っている，と書いてある。

C それぞれのよいところ，できることがある。比べてできないところより，自分ができることを見て，「みんなちがって，みんないい。」と言っているのでは。

## ねらい

「みんなちがって，みんないい。」を読むために，第一連と第二連に着目していきます。「みんなちがって，みんないい。」をその部分だけ見て［点］で捉えるのではなく，文脈を［線］でつないで解釈できるようにしたいところです。

## 📖 指導案通りいかない学習展開

T 「みんなちがって，みんないい。」とありますが，「わたし」はどうしてそう言っているのでしょうか。

C すずも，小鳥も，「わたし」も，それぞれ違うものだからみんないいってこと。

C 全然別物だもんね。

C 第一連で，「わたし」と「小鳥」を比べている。「わたし」は「小鳥」のように空は飛べないけれど，小鳥は私のように地面をはやくは走れない，と書いてある。できなくてもみんないいんだよってこと。

「それぞれ違うものだからみんないい」という意見は，その一文を［点］で捉えてしまっています。また第一連に着目しても，「できなくてもみんないいんだよ」という短絡的な意見になってしまっています。

## 「指導案通りいかない」からの進め方

C1 すずも，小鳥も，「わたし」も，それぞれ違うものだからみんないいってこと。

C2 全然別物だもんね。

T 確かに，すずも小鳥も「わたし」も別物ですね。**どんなふうに違うのでしょう？**

C3 第一連で，「わたし」と「小鳥」を比べている。「わたし」は「小鳥」のように空は飛べないけれど，小鳥は私のように地面を速くは走れない，と書いてある。できなくてもみんないいんだよってこと。

T C3さんのように，**他の連に書いてあることを理由に説明できるのはすごいこと**です。確かに「わたし」は飛べないし，小鳥は走れないと書いてあります。**できないことばかりなのかな？**

C4 これって，小鳥は飛べるし，「わたし」は速く走れるってこと。できることがあるよってことじゃない？

C5 第二連も，書いてあるのは「わたし」は揺すっても綺麗な音は出ない，すずはたくさんの歌は知らない，だけど，それってすずは揺すれば綺麗な音が鳴らせるし，「わたし」はたくさんの歌を知ってるってこと。

C6 できないことを言いたいんじゃなくて，できることを言いたいんじゃないかな？

C7 できないことばっかり見るんじゃなく，それぞれができることがあってそれがいい，ってことかな？

## ❶［点］から［線］へ

　物語や詩を読む際は，叙述をその［点］だけで捉えるのではなく，そこまでの文脈を踏まえて［線］で捉えて読むことが求められます。物語に比べて比較的短い詩を読む学習で，連同士をつなげながら［線］で読むということに慣れていくことが望ましいと考えます。「みんなちがって，みんないい。」の部分の解釈について［点］で考えてしまっている時に，「他の部分とつなげてみよう」と直接言ってもいいですし，挙げた事例では「どんなふうに違うのでしょう？」と他の連に目を向けられるような助言をしています。

## ❷子供の意見を生かしつつ揺さぶりをかける

　「わたしと小鳥とすずと」では，「わたし」と小鳥とすずを比べて「とべ**ない**」「走れ**ない**」「音は出**ない**」「知ら**ない**」と，それぞれのできないことが表面的には描かれています。ですが，それは裏返すとそれぞれができることがある，ということです。子供たちの気付きを生かしつつ，もう一歩踏み込ませたい時には「できないことばかりなのかな？」と揺さぶりをかけ，子供が本文にもう一度立ち返って読み直せるようにすると効果的です。

# すがたをかえる大豆

光村図書

「どんな順番で書かれている？」

---

### こんな学習場面

　「すがたをかえる大豆」を読み，どのように姿を変えているのかという事例（煮豆，きな粉，豆腐や納豆，味噌，醤油，枝豆やもやし）が，なぜこのような順番に書かれているのかを考える場面です。

## 指導案でねらう学習展開

T　大豆が姿を変えた食べ物がいっぱい出てきました。なぜこの順番に書かれているのでしょうか。

C　その形のまま煎ったり，煮たりする工夫が最初に書かれている。「一番わかりやすいのは」とあるから，まずこれを例に挙げたんじゃないかな。

C　きなことかお豆腐とかは，ぱっと見大豆だとは思わないかもね。

C　小さな生物の力でちがう食品にする納豆や味噌は，びっくりした。だから後にしてるのかな？

C　分かりやすいのからびっくりする順にしてるのかな？

　どのように姿を変えているのかという事例が，なぜこのような順番に書かれているのかを考えます。分かりやすい炒り豆，煮豆から始まり，見た目が大きく変わる食品，菌の力を使ったりして姿が変わる食品へと続く，筆者の工夫に気付きたいところです。

## 📖 指導案通りいかない学習展開

T　大豆が姿を変えた食べ物がいっぱい出てきました。なぜこの順番に書かれているのでしょうか。

C　その形のまま煎ったり，煮たりする工夫が最初に書かれている。「一番わかりやすいのは」とあるから，まずこれを例に挙げたんじゃないかな。

C　**きなことお豆腐と，納豆，味噌，醤油は入れ替えてもいいんじゃない？**

C　**僕はきなこより納豆の方がよく食べるから，納豆が先がいいと思う。**

　順番を考える際，子供の生活経験から「よく食べられる順番」でいいのではないか，という意見が出ています。非常に面白い読者の立場ですが，まずは筆者の並べ方の工夫について考えたいところです。

## 「指導案通りいかない」からの進め方

C1 　その形のまま煎ったり，煮たりする工夫が最初に書かれている。「一番わかりやすいのは」とあるから，まずこれを例に挙げたんじゃないかな。

C2 　きなことお豆腐と，納豆，味噌，醤油は入れ替えてもいいんじゃない？

C3 　僕はきなこより納豆の方がよく食べるから，納豆が先がいいと思う。

T 　**どういうこと？**

C3 　**よく食べる順に書いてあった方が，読む人も分かりやすいんじゃないかと思った。**

T 　**とても面白い意見ですね！　じゃあ，筆者はどうしてこの順番に並べたんだろう？**

C4 　炒り豆や煮豆はぱっと見で大豆だと分かるけど，きなことか豆腐は，ちょっとぱっと見では分からない。

C5 　納豆と味噌と醤油は，「目に見えない小さな生物の力」を借りてるから，すごく変身してるんじゃないかな。

C6 　そもそも取り入れの時期を変えるっていうのは最後に来ているね。

C7 　「一番わかりやすい」のから，だんだん分かりにくいものだったり，知ったら読む人がびっくりしそうなものだったりを後にして書いてるのかな。

T 　なるほど，後に行くほど分かりにくくびっくりするものかもしれませんね。筆者の工夫があるのですね。

## ❶一度受け止め，問い返す

　教師がねらった「指導案通り」にいかない場面でも，無理やり軌道修正するのではなく，子供がなぜそう考えたのかを一度聞いてみる，ということは大事にしたいところです。よく食べる順の方が分かりやすいのではないか，という考えは読者の一つの立場としてとても面白いです。ただそこで終わらず「じゃあ，筆者はどうしてこの順番に並べたんだろう？」と筆者の意図に迫らせることで，文章の工夫に目を向けることができると考えます。

## ❷工夫を読み取り，書くことに生かす

　本単元では，挙げる事例を一番分かりやすいものから始め，だんだんとぱっと見では分からない姿のもの，読者がびっくりしたりするようなものという順番に並べる筆者の工夫を読み取ります。そして，この単元の後には「食べ物のひみつを教えます」という書くことの単元が控えています。自分が文章を書く際に，どんな順番で並べることが読者の感じる面白さ，びっくりにつながるか，ということをもだんだんと意識し，書く単元に自然な形で接続していけるといいのではないでしょうか。このような，目的意識のある読み取りにも大きな価値があると考えます。

# 食べ物のひみつを教えます

光村図書

「どんな順番で書く？」

---

**こんな学習場面**

「すがたをかえる大豆」で学んだ説明の工夫を使って，自分で文章を書く単元です。姿を変えて食品の材料となる食べ物について，本を読むなどして調べ，読む人に分かりやすいと思ってもらえるように工夫を考えていきます。

## 指導案でねらう学習展開

T 自分が選んだ，姿を変えて食品の材料となる食べ物について，文章に書いていきます。

C 私はとうもろこしについて書こう。コーンフレーク，ポップコーン，コーンスープ，ヤングコーンなどがある。どうやって並べよう？

T 読む人にとってどんな並べ方をすると分かりやすそうですか？「すがたをかえる大豆」も参考にしましょう。

C 私も，初めは元の形のまま使うものにして，だんだんびっくりするような順番で並べてみようかな。

前項「すがたをかえる大豆」の単元で，なぜ筆者は
このような順番に事例を並べているのか考えました。
本単元においては自分が書く側になって，読者に分か
りやすいと思ってもらえるようにどのような順番で事
例を並べるか，工夫していくことを目指します。

## 📚 指導案通りいかない学習展開

T　自分が選んだ，姿を変えて食品の材料となる食べ物に
　　ついて文章に書いていきます。いくつか調べた食品を
　　書きます。どんな順番に並べるかも考えてみましょう。

C　とうもろこしについて書こう。コーンフレーク，ポッ
　　プコーン，コーンスープ，ヤングコーンなどがあった
　　けどどんな順番に並べよう。読む人に分かりやすい文
　　章にしたいからみんながよく知っている順にしてみよ
　　う **（周りの子供にどれを知っているかアンケートを取
　　るが結果にばらつきがあり順番が決められない）**。

　　「読む人に分かりやすい文章にしたい」という想い
　はいいのですが，「みんながよく知っている順」とい
　うのは非常に曖昧です。アンケートをとってもばらつ
　きがあり，順番を決めることができていません。

## 「指導案通りいかない」からの進め方

C　とうもろこしについて書こう。コーンフレーク，ポップコーン，コーンスープ，ヤングコーンなどがあったけど，どんな順番に並べよう。読む人に分かりやすい文章にしたいからみんながよく知っている順にしてみよう（周りの子供にどれを知っているかアンケートを取るが結果にばらつきがあり順番が決められない）。

T　みんながよく知っている順を決めようとしても，みんなそれぞれ違うんですね。「すがたをかえる大豆」では，大豆をその形のままで使うものが最初に来ていました。それも参考にして，自分で決めるのがいいんじゃないかな。

C　とうもろこしの形をそのまま使っているのはポップコーンかな。そのままの形に熱を加えて膨らませている。それを最初にしようかな。

T　なるほど，ポップコーンは見た目はとうもろこしに似ていないけれど，そのままの形から作るんだね。

C　コーンスープとコーンフレークは，どちらもとうもろこしをすりつぶして使うけど，コーンスープの方が色も黄色い。味もとうもろこしの甘い味が分かりやすいから，先にしようかな。ヤングコーンは，収穫する時期を早めているから，「すがたをかえる大豆」と一緒で，最後にしてもいいかな。元の形からだんだん離れていくと，読む人も分かりやすいかな。

134

## ❶学んだことを思い起こす助言を

　「読む人にとって分かりやすい」という言葉は非常に抽象的です。ここでは，「すがたをかえる大豆」で学んだことを生かしてまずは「その形のまま使っているもの」から順に並べてみるように，具体化して助言しました。とうもろこしをそのまま使うポップコーンから，すりつぶして使うコーンフレークやコーンスープへ，そして収穫を早めるベビーコーンへという順序に意図をもって並べることができています。

## ❷学んだことを生かして，自分で決める

　ここでは「その形のまま使っているもの」を先にしてみることを提案しましたが，必ずしもそれが絶対守らなければならないルールなわけではありません。例えば，子供が「コーンスープが一番もとのとうもろこしみたいに黄色で，味も甘い。これが一番とうもろこしをイメージしやすいから最初にしよう」と決めたとしたら，それはとても価値のあることではないでしょうか。学んだことは生かしつつ，子供が自分で意図を持って決めようとし，それが確かに「読者にとって分かりやすい」を達成しているとしたら，大いに称賛すべきです。

# モチモチの木

東京書籍・教育出版・光村図書

「どこで，どんなふうに変わった？」

---

**こんな学習場面**

　「モチモチの木」を読み，じさまから見た豆太はどんなかを考える場面です。じさまの行動や台詞に着目し，じさまの目を通して豆太を見ることで，豆太がどのような人物なのか，どこでどんなふうに変わったのかについても考えを深めることができます。

## 📖 指導案でねらう学習展開

T　じさまは，豆太のことをどう思っていますか？

C　「自分とたった二人でくらしている豆太が，かわいそうで，かわいかったからだろう」って書いてある。

C　しょんべんも一緒についてきてあげている。

C　「勇気のある子」で，とっても優しいって思っている。最後の台詞から分かる。

T　かわいそうでかわいいというところから，どこで勇気がある子や，優しいという見方に変わったのだろう？

C　医者様を呼びに行ったところで変わったんだよね。

**● ねらい**

　「じさまは，豆太のことをどう思ってる？」と問う
と子供は様々なじさまの行動や台詞などに着目しま
す。子供から意見が出る中で，じさまの豆太への見方
にも変化が起こっていることに気付き，それがどこで
起こったのかにも迫ることを目指します。

## 📖 指導案通りいかない学習展開

T　じさまは，豆太のことをどう思っていますか？

C　「自分とたった二人でくらしている豆太が，かわいそ
　　うで，かわいかったからだろう」って書いてある。

C　しょんべんも一緒についてきてあげている。

C　「勇気のある子」で，とっても優しいって思っている。
　　最後の台詞から分かる。

C　**でもじさまが元気になったらまたしょんべんに起こし
　　ている。それは勇気があるとは言えないと思う。**

C　**確かに勇気があるとは言えないかも。**

　　じさまから見た豆太について考えていましたが，最
後しょんべんに起こすようになったという叙述を読ん
で，読者として「それは勇気があるとは言えない」と
発言し，視点がじさまからずれてしまっています。

## 「指導案通りいかない」からの進め方

T　じさまは，豆太のことをどう思っていますか？

C1　「自分とたった二人でくらしている豆太が，かわいそうで，かわいかったからだろう」って書いてある。

C2　「勇気のある子」で，とっても優しいって思っている。最後の台詞から分かる。

C3　でもじさまが元気になったらまたしょんべんに起こしている。それは勇気があるとは言えないと思う。

C4　確かに勇気があるとは言えないかも。

T　**今，「勇気があるとは言えない」と思ったのは誰？**

C3　僕。

C5　今は，じさまが豆太をどう思ってるか，だよね？

T　そうでしたね，じさまの視点から，今日は考えてみましょう。C3さん，じさまから見るとどうですか？

C3　「人間，やさしささえあれば，やらなきゃならねえことは，きっとやるもんだ」と言ってるから，やっぱり優しい子だと思ってる。

C6　「それを見て，他人がびっくらするわけよ。は，は，は」のところも，すごく豆太を誇らしく思っているんじゃないかな？

T　かわいそうでかわいいというところから**どこで**勇気がある子や，優しいという見方に変わったのだろう？

C3　医者様を呼びに行ったところで変わったんだよね。

C3　じさまが死ぬ方がもっと怖いって，優しいってこと。

## ❶視点を確認する

　今回はじさまから見た豆太はどんなかを考える活動を扱いました。3年生の子供が，自分の視点ではなく，じさまの視点から考えるというのは決して簡単なことではありません。今まさに，自分以外の視点にも立って読むという力を育みつつあるところです。ですから，「指導案通り」いかないことも多々あるでしょう。そのような場合も，例に挙げた「今，『勇気があるとは言えない』と思ったのは誰？」という問いかけのように「今誰の視点で考えられているのか？」を子供が自覚できるよう，サポートしていく必要があるでしょう。

## ❷変化に目を向ける

　「じさまから見た豆太はどんなか」という問いを考える際には，必ず一場面ではなく，複数の場面を踏まえてどう捉えているかを考える必要があります。そして変化があった場合は，どこでその変化が起こったのかを捉えることも重要です。その変化が起こった場面（今回なら「豆太は見た」）をもう一度読み直し，「大すきなじさまの死んじまうほうが，もっとこわかったから」など細かい叙述に着目して，変化の原因を探っていけるよう導くとよいでしょう。

3
年

# あなたなら、どう言う

光村図書

「相手の立場に立とうとするってどういうこと？」

---

> **こんな学習場面**
>
> 対話の練習，と題された「あなたなら，どう言う」という単元です。姉が家に帰ってきたら弟がおもちゃや本を散らかしていて，姉は「友達が遊びにくるから綺麗にしたい」，弟は「棚を掃除するため空にしたい」と考えています。どう対話しましょう？

## 指導案でねらう学習展開

T　二人組で，それぞれの立場になって，役割を決めてやりとりをしてみましょう。

C1　（姉役）友達が遊びに来るから早く片付けてほしい。

C2　（弟役）今，棚を掃除するから，すぐには戻せないよ。

T　やってみてどうですか？

C1　なんでいつもはやらない棚掃除を今このタイミングでやるんだよ！って感じ。

C2　友達が来るって知ってたら別に今やらなかったのに。

T　なるほど，ここからどうやって納得を生めるかな？

## ● ねらい

それぞれの願いが違う中で，言葉をやりとりし，互いに納得してできるよう考えます。その中で，相手の言動には理由があることを理解し，相手の受け止め方を想像して自分も言い方を考えることが大切だということを理解し，実践できるようにしたいです。

## 📖 指導案通りいかない学習展開

C1　（姉役）友達が遊びに来るから早く片付けてほしい。

C2　（弟役）今，棚を掃除するから，すぐには戻せないよ。

T　やってみてどうですか？

C1　なんでいつもはやらない棚掃除を今このタイミングでやるんだよ！って感じ。

C2　友達が来るって知ってたら別に今やらなかったのに。

T　なるほど，ここからどうやって納得を生めるかな？

C1　**弟がいきなり掃除するのが悪いからとにかく早く片付けた方がいいと思う。**

姉役の子供が，自分の立場の正当性を主張し，弟側に要求する，ということが起こっています。ただこれは弟役の子供も，全く同じことを思っているかもしれません。このままでは平行線です。

**「指導案通りいかない」からの進め方**

C1 なんでいつもはやらない棚掃除を今このタイミングで
やるんだよ！って感じ。

C2 友達が来るって知ってたら別に今やらなかったのに。

T なるほど，ここからどうやって納得を生めるかな？

C1 弟がいきなり掃除するのが悪いからとにかく早く片付
けた方がいいと思う。

C2 そんなこと言ったら，そっちの予定なんてこっちは知
ったこっちゃないんだから，まず謝って片付けを手伝
ってほしい。

T **なるほど，双方の言いたいことがはっきり出てきてい
いですね。今，相手の立場からの声を聞いてみてどう
ですか？**

C1 まぁ確かに弟側も，知ったこっちゃないよな，とは思
う。遊ぶ予定があるなら知らせた方がいいかも。

C2 友達が来ちゃうって焦ってたら，自分でも「早くし
て！」とは思うかもしれない。

T 相手の立場を想像して，双方がちょっとだけでも相手
に歩み寄るようなことができればいいよね。

C1 すぐに感情的に「なんでよ！」ってなると勘違いもあ
る。弟側の理由も聞いた上で，でも友達が来ちゃうか
らお願い，自分も手伝うから，と伝えたらいいかな？

C2 そういうふうに言われたら，多分友達が来るなら焦る
よな，一緒に戻そう，と思うかなぁ。

## ❶分かったふりをさせない

　指導案通りいかない事例では，はっきりと自分の立場の要求を相手に伝えていました。ただこれは，結果から言えばあるべき姿だと思います。初めから「相手のことを考えて優しく言った方がいいと思う」と発言したところで，それは「なんとなくこういうことが正解なのだろう」ということを言っているにすぎないことが多いと思います。一度はっきりと意見が食い違うことを把握した上で，そこからどうするかを考えることが大切だと思います。

## ❷見えない文脈を読もうとすること

　今回，姉の立場からは弟が棚を掃除するために物を出していた，ということが分からず「部屋が散らかっている」という事実だけを見て判断し，「早く！」という感情的な言葉を発してしまっていました。ぱっと見て感じることから判断すると，感情的になりやすくなり，それでは対話は生まれません。対話に必要なのは，今の自分には分かっていないことがあるのかもしれない，という一種の「ためらい」であり，「判断の留保」です。初めは見えない文脈を理解すると，相手の立場を考えた上で協力を仰ぐような言い方を考えることができるのではないでしょうか。

4
年

# 感動を言葉に

光村図書

「連想を広げるヒント」

---

**こんな学習場面**

　まど・みちおさんの「ニンジン」という詩を読み，自分でも連想を広げて一言で詩を書く単元です。表現したいものを自分なりに選び，連想を広げて言葉を書き出し，一文の詩を作っていく場面です。

## 📖 指導案でねらう学習展開

T　表現したいものから，連想を広げてみましょう。

C　僕はスイカについての詩を書いてみよう。スイカって，皮が黒と緑だけど，トラみたいな模様だよな…。あと，スイカ割りとか，種飛ばしとか，遊びもできるな…。あと，中が赤いの結構びっくりだよな…。

T　どんなふうに連想を広げられそうですか？

C　スイカをトラに喩えてみようかな。あとは，見た目は緑で穏やかだけど，中身は真っ赤で怒りやすい，ってことにしてみよう。

## ねらい

　自分で表現したいものを決めて，そこから連想を広げることを目指します。色や形，大きさなどの見た目，においや味，触った感じなどを言葉にしたり，別の何かに喩えたり，そのものになりきって考えるなどすると連想が広がります。

## 📖 指導案通りいかない学習展開

T　表現したいものから，連想を広げてみましょう。

C1　僕はスイカについての詩を書いてみよう。スイカって，皮が黒と緑で，中が赤いのが面白いよな。あと，スイカ割りとか，種飛ばしとか，いろんな遊びができるのも面白いな。**いろんな色が入っているから，カラフルと言い換えてもいいかな。「いろんな遊びができるカラフルなボール」でどうだろう。**

C2　**中身は赤いけど，表面は黒と緑だから，カラフルなボールっていうのはちょっと難しいんじゃないかな。**

　スイカから連想を広げていくと，時に「カラフル」など，スイカそのものとなかなかうまくつながらない言葉が出てくることもあります。そのようなことも予測して対応することが大切です。

# 「指導案通りいかない」からの進め方

C1 僕はスイカについての詩を書いてみよう。スイカって，皮が黒と緑で，中が赤いのが面白いよな。あと，スイカ割りとか，種飛ばしとか，いろんな遊びができるのも面白いな。いろんな色が入っているから，カラフルと言い換えてもいいかな。「いろんな遊びができるカラフルなボール」でどうだろう。

C2 中身は赤いけど，表面は黒と緑だから，カラフルなボールっていうのはちょっと難しいんじゃないかな。

**T 今挙げてきたスイカの特徴から，別の何かに喩えることはできそう？**

C1 う～ん，表面は黒と緑だけど，しましま模様がちょっとトラみたいに見える，かも？

C2 うん，カラフルだと無理があるけど，トラだと分かりやすい！

C1 じゃあ，トラに喩えてみよう。普通は，虎は黒と黄色だけど，黒と緑だから，穏やかなイメージかな？

C2 でも，中身は真っ赤なんだよね？

C1 うん，真っ赤ってことは，ちょっと，怒りっぽかったり，ぷんぷんしやすいって感じかな？

C2 面白いね，**色を虎の性格に喩えるんだね！**

C1 よし，じゃあ「見た目は穏やかだけど，実は怒りっぽいトラ」にしてみよう！

T とてもいい，一言の詩ができましたね！

## ❶喩えたり，なりきってみたり

　連想を広げていく際に，まず色や形，大きさなどの見た目，においや味，触った感じなどを言葉にするということは，多くの子供がそれほど負担感なくできることだと思います。一方でそこからさらに連想を広げるのは難しかったり，やや元のものから離れすぎてしまったり，ということが起こります。そこで，別の何かに喩えたり，そのものになりきって考えてみたり，ということを提案すると，子供も一歩深く連想することができるのではないでしょうか。

## ❷いつもとは違う子供にフォーカスがあたる時間に

　自分の考えをまとめて丁寧に話すことが得意な子供もいれば，苦手な子もいます。国語の授業ではやはり前者のような子供が活躍しやすい傾向があります。ですが，今回のような連想を広げる，という活動においては，教師が予想していなかったような考えが，いつもはなかなか発言したりできない子供の中から生まれてくることが多いように感じます。いい意味で「指導案通りいかない」が起こるのです。そのような機会を逃さずに「〇〇さんの考え，とても面白いね」と認め，周りに紹介してその考えのよさを広めていくと，その子の意欲もきっと倍増します。

**4
年**

# 白いぼうし

教育出版・光村図書

「松井さんってどんな人？」

---

> ▶ **こんな学習場面**
>
> 「白いぼうし」を読んで，物語全体を通して，松井さんがどのような人物か（人物像）を捉える授業場面です。低学年では登場人物の行動や変化などを中心に読んできましたが，高学年に向け，人物像について学びを深めたいところです。

## 📖 指導案でねらう学習展開

T　松井さんはどのような人物だと思いますか？

C　松井さんは，親切な人だと思った。私だったら，道端に落ちている帽子は放っておいてしまうと思う。

C　もんしろちょうの代わりに夏みかんを入れるのも優しいよね。石で飛ばないようにしてるし。

C　でも，なんかちょっと変わってるよね，普通代わりに夏みかん入れるかな？　びっくりするでしょ。

C　「ふふふっ」って一人で笑いが込み上げるとか，ちょっといたずらっぽい人なのかもしれない。

　松井さんの行動に着目して，どんな人かを考えてい
きます。物語の登場人物に限らず，私たち人間は多面
的です。ですから，どんな人かと問う時に，一面的に
ならず，様々な行動描写に着目して多様な意見が出る
ことを目指します。

## 指導案通りいかない学習展開

T　松井さんはどのような人物だと思いますか？

C　松井さんは，親切な人だと思った。私だったら，道端
　　に落ちている帽子は放っておいてしまうと思う。

C　もんしろちょうの代わりに夏みかんを入れるのも優し
　　いよね。石で飛ばないようにしてるし。

C　でも，なんかちょっと変わってるよね，普通代わりに
　　夏みかん入れるかな？　びっくりするでしょ。

C　**うん，僕もちょっと変な人じゃないかなって思った。**

C　**松井さんは優しい人で，変な人じゃないよ！**

　人物像を捉える時に，一つの「優しい」という考え
方にこだわってしまって，「変な人」という他の見方
を受け入れることができなくなっています。[線] で
はなく [点] で捉えてしまう姿です。

## 「指導案通りいかない」からの進め方

C 松井さんは，親切な人だと思った。私だったら，道端に落ちている帽子は放っておいてしまうと思う。

C もんしろちょうの代わりに夏みかんを入れるのも優しいよね。石で飛ばないようにしてるし。

C でも，なんかちょっと変わってるよね，普通代わりに夏みかん入れるかな？　びっくりするでしょ。

C うん，僕もちょっと変な人じゃないかなって思った。

C 松井さんは優しい人で，変な人じゃないよ！

T **面白い話題ですね。どんな人，と考える時に，優しい人か変な人か，どちらかしか認められないのかな？例えば私のこと，みんなどんな人だと思う？**

C 叱る時めっちゃ怖い。

C でも，休み時間は一緒に遊んでくれて楽しいよね。

T そんな怖く感じてるんですね（笑）。今考えたみたいに，どんな人って考えるといろんな面があるね。

C 松井さんも，優しいし，ちょっと変わった人かもしれない。

C 女の子だけなのにタクシーを発車させてあげるとか，ちょっと親切すぎる人とも言えるんじゃない？

C 優しくて，親切すぎてちょっと変わってるから，不思議なことに巻き込まれるのかなぁ。

C そんな松井さんだから，最後シャボン玉のはじけるような小さな小さな声も聞こえたのかもしれない。

## ❶人物像を多面的に

　例えば3年生の「モチモチの木」では，豆太の変化について読むことがあります。物語の前半はこうだったけど，事件があって，その後はこうなったのではないか，という思考です。今回扱う人物像は，事件の前後で変化するというわけではなく，その人がそもそも多面的である，ということを捉えていくため，思考としては変化を読むよりも難易度が高いと思います。ここでは担任に対して「どんな人だと思う？」と日頃の生活と結びつけることで思考の手助けをする手立ての例を挙げました。

## ❷人物像を作品の解釈につなげる

　人物像を捉えるというのはそれ自体が価値ある学びなのですが，「なんのために人物像を探るのか」という視点は授業者が持っておきたいところです。今回は「そんな松井さんだから，最後シャボン玉のはじけるような小さな小さな声も聞こえたのかもしれない」と，物語の最後の場面とつなげて子供が考えることができています。このような思考は最初からできるわけではないので，「なぜ声が聞こえたのだろう」という問いを考える際に子供が人物像に目を向けられるよう教師が声掛けするのも効果的です。

4
年

# アップとルーズで伝える

光村図書

「対比させるよさって？」

---

### こんな学習場面

　中学年では段落相互の関係を考えながら説明文を読むことが求められます。「アップとルーズで伝える」を読む単元で，アップについて書かれた4段落，ルーズについて書かれた5段落を比べながら読む場面です。

## 📖 指導案でねらう学習展開

T　筆者は，アップとルーズのどちらの方がいい，と述べていますか？

C　3段落では，選んだり組み合わせたりすることが大切って書いてあった。どちらか，と言われると…。

C　アップだと，細かい部分がよく伝わるよさがある。

C　でも，映しているところ以外の多くの部分のことは分からないんだよね。じゃあルーズの方がいいの？

C　ルーズは広い範囲が分かる。でも顔つきとか気持ちまで分からない。メリットとデメリットがある。

　アップとルーズについて，あえて「筆者はどちらの方がいいと述べている？」という問いから始め，それぞれの段落を読み，メリットとデメリットがあることに気付かせていきます。その際，対比して書かれていることの効果にも目を向けたいところです。

## 指導案通りいかない学習展開

T　筆者は，アップとルーズのどちらの方がいい，と述べていますか？

C　3段落では，選んだり組み合わせたりすることが大切って書いてあった。どちらか，と言われると…。

C　アップだと，細かい部分がよく伝わるよさがある。

C　でも，映しているところ以外の多くの部分のことは分からないんだよね。じゃあルーズの方がいいの？

C　**でも，選手が大きく映されている方がかっこいいよ。アップの方がいいんじゃない？**

　あえて「筆者はどちらの方がいいと述べている？」と問うと，筆者ではなく，自分がどちらの方がいいと思うか，という考えになってしまうことがあります。その際は軌道修正が必要です。

## 「指導案通りいかない」からの進め方

C アップだと，細かい部分がよく伝わるよさがある。

C でも，映しているところ以外の多くの部分のことは分からないんだよね。じゃあルーズの方がいいの？

C でも，選手が大きく映されている方がかっこいいよ。アップの方がいいんじゃない？

T **確かにゴールを決めた後のアップの写真はかっこいいですね。ルーズを使うよさも考えたいですね。**

C ルーズは広い範囲が分かる。でも顔つきとか気持ちまで分からない。メリットとデメリットがある。

C アップにもメリット・デメリットがあるし，ルーズにもメリット・デメリットがある。だから，どっちがいいか，ということは筆者も言ってないんじゃないか。

T **筆者が書いているそれぞれのメリット・デメリットって，どんな関係になっていますか？**

C アップのデメリットである，映されていない多くのことが分からないということは，ルーズの広い範囲の様子が分かる，というメリットで解決できる。

C 逆に，ルーズのデメリットである細かな表情や気持ちが分からない，というのは，アップの細かい部分をしっかり映せるメリットで解決できそう。

C だから，組み合わせるってのが大事なんだね。

T このように，それぞれのメリット・デメリットを対比しながら説明してあると分かりやすいのですね。

## ●自然と対比に目が向くように

　アップとルーズの対比に目を向けさせたい，と考えた時に，いきなり「アップとルーズのそれぞれのメリット・デメリットを比べてまとめましょう」と言われると，子供はどこか「やらされている」感を持ってしまい，活動にも今ひとつ意欲的になれないこともあると思います。今回の事例では，あえて「筆者はどちらの方がいいと述べている？」と問うことで「え，どっちだろう？」という子供の疑問を生み出し，本文をもう一度よく読む意欲を生み出せるようにしています。そこでそのまま「絶対こっちの方がいい！」と話が逸れてしまう「指導案通りいかない」という状況も想定されますが，そこから教師が自然に方向付けていくことで，「どちらにもメリット・デメリットがあって，どちらの方がいい，とは決められない」という考えに帰結すると考えられます。一見ねらいから外れたような問いや活動からスタートして，子供の意欲を引き出し，そこから二つの段落が対比されて書かれているよさを実感できるところまで導く。子供の反応を具体的に想像していれば，そのようなことも可能になります。「指導案通りいかない」を超えて，そのような工夫した授業展開にも挑戦したいところです。

4
年

# ごんぎつね

東京書籍・教育出版・光村図書

「なぜ，そう書かれているのだろう？」

---

> ### こんな学習場面
>
> 　「ごんぎつね」の最後の一文，「青いけむりが，まだつつ口から細く出ていました」がなぜ書かれているのか，何が表されているのかという問いを話し合う場面です。情景描写について，理解を深めていきたいところです。

## 📖 指導案でねらう学習展開

T 「青いけむりが，まだつつ口から細く出ていました」
　　という一文は，なぜ書かれているのでしょうか。

C 一見，いらないよね，この一文。

C でも，書いてあるからには意味があるんだろうね。

C なんかちょっと，静かで悲しい感じがするんだけど。

C どういうこと？

C 青とか細くって，なんかこう，シーンって感じがする。

C 確かにそんな感じもしてきたなぁ。

C 兵十がごんを撃ってしまった後悔とかも表されてる？

## ねらい

「青いけむりが，まだつつ口から細く出ていました」という最後の一文を読み，情景描写という表現の効果，読者にどのような印象を与えるのかについて考えます。「青い」や「細く」の色から兵十の後悔や最後の場面の静けさを読み取っていきます。

## 📖 指導案通りいかない学習展開

T　「青いけむりが，まだつつ口から細く出ていました」という一文は，なぜ書かれているのでしょうか。

C　なんかちょっと，静かで悲しい感じがするんだけど。

C　青とか細くって，なんかこう，シーンって感じがする。

C　確かにそんな感じもしてきたなぁ。

C　兵十がごんを撃ってしまった後悔とかも表されてる？

C　**このけむりがもし赤色って書かれてたらどう？**

C　**赤色って変じゃない？**

C　**教科書にも青って書いてあるから赤は関係ないよ。**

第2章の「想定よりも時間がかかる」で挙げた例です。情景描写を読み取る場面で，青という色がもし赤色だったら？という脱線をしています。ただ，これを生かして授業を進めていきたいところです。

##  「指導案通りいかない」からの進め方

C　このけむりがもし赤色って書かれてたらどう？

C　赤色って変じゃない？

C　教科書にも青って書いてあるから赤は関係ないよ。

T　**でも赤だとどんな感じなんだろうね？**

C　赤だと，悲しい感じや，兵十の後悔は伝わってこないと思う。やっぱり青と書かれていることに価値があるんじゃない？

T　**赤だったら，と考えることで，他でもない青と書かれているわけが分かった気がしますね。** このように，色などを用いて登場人物の気持ちを表している風景や場面の様子のことを情景，と言います。

C　でも，だったら「兵十は深く後悔しました」とか書けばもっと分かりやすくない？

C　確かに。この一文じゃなくて，もっとダイレクトな一文にしたらいいと思う。

C　え，でもこういうフワッとした，はっきり気持ちを言わない書き方も好きだな。

T　面白いですね，みんなは直接気持ちが書いてある終わり方と，この情景を用いた終わり方だったらどちらがいいですか？

C　工夫なのは分かったけど，正直分かりづらいな…

C　今まで読んだ本の中にも，こういう情景で終わる話ってあった。僕はこれも結構好きだなぁ。

## ❶価値ある脱線

　第2章の「想定よりも時間がかかる」で述べた通り，価値ある脱線，というものがあります。今回の「けむりがもし赤だったら」というのはまさにそれです。赤だったらという仮定を一度考えてみることで，他の何色でもない青であることで，兵十の後悔が伝わってくると，子供が気付くことができています。教師が授業のねらいを明確にし，指導案作成段階では想定していなかった子供の素朴な呟きを，どのようにねらいと結びつけていけるのか…。「指導案通りいかない」ことを考える愉しさがここにあります。

## ❷自分の意見も持っていい

　情景描写という作者の表現の工夫は，知識として知っておくと，物語を読む視点が深まります（4年・書くことで扱った「連想」とも近い考え方です。読むことにも書くことにもつながりますね）。ただ，だからと言って情景描写を用いたこのような終わり方をみんなが好きだ，という必要はないのではないでしょうか。子供の中には「はっきり書いてほしい」という意見もあるでしょうし，「こういう終わり方いい！」という意見もあるでしょう。それらの意見を共有することに，価値があると思います。

4
年

# 具体と抽象

　本書の中では，具体と抽象，という話が度々出てきます。これは，本書を書き進める中で私が常に考えていたことでした。

　本書には，「具体」として，各学年5本の実践，6学年で計30本の実践例が掲載されています。各実践については4ページ割かれています。実践の中の「指導案通りいかない」状況からどう展開するかという一点に焦点を当てて書いているので，単元の全体像は残念ながら見えませんし，具体が足りない，とご指摘いただけばその通りだな，と考えています。

　ただ，願わくば30本の実践例という「具体」をバラバラに扱うのではなく，それらを結びつけて，「一体この本から自分は何を受け取ることができるのだろう？」ということを考えて読んでいただければ嬉しいな，と考えています。それが本書に通底する「具体と抽象を行き来する」という提案です。

　国語の文学の授業で「人物像」を扱うことってありますよね。本書においても6年生「帰り道」の実践において，人物像を扱っています。人物像を読み取る時は，まずその人物にまつわる「具体」に着目します。どんな行動をして

いるのか，どんな台詞があるか，自分自身をどう捉えているのか，周りの人物はその人をどう捉えているのか…。様々な「具体」に着目していくわけですが，その「具体」をバラバラにして捉えている限り，なかなか人物像を思い描くことができません。自分では「言葉が軽すぎて，ぽんぽん，むだに打ちすぎる」と思っていること，相手からは「どんなこともテンポよく乗りこえて，ぐんぐん前へ進んでいく」ように見えていることが結びついて初めて，複雑な人物像を立ち上げることができます。そして「抽象」にあたる人物像を立ち上げると，意外な「具体」が出てきた時に「お!?」と注目することが可能になります。人物の変化を読み取る際もこの「お!?」が働きますよね。

　ここで改めて確認しておきたいのは，具体と抽象，どちらかの方が優れているわけではない，ということです。具体を一つ一つ並べるだけでは「要するに何が言いたいの？」ということになりますし，抽象だけを言葉にしても，「それって実際どういうことなの？」ということになります（ちなみに私は抽象的なことを口にすることが多い傾向にあるので，度々「それだと伝わらない」とご指摘いただきます。みなさんはどんな傾向がありますか？）。

　具体と抽象を結びつけて，行ったり来たりすることが大切です。この本の「具体」にあたる第3章の実践例を読みながら，「抽象」にあたる第1・2章にも度々立ち返り，読み進めていただき，願わくばその行き来を愉しんでいただければ，筆者としてはとても嬉しく思います。

# 「子ども未来科」で何をする

光村図書

「説得力はどこから生まれる？」

---

### こんな学習場面

　学ぶことを自分たちで決められる「子ども未来科」という教科があったとしたら何を学びたいか提案する，という活動です。事実と感想，意見を区別して，聞く人に「なるほど」と言ってもらえるような説得力のあるスピーチの構成を考えていきます。

## 指導案でねらう学習展開

T　自分が選んで調べてきたテーマについて，スピーチの構成を考えましょう。

C　私は，「子ども未来科」で，多様性の重視について学んだらいいと思う。床が傷付くという理由で，車椅子バスケットボールの練習のために，体育館を貸してもらえない，という記事を読んだのがきっかけです。その事実から，私はどのようにすれば多様性を大切にできるのかを提案したいと思います。相手の立場になってみるという体験が少ないのが原因かな…？

自分が選んだテーマについて，事実と感想，意見を整理して，説得力のある構成を考えていきます。感じた課題から，どのような提案をできるのか，その提案のためにどんな構成，資料が効果的なのかを考えていけるようにします。

## 指導案通りいかない学習展開

C　私は，「子ども未来科」で，多様性の重視について学んだらいいと思う。床が傷付くという理由で，車椅子バスケットボールの練習のために，体育館を貸してもらえない，という記事を読んだのがきっかけです。**資料として，車椅子バスケットボールを楽しんでいる人の写真や動画を見せると伝わるかな？　そうすると，車椅子バスケットボールの魅力がスピーチを聞く人にもよく分かるかもしれない。**

多様性の重視というテーマを選んだ子供の例です。提案したい意見を明確にすることができておらず，きっかけとなった記事から，車椅子バスケットボールの魅力をどうすれば伝えられるか，という思考になっています。

5
年

##  「指導案通りいかない」からの進め方

C 私は，「子ども未来科」で，多様性の重視について学んだらいいと思う。床が傷付くという理由で，車椅子バスケットボールの練習のために，体育館を貸してもらえない，という記事を読んだのがきっかけです。資料として，車椅子バスケットボールを楽しんでいる人の写真や動画を見せると伝わるかな？　そうすると，車椅子バスケットボールの魅力がスピーチを聞く人にもよく分かるかもしれない。

T 事実は，「床が傷付くという理由で車椅子バスケットボールの練習に体育館が貸してもらえない」ということですね。**その事実の原因や，提案したい自分の意見を考えてみましょう。**

C 床が傷付くというのは確かにそうかもしれないけれど，車椅子バスケットボールというものを体験していなくて，スポーツとして知らない人が多いのも一つの理由かもしれない。

T 知らない，ということが確かに理由の一つかもしれないですね。

C 今までオリンピックは見ていたけれどパラリンピックは全然見ていなかった。「みんなはどうですか？」と問いかけてみよう。「子ども未来科」では，知ることや体験してみることをやりたい。もし自分のクラスに困ってる人がいたら，と考えたりもしてみたい。

## ❶現在地を伝える

　調べ学習を一生懸命やると，調べることに夢中になりすぎて，「子ども未来科」について提案する，という目的地をすっかり忘れてしまう瞬間もあります。そのような時は，目的地に対して子供がどれくらい近づいているか，今どこにいて，次は何をすべきなのかということを自覚させるような声掛けをしていくといいでしょう。そのようなことが積み重なって，自分で自分の学びをコントロールする力，自己調整力なども育まれていくと考えます。

## ❷説得力を持たせる構成や資料を考える

　提案したい自分の考えが明確になると，どんな構成がいいのか，どんな資料があるといいのかが明確になります。今回はオリンピックとパラリンピックについて触れ，「みんなは見たことがある？」と問いかけることで聞く人が惹き付けられるような工夫を考えています。他にも，車椅子バスケットボールの競技人口と健常者のバスケットボールの競技人口を比較した資料を作り，少数派が大切にされていないのではないか，まずは知ろうとすることが大切なのではないか，と聞き手に訴えるような工夫も考えられます。相手意識を持って工夫したいところです。

5
年

# もう一つの物語

光村図書

「効果的な構成を考えよう」

---

### こんな学習場面

　今まで読んだことのある物語を元にして，読む人が楽しめるような別の物語に書き換えます。変える部分を決め，設定，構成を考える場面です。ここでは，2年生で学んだ「お手紙」を書き換えている例を挙げます。

## 📖 指導案でねらう学習展開

T　選んだ物語のどこを変えるかを考えましょう。

C　「お手紙」を選びました。がまくんとかえるくんの友情がとっても素敵なお話だから。その友情が伝わる部分は残したいけど，他の部分を変えて面白くしたいな。かえるくんが，手紙を渡すのがかたつむりくんじゃなかったら，もっと早くお手紙が着いたのかな？（登場人物を変える）　かえるくんが，自分がお手紙を書いたことを言わずに帰っちゃったとしたら，どうなっていたのかな？（出来事を変える）

物語を書き換える際は，登場人物の人物像を変える，登場人物そのものを変える，時や場所を変える，出来事やその解決の仕方を変えるなど，様々な方法があります。子供が選んだ物語について，元のよさを生かしながら書き換えていけるといいでしょう。

## 📖 指導案通りいかない学習展開

T 選んだ物語のどこを変えるかを考えましょう。

C 「お手紙」を選びました。私はかえるくんがかたつむりくんにお手紙を渡した時に**「どうして足の遅いかたつむりくんに手紙を渡しちゃうの！」**と思った。だから，**とにかくかたつむりくんじゃない，蜂とか，すぐに届けてくれるような登場人物に変えて書き換えたい。**（登場人物を変える）

C それ分かる！　僕もかたつむりくんじゃない誰かに手紙を渡した方がいいと思ってた。

かたつむりくんを蜂に変える，という登場人物を変える工夫自体はいいのですが，なぜ変えるのかという理由が「自分が気に食わないから」という一面的なものになってしまっています。

## 「指導案通りいかない」からの進め方

T　選んだ物語のどこを変えるかを考えましょう。

C　「お手紙」を選びました。私はかえるくんがかたつむりくんにお手紙を渡した時に「どうして足の遅いかたつむりくんに手紙を渡しちゃうの！」と思った。だから，とにかくかたつむりくんじゃない，蜂とか，すぐに届けてくれるような登場人物に変えて書き換えたい。（登場人物を変える）

T　かたつむりくんを蜂に変える工夫，面白そうですね。**ところで，元の「お手紙」で面白いな，好きだな，と思ったのはどんなところですか？**

C　かえるくんとがまくんの友情がすてきだな，と思った。

T　その，好きなところは変えたいですか？

C　そこは変えたくない。その好きなところは残したい。

T　かたつむりくんが４日かけて手紙を届けてくれるのを二人で待っている時間も，実は友情が感じられる部分ですよね。手紙が早く届いて，どんなふうに友情を描きましょうか。

C　そっか，じゃあかえるくんが，自分が手紙を書いたことを言わずに，悲しい思いで帰っちゃって，その後すぐ蜂ががまくんに手紙を届けて，がまくんがありがとうとごめんねを両方感じて，手紙を書くってお話にしてみようかな。そうしたら，二人の友情が伝わるもう一つの「お手紙」になるかもしれない。

## ❶何のために変えるのかを自覚化する

　物語を書き換える，というのは子供にとっても非常に魅力的で，意欲をかき立てられる活動です。今回は，「なんでかたつむりくんに渡しちゃうの！」という多くの読者が一度は抱いたことがあるであろう想いから書き換えるアイデアが生まれています。ただ，元のお話で自分が好きだったのはどこか，ということ（今回であれば友情）を自覚していないと，何となく書き換えはしたけれど，何のために書き換えたのか分からない，という状況になってしまいます。「元のお話のここが好きだからそこは残したい」「もっとこうだったら面白いのではないか」という意図を持って書き換えることを目指したいものです。

## ❷必要に応じて ICT の活用も

　実際に構成を考えた上で，物語を書いていく際は，タブレット端末の使用など，ICT の活用も必要に応じて取り入れたいところです。それなりに長い文量を書くことになる単元です。書き直しなども容易になります。また文字を書くのに困難を抱く子供が，他の子に比べて書き進めるのに時間がかかってしまう，という「指導案通りいかない」状況を改善するためにも，うまく活用したいところです。

5
年

# やなせたかし―アンパンマンの勇気

光村図書

「どこが，なぜ，心に残った？」

---

> ### こんな学習場面
>
> 　「やなせたかし―アンパンマンの勇気」を読み，心
> に残ったところについて，なぜそれが心に残ったのか
> を考える場面です。伝記というジャンルを読むのは初
> めてかもしれません。描かれる人物の言動に着目しな
> がら，自分と照らし合わせて読んでいきます。

## 📖 指導案でねらう学習展開

T　やなせさんの言動で心に残ったり，考えさせられたり
　　したのはどのようなところですか？

C　私は，胸のつぶれるようなさびしさを，絵を描いてい
　　る時だけは忘れることができた，というところ。私も
　　そういう時があるなぁと思った。

C　僕は本当の正義についてやなせさんが考えていると
　　ろ。自分は正義と悪ってはっきりしてると思ってた。

C　正義を行い，人を助けようとしたら自分も傷付くこと
　　を覚悟しなければならない，というところ。

**ねらい**

　本文を読んで，子供の心に残る部分があるはずです。その部分が，なぜ自分の心に残ったのかを考える時に，やなせさんを通して自分自身を見ることになります。伝記を通して，自分自身を知るということを目指します。

## 📖 指導案通りいかない学習展開

T　やなせさんの言動で心に残ったり，考えさせられたりしたのはどのようなところですか？

C1　僕は本当の正義についてやなせさんが考えているところ。自分は正義と悪ってはっきりしてると思ってた。

C2　え，どういうこと？

C1　**え，なんかさ，いいものはいいし，悪いものは悪いって感じに思ってた。**

C2　**え，いいものはいいし，悪いものは悪いってことで間違ってないんじゃない？**

　伝記には，その人物の信念が表されています。その信念に出会った時には，自分の中の「当たり前」が浮かび上がってきます。そこでいい意味で，意見がぶつかっていきます。まさに価値ある脱線です。

## 「指導案通りいかない」からの進め方

C1　え，なんかさ，いいものはいいし，悪いものは悪いって感じに思ってた。

C2　え，いいものはいいし，悪いものは悪いってことで間違ってないんじゃない？

T　**とても面白いですね。C1さん，「いいものはいいし，悪いものは悪いって感じに思ってた」というのは例えばどんな経験から思ったの？**

C1　例えば，友達とケンカしたりした時も，自分は正しいと思って相手が悪いと思って一方的に強く言っちゃうことってあって。

T　**うんうん，それで？**

C1　戦争を経験して，自分たちこそが正しいと思って戦争して殺し合っていて，正義の戦争なんてない，と考えるのは，あぁそうなんだと思って。ケンカした時も，お互いが自分が正しくて相手が間違ってると思ってること，あるなぁって。で，食べ物を分けてあげることが本当の正義と考えたところが，びっくりした。

C2　そういうことなら，確かに分かる。私は正義を行い，人を助けようとしたら自分も傷付くことを覚悟しなければならない，というところが心に残ったんだけど，正義は無敵！じゃなくて，傷付くこともあるかもしれないけれどそれでも，というのが本当の勇気なんだな，と思った。

## ❶高学年でも，自分の体験から語る機会を

読むことの「考えの形成」において低学年では「文章の内容と自分の体験を結び付けて」という文言がありますが，中，高学年になるとその記述がなくなります。ですが，特に伝記を読むという活動においては，自分の体験と結びつけて語ることで，伝記を通して自分を知るというねらいに近づいていくと考えます。自分の体験は，他の人はしていないわけですから，そこに固定概念のようなものも入ってきて，話が噛み合わない時もあります。ですが，それが表面化した時こそが自分を知り，見つめ直すチャンスと言えるのではないでしょうか。

## ❷自分を語れる心理的安全性を

伝記を通して自分を知る，それを語るということのためには，そのクラスに対して自分の内面を吐露しても受け止めてもらえる，という心理的安全性が必要だと考えます。バカにされると分かっていたら，誰も自分の内面をさらけ出せません。「こう思いました」という表面的なことは言えても，自分の体験をくぐらせた上での言葉などはとても言えない。ですから教師や仲間が「うんうん，それで？」と積極的建設的反応をすることが，とても大切なのです。

# 想像力のスイッチを入れよう

光村図書

「具体と抽象を結べ！」

---

### こんな学習場面

「想像力のスイッチを入れよう」を読み，想像力の
スイッチとはどのようなことかを考えていく場面です。
二重鍵括弧の使われた『まだ分からないよね。』『事実
かな，印象かな。』『他の見方もないかな。』『何がかく
れているかな。』に注目します。

## 📖 指導案でねらう学習展開

T　筆者の考える想像力のスイッチってなんでしょうか。
　　文章を三つに分けたまとまり，はじめ，中，終わりの
　　どこに書いてありそうですか？

C　中だと思う。サッカーの監督の事例で説明してる。

C　二重の鉤括弧の使われた『まだ分からないよね。』と
　　結論を急がないことがスイッチじゃないか。

C　他にも，『事実かな，印象かな。』『他の見方もないか
　　な。』『何がかくれているかな。』があるね。

C　自分の思い込みを疑うことが，想像力のスイッチ？

174

　想像力のスイッチとはどのようなことか，ということを考え，はじめ，中，終わりの「中」の二重鉤括弧の使われたキーワードに着目します。四つのキーワードを探し出すだけでなく，それらの共通点から，想像力のスイッチを端的に表したいところです。

## 指導案通りいかない学習展開

T　筆者の考える想像力のスイッチってなんでしょうか。

C　二重の鉤括弧の使われた『まだ分からないよね。』と結論を急がないことがスイッチじゃないか。

C　他にも，『事実かな，印象かな。』『他の見方もないかな。』『何がかくれているかな。』があるね。

C　**他の鉤括弧とは区別して，分かりやすいように筆者が工夫してるんじゃないかな。**

C　**確かに。だから，この筆者の考える四つが想像力のスイッチだと思う。**

5
年

　二重鉤括弧で括られた四つのキーワードを見つけるところまではいいのですが，その四つの具体から共通点を見つけたり，想像力のスイッチという抽象的な言葉を捉えたりするところまではできていません。

**「指導案通りいかない」からの進め方**

T　筆者の考える想像力のスイッチってなんでしょうか。

C　二重の鉤括弧の使われた『まだ分からないよね。』と結論を急がないことがスイッチじゃないか。

C　他にも、『事実かな、印象かな。』『他の見方もないかな。』『何がかくれているかな。』があるね。

C　他の鉤括弧とは区別して、分かりやすいように筆者が工夫してるんじゃないかな。

C　確かに。だから、この筆者の考える四つが想像力のスイッチだと思う。

T　**なるほど、その四つは大切な言葉なのでしょうね。四つを並べてみて何か気付くことはありますか。**

C　気付くこと…なんだろう。全部、「ちょっと待って」みたいなことかな？

C　確かに。「まず大切なのは、結論を急がないこと」とも筆者が言ってる。

C　全部、終わりを「？」にできるかもしれない。

C　本当だ！　全部、疑問なんだ。

C　そもそも、「はじめ」の最後に思い込みを減らすため、与えられた情報を事実の全てと受け止めるのではなく、とも書いてあるから、疑うことが大切ってことかも。

T　今、四つのキーワードの共通点を探して、これが大切じゃないか、と考えることができましたね。これは具体を抽象にする、という思考ですね。

176

## ❶具体を抽象にするためのヒント

　「想像力のスイッチとは？」と問われて二重鉤括弧で括られた四つのキーワードを挙げて終わり，つまり具体を四つ並べて終わり，という状況は多いのではないでしょうか。それでは，まだ四つの具体と想像力のスイッチという抽象が十分に結びついていない状態です。今回は「四つを並べてみて何か気付くことはありますか」という声掛けから，共通点を見出すよう方向付けをして，子供から「全部疑問だ！」という気付きを生み出そうとしています。具体を抽象にするというのは，簡単ではありませんが，放置するのではなく方向付けをしていけば，子供にもそのよさや面白さが実感できるはずです。

## ❷どこに時間をかけるのか決める

　今回扱った，具体と抽象を結ぶという考え方を子供と扱うのは，やはり時間がかかります。第2章の「想定よりも時間がかかる」がまさに起こります。ただ，大事な考え方はたとえ想定以上に時間がかかったとしても，どこかで継続して扱っていかなければなりません。どこに時間をかけるのか，教師の決断が求められると思います。まさに「結論を急がない」ことが大切です。

5
年

# 大造じいさんとガン

東京書籍・教育出版・光村図書

「誰にとっていいシーン？」

### こんな学習場面

　「大造じいさんとガン」を読む単元です。残雪に対する大造じいさんの心情の変化を読んできた単元終盤，最後の「じいさんは，おりのふたをいっぱいに開けてやりました」以降の最後の場面を「これはいいシーンか？」という視点で読んでいきます。

## 📖 指導案でねらう学習展開

T　最後の場面は，「いいシーン」と言えますか？

C　私はいいシーンだと思った。「らんまんとさいたスモモの花が，その羽にふれて，雪のように清らかに，はらはらと散りました」という表現に爽やかさを感じる。

C　大造じいさんの台詞もいい。残雪に対して忌々しいと思っていたのが，最後こう変わったのか，というのが分かっていいと思う。

C　私は，大造じいさんが爽やかな気持ちなのは分かるんだけど，なんかこれで終わるのはモヤっとするな。

最後の場面について「いいシーンか？」という問い
で話し合い，様々な考えに触れます。情景描写や，大
造じいさんの変化の帰結，飛び去っていくのを見守っ
ている結末に余韻に魅力を感じる子供もいれば，いい
シーンではない，と感じる子供もいるでしょう。

## 指導案通りいかない学習展開

T 　最後の場面は，「いいシーン」と言えますか？

C1 　大造じいさんの台詞がいい。残雪に対して忌々しいと
　　思っていたのが，最後こう変わったのか，というのが
　　分かっていいと思う。大造じいさんも晴れ晴れとした
　　顔つきで見守ってる。

C2 　私は，なんかこれで終わるのはモヤっとするな。

C1 　**え，なんで，こんなに爽やかで，また堂々と戦おうっ
　　て言ってるんだからいいシーンじゃん。**

C2 　**いや，最後の戦いまで書いた方がいい終わり方！**

　　　C1は「大造じいさんにとっていいシーン（自分にと
　　ってもいいシーン）」と捉えている一方，C2は「自分
　　にとってモヤッとするシーン」と捉えており，誰にと
　　っていいシーンなのか，がずれています。

##  「指導案通りいかない」からの進め方

C1 え，なんで，こんなに爽やかで，また堂々と戦おうって言ってるんだからいいシーンじゃん。

C2 いや，最後の戦いまで書いた方がいい終わり方！

T 盛り上がってきましたね。**C1さんは誰にとっていいシーンだと思いましたか？**

C1 え，私にとっていいシーンでしたけど。

T 多分もう一人いますよね？　誰か分かる人いますか？

C3 C1さんの意見の中には，大造じいさんも晴れ晴れとかって言葉があるから，大造じいさんにとってもいいシーンって考えてるのかな？

C1 あ，確かにそれはそうかも。

C2 あ，**僕も自分はモヤっとする終わり方だな，とは思うけど，大造じいさんにとってはいいシーンっていうのは分かります。**「らんまんとさいたスモモの花が，その羽にふれて，雪のように清らかに，はらはらと散りました」という情景にも，大造じいさんの爽やかな気持ちが表れていると思う。でも，僕はやっぱり次の冬の戦いも書いてほしかったなって。

C1 **そういうことなら C2くんの意見も分かる。**でも私は次の冬を描かない余韻のある終わり方でいいと思うな。

T お互い「誰にとっていいシーンか」というポイントがずれていたんですね。ずれていたのが分かると，話合いが噛み合いますね。

## ❶主語を明らかにする

　情景描写や，大造じいさんの変化の帰結，飛び去っていくのを見守っている結末に目を向けようとして「いいシーンか？」という問いで話を進めると，誰にとっていいシーンか，という主語が抜け落ちてしまうことがあります。大造じいさんにとっていい，という視点もあれば，読者の自分自身にとっていい，という視点もあります。それが混同すると，話合いが噛み合わなくなるので，それを整理して，自分たちでずれを自覚することが大切です（同じような状況は，「ちいちゃんのかげおくり」で「ちいちゃんは最後幸せだったのか？」という問いを扱う時にも生まれます。ちいちゃんにとっては幸せかもしれないが，読者の私にとっては…というずれが生まれます。3年生という学齢を考えると，一層教師が方向付けをして自覚を促す必要があるでしょう）。

## ❷互いの感じ方に興味を持つ

　主語のずれを解消した上で，最後の場面を自分はどう解釈するか，という考えはいい意味で必ずずれます。「そういうことなら，あなたの意見も分かる。でも私は〜」という，一読者としての考えを表明し合える学級の雰囲気を生み出したいところです。

# 聞いて、考えを深めよう

光村図書

「どんな話の流れになるだろう？」

---

### ● こんな学習場面

　学校に関わっている大人の方にインタビューする単元です。インタビューの相手を決め，どんな思いや考えを話してもらいたいのかを決め，インタビュー内容に対する自分なりの予想をし，話の流れを想定する場面です。

## 📖 指導案でねらう学習展開

T　インタビューする内容を決めていきます。相手の方がどのように答えてくださるのか予想してみましょう。

C　（理科の田中先生に話を聞く準備）小学生のころから理科が好きだったのか，担任と理科の先生で何が違うのか，理科の授業をしていてどんなところが大変で，どんなところが楽しいのか，聞いてみたい。田中先生は，小学生の頃から理科が好きだったのかな？　もし違ったら，小学生の時好きだった教科も聞いてみて，なんで理科の先生になったのかきっかけを聞きたいな。

　インタビューの相手にどんな思いや考えを話しても
らいたいのかを決め，インタビュー内容に対する自分
なりの予想をすることを目指します。「もし〜だった
ら，次はこう聞いてみよう」という想定をすると，い
ざインタビュー本番になった時にも生かせます。

## 指導案通りいかない学習展開

C　（理科の田中先生に話を聞く準備）小学生のころから
　　理科が好きだったのか，担任と理科の先生で何が違う
　　のか，理科の授業をしていてどんなところが大変で，
　　どんなところが楽しいのか，聞いてみたい。田中先生
　　は，多分小学生の頃から理科が好きだったんだろう
　　な。担任と理科の先生で違うのは，給食をみんなと食
　　べるかどうかだろうな。理科の授業をしていて大変な
　　ところは，いろんなものを使うから，準備が大変って
　　ことなんじゃないかな。

6
年

　インタビューに対して相手がどう答えるのかは想像
できていますが，そこからどんな話の流れになるかを
想定することができていません。これだと，いざイン
タビューになった時にも固まってしまうかも…。

## 「指導案通りいかない」からの進め方

C1 　田中先生は，多分小学生の頃から理科が好きだったん
　　　だろうな。担任と理科の先生で違うのは，給食をみん
　　　なと食べるかどうかだろうな。理科の授業をしていて
　　　大変なところは，いろんなものを使うから，準備が大
　　　変ってことなんじゃないかな。

T 　　**ペアを作って，片方が相手役になって，練習してみま
　　　しょう。勿論，インタビューをする方とは違う答えに
　　　なってしまうと思いますが，いろんな答えを想定する
　　　ことはできます。やってみましょう。**

C1 　じゃあいくよ。田中先生になったつもりで答えてね。
　　　先生は小学生のころから理科が好きだったのですか？

C2 　う〜ん，田中先生はサッカーが好きって聞いたことが
　　　あるから…いえ，体育が好きでした。

C1 　あ，そうですか。じゃあ，担任と理科の先生で違うと
　　　ころはどこですか？

C2 　う〜ん，いろんなクラスと授業をするところじゃない
　　　かなぁ。

C1 　**あれ，さっきから全然予想と違う。**

C2 　じゃあ，もし好きな教科が体育だったら，そこからど
　　　う広げる？

C1 　「なんで理科の先生になったんですか，きっかけはな
　　　んですか？」って聞いてみようかな。

C2 　うんうん，いいね。

## ❶想定外を1回経験するシステムを作る

　自分一人でインタビュー内容を考えていると，どうしても予想も一面的になりがちです。教師が一人一人確認できればいいのでしょうが，物理的，時間的に簡単ではありません。ここでは，ペアを作り，インタビューの練習をするという活動を取り入れました。勿論答えは実際のものと異なるでしょうが，自分の想定外の答えが返ってくるという経験をすることが大切だと考えます。その上で，「こういう返事が返ってきた場合はどうする？」と一緒に考え合うことができると効果的です。

## ❷予想外を愉しめる人に

　ペアで練習して，想定を増やしても，当然インタビューの場では，相手から思いもよらなかった答えが返ってくることがあるでしょう。その時に，「せっかく準備したのに違った」ではなく，「あれだけ準備したけど，予想外の答えが返ってきた，面白い！」と感じられる子供たちになってほしいものです。そのためにも，教師が授業プランを綿密に立てた上で「指導案通りいかない」という状況を「予想外だ，面白い！」という姿勢で愉しむことが，子供たちの姿勢によい影響を与えるのではないでしょうか。

6
年

# たのしみは

光村図書

「どうすればたのしみが伝わる？」

---

### こんな学習場面

　江戸時代の歌人，橘曙覧の「たのしみは」で始まり「時」で結ぶ短歌を参考に，自分の楽しみを短歌に書く単元です。今回は，ペアで表現をアドバイスし合う，という活動も行っています。

## 📖 指導案でねらう学習展開

C1　「たのしみは『全くもう』と思いつつ猫の爪を切っている時」という短歌を書いたよ。

C2　楽しみという言葉と，「全くもう」という台詞は逆の意味かなと思うけど，それが結びついてるのがいい！

C1　ありがとう！　あとは，「猫の爪を」が6文字だから，綺麗に7文字にしたいなって。

C2　爪切る時ってどんなことするの？

C1　猫の足の肉球をこうやってむにゅっておさえる。

C2　じゃあ，肉球を入れて…「たのしみは猫の肉球おさえつつ『全くもう』と爪を切る時」はどう？

「たのしみは」で始まり,「時」で終わる短歌を作り
ます。表現を工夫する,という時に,一人ではどうす
ればいいか分からない子供もいます。ペアで作った短
歌を紹介し合い,そこからさらに表現を工夫するため
にアドバイスし合うことを目指します。

## 指導案通りいかない学習展開

C1 「たのしみは『全くもう』と思いつつ猫の爪を切って
   いる時」という短歌を書いたよ。

**C2 楽しみという言葉と,「全くもう」という台詞は逆の
   意味だから変じゃない?**

C1 そうかなぁ,変だったら違う言葉にしようかなぁ。

C2 うん,分かりやすい他の言葉にした方がいいよ。

C1 「猫の爪を」が6文字だから,綺麗に7文字にしたい
   なって思って。

C2 まぁ1文字くらいはいいんじゃない?

C1が「全くもう」と書いている理由を聞かずに,楽
しみとは逆の意味だから変,とC2が言っています。
そう言われると,C1も自信を無くして書き換えた方が
いいかな…と感じてしまっています。

6
年

## 📖 「指導案通りいかない」からの進め方

C1 「たのしみは『全くもう』と思いつつ猫の爪を切っている時」という短歌を書いたよ。

C2 楽しみという言葉と,「全くもう」という台詞は逆の意味だから変じゃない?

C1 そうかなぁ,変だったら違う言葉にしようかなぁ。

T **C1さんは,「全くもう」という言葉をどうして使ったんですか?**

C1 猫の爪が伸びると,家具とかを傷付けちゃったりするから爪を時々切ってあげなきゃいけないんだけど,「全くもう」と思いながら,でもかわいいなぁ,爪を切るのもいい時間だなぁ,と思ってて。

T なるほど,「全くもう」もすごく困り果てているということじゃなくて,かわいいなぁ,という気持ちが込もっているんだね。

C2 そういうことかぁ! じゃあそれは入れないと!

C1 ありがとう! あとは,「猫の爪を」が6文字だから,綺麗に7文字にしたいなって。

C2 爪切る時ってどんなことするの?

C1 猫の足の肉球をこうやってむにゅっておさえる。

C2 じゃあ,肉球を入れて…「たのしみは猫の肉球おさえつつ全くもうと爪を切る時」はどう?

C1 すごくいいね!

T **Bさんの質問で,言葉が広がりましたね。**

## ❶意図を大事に

　短歌は，たった31文字の非常に短い詩的表現です。ですから，なぜその言葉を使ったのかという理由を31文字の中で説明し切ることはできません。ですから，ペアで活動する時も，パッと言葉を見て「反対の意味になっておかしい」と判断するのではなく，「どうしてこの言葉を使ったの？」と，相手の意図を知ろうとする姿勢で質問できるようにしたいものです。相手の意図を知ると，その表現のよさに気付くことができたり，よりよい表現を一緒に考え合ったりと，建設的な関わりが生まれるはずです。

## ❷いい問いをほめる

　答えを導くことも大切ですが，相手の考えを広げたり，深めたりするための問いを考え，投げかけるというのは，もっと大切なことです。今回は，C2が「爪切る時ってどんなことするの？」と，C1の具体的な行動を想起させる質問を投げかけ，言葉の選択肢を増やすことができています。このような質の高い質問を子供同士でできるようになることは，学級の学習文化を形成する上でも非常に大切なことです。そのような問いが子供から生まれた機会を見逃さず，ほめていきたいものです。

6
年

# 帰り道

光村図書

「どの視点から捉える？」

---

　「帰り道」を読み，律と周也それぞれの視点から人物像を捉えていく場面です。それぞれが思う自分自身を読み取るだけでなく，律から見た周也，修也から見た律を読み取ることで，立体的に人物像を捉えていくことができます。

## 📖 指導案でねらう学習展開

T　律は，どんな人物でしょうか。

C　みんなのテンポに自分だけついていけない。

C　すぐに立ち止まっちゃう，思っていることが言えない，と思ってる。

C　周也は，落ち着きのない自分に比べて，律をいい意味でマイペースだと思ってる。

C　焦ってばかりの自分と比べて，余裕があって落ち着きがあると思ってる。

T　自分の捉えと，修也から律への捉えは違うのですね。

　ここでは，律の人物像について，律自身が語る「1」と周也目線で語る「2」の両方から迫ります。両方の視点があることで，捉えのずれが生まれ，人物像が立体的に描き出されていることにも気付かせたいところです。

## 指導案通りいかない学習展開

T　律は，どんな人物でしょうか。

C　みんなのテンポに自分だけついていけない。

C　すぐに立ち止まっちゃう，思っていることが言えない，と思ってる。

C　周也は，落ち着きのない自分に比べて，律をいい意味でマイペースだと思ってる。

C　**でも，律は自分でそれが嫌だと思っているわけだから。周也が思っていることは勘違いで，律が自分で思っていることが本当のこと。**

　人物像を考える上で，自分自身の捉えと，周也から律への捉えを比べて，周也が思っていることは勘違いと言い切っています。人物像と視点を考えていく上で非常に興味深いずれがここで生まれています。

6年

##  「指導案通りいかない」からの進め方

C 周也は，落ち着きのない自分に比べて，律をいい意味
　でマイペースだと思ってる。

C でも，律は自分でそれが嫌だと思っているわけだから。
　周也が思っていることは勘違いで，律が自分で思って
　いることが本当のこと。

T どう思いますか？

C 確かに，自分ではこう思ってるのに，相手に違うよう
　に思われて苛立ってしまったことがある。

C でも，私が自分でダメだと思ってた部分を，親に「そ
　こがあなたのいいところだよ」と言われて，ちょっと
　嬉しかったことがあったな。

T 自分で捉える自分と，相手が捉える自分，どちらかは
　嘘というか，勘違いになるのかな？

C うーん，でもどっちもあっていいんじゃないかな？

C 律のことも，律の視点ではテンポが遅くて，思ってる
　ことが言えなくて「言えなかったこと」と「なかった
　こと」が一緒になっちゃうのかなって心配してるけ
　ど，周也の視点からすれば，自分にはない落ち着きが
　ある。捉え方の問題で，どっちが間違ってるってわけ
　じゃないと思う。

C 自分の思う自分が必ず正しいってわけじゃないのか。

T 物語が「１」「２」とそれぞれの視点から描かれてい
　るので，とても面白い話ができましたね。

## ❶子供の考えを掘り起こす

「帰り道」で描かれるそれぞれの視点からの人物の描写はとても魅力的です。6年生の子供たちにとっても，「自分では自分をこう思っているのに，相手からは違うように思われる」というずれの感覚は非常にリアリティのあるものでしょう。今回も，教師が無理に誘導しようとせず「みんな，どう思う？」と投げかけることで，それぞれの考えが掘り起こされ表出されることをねらっています。いつもモヤモヤと感じていることが，文学に触れることで引き摺り出される。そのような経験を授業の中で生み出すことができればと思います。

## ❷実感を伴った理解へ

二人の帰り道という一つの事実が，登場人物双方の視点からそれぞれに描かれることで，全く違うものに見える。作者が視点を「1」と「2」に分けて描いていることで，自分たちが日頃抱いていたモヤモヤが引き摺り出され，話合いにも熱が生まれる。そのような活動を通し，表現による効果を実感することで，視点などの学習用語，概念が単なる知識ではなく，実感を伴った知識として理解されるのではないでしょうか。

6
年

# 『鳥獣戯画』を読む

光村図書

「どんな書き方に惹かれるのだろう？」

### こんな学習場面

「『鳥獣戯画』を読む」を読み，筆者の高畑勲さんの『鳥獣戯画』への評価を読み取り，それを筆者がどんな書き方で読者に伝えようとしているのかを考える場面です。

## 📖 指導案でねらう学習展開

T 筆者は『鳥獣戯画』を国宝であるだけでなく，人類の宝であると評価していました。その評価を読者に伝えるために，どんな工夫をしていましたか？

C まず「はっけよい，のこった」から始まる実況中継みたいな書き方が印象に残った。すごく惹き込まれた。

C 「ぱっとページをめくってごらん」の部分も，読んでいて楽しい。これを850年も前からやってたのか！と私も驚いた。

C 漫画やアニメなど，僕たちも知っていることとつなげて話してくれると，確かに似てる！と思った。

　筆者が主張を伝えるために，どのような表現の工夫を用いて書いているかを探っていきます。筆者の工夫を認識した上で，それを自分がどう感じたのかということ，自分にとって魅力的な書き方はどのようなものであったかを考えていきます。

## 📖 指導案通りいかない学習展開

C1　まず「はっけよい，のこった」から始まる実況中継みたいな書き方が印象に残った。すごく惹き込まれた。

C2　「ぱっとページをめくってごらん」の部分も，読んでいて楽しい。これを850年も前からやってたのか！と私も驚いた。

C3　**漫画やアニメなどの話を出しているのも面白いなと思った。**

T　どうしてそこが面白いと思ったの？

C3　**普通昔のものと今の漫画とかつなげないと思ったから。**

　漫画やアニメを出して説明する工夫には気付いているのですが，それに対して自分がどのように魅力的で効果的だと思ったのかが，まだ言語化できていません。

6
年

## 「指導案通りいかない」からの進め方

C3 漫画やアニメなどの話を出しているのも面白いなと思った。

T どうしてそこが面白いと思ったの？

C3 普通昔のものと今の漫画とかつなげないと思ったから。

T 確かに，普通はつなげないかもしれませんね。**筆者はどうして，漫画やアニメを出して説明しているのでしょうか。**

C4 **これって，多分，筆者が小学生向けに書いてるんじゃないかな。**

C5 どういうこと？

C4 『鳥獣戯画』って，850年前の絵巻物で，小学生はそんなに出会わないものだと思うんだよね。

C6 うん，見たことなかった。

C4 だから，馴染みのない『鳥獣戯画』に関心を持ってもらうために，漫画とかアニメとか，小学生が関心を持ってるものとつなげたんじゃないの？

C3 そっか，だから漫画とかアニメとか出してるのか！なんとなくここがいいと思ってたけど，僕も漫画とかアニメは好きだから，それとどう似てるんだろう，と思って興味を持っちゃったな。

T 筆者の意図が分かってきましたね。それぞれ，ここが魅力的だな，と思う筆者の工夫も違いますね。どの工夫が自分にとって魅力的か，考えていきましょう。

## ❶筆者の意図に気付く

　書く活動でも，「読者にどんなことを思ってほしいか」ということを子供に指導することがあります。当然，説明文の筆者も「読者にどんなことを思ってほしいか」を練りに練って表現を工夫しています。今回は「どうして漫画やアニメを出して説明しているのか」と問いかけ，馴染みのない『鳥獣戯画』を，小学生が日頃触れているであろう漫画やアニメと結びつけることによって興味を抱かせようとしている筆者の意図に気付くようにしています。そのような筆者の意図に気付いた上で，どの工夫が自分にとって魅力的に映ったのかを判断していくといいでしょう。

## ❷書く活動につなげる

　工夫には必ず意図があるということに気付くと，それは自分が書く側になった時にも大切なことだと子供も気付くはずです。光村図書の教科書では，この後に「発見、日本文化のみりょく」という書く単元が設定されています。どんな魅力を，誰に伝えるのか，読者にどんなふうに思ってほしいのか，それらを踏まえて自分なりの意図を持って書いていけるようにしたいものです。自分でも意図を持って書く，ということを念頭に置いて読む活動に取り組むことも効果的でしょう。

6
年

# やまなし

光村図書

「明るい？　暗い？　なぜどっちもある？」

---

### こんな学習場面

　「やまなし」を読み，五月と十二月，それぞれの場面が明るいか，暗いか，ということを考える場面です。かにたちの様子，場面の様子などに着目して考えます。今回は，五月に焦点を当てています。

## 📖 指導案でねらう学習展開

T　五月は，明るいか，暗いか，考えてみましょう。

C　私は暗いと思った。「死んだよ」「殺されたよ」という言葉もいっぱい出てくる。

C　お魚が何か悪いことをしてるんだよ，取ってるんだよ，というのも暗いイメージがあった。

C　かわせみが鉄砲玉のようにやってきて，コンパスのように黒く尖ったくちばしで魚を取っていくのも暗いイメージ。かにもぶるぶる震えている。

C　でも，景色はずっと綺麗というか。「光の黄金のあみはゆらゆらゆれ，あわはつぶつぶ」って明るい。

**ねらい**

　明るいか，暗いかというあえて抽象的な問いを投げかけることによって，かにたちの様子やかわせみがやってくることによって喚起される暗めのイメージと，明るく穏やかな川の中の景色が共存していることに気付くことをねらいます。

##  指導案通りいかない学習展開

T　五月は，明るいか，暗いか，考えてみましょう。

C1　私は暗いと思った。「死んだよ」「殺されたよ」という言葉もいっぱい出てくる。

C2　かわせみが鉄砲玉のようにやってきて，コンパスのように黒く尖ったくちばしで魚を取っていくのも暗いイメージ。かにもぶるぶる震えている。

C3　でも，景色はずっと綺麗というか。「光の黄金のあみはゆらゆらゆれ，あわはつぶつぶ」って明るい。

C4　**それはおかしい。暗いイメージの方が多い。**

　五月の場面には，明るさも，暗さもどちらも入っています。出来事は暗いですが，風景は一貫して明るいです。そのちぐはぐさに耐えられず，明るいイメージはおかしい，という意見が子供から出ています。

6
年

## 「指導案通りいかない」からの進め方

C1 私は暗いと思った。「死んだよ」「殺されたよ」という
　　言葉もいっぱい出てくる。

C2 かわせみが鉄砲玉のようにやってきて，コンパスのよ
　　うに黒く尖ったくちばしで魚を取っていくのも暗いイ
　　メージ。かにもぶるぶる震えている。

C3 でも，景色はずっと綺麗というか。「光の黄金のあみ
　　はゆらゆらゆれ，あわはつぶつぶ」って明るい。

C4 それはおかしい。暗いイメージの方が多い。

T 面白いですね。**でも，C3さんの言う通り，景色はすご
　　く綺麗で明るいようにも思いますね**。五月の最後には
　　「光のあみはゆらゆら，のびたり縮んだり，花びらの
　　かげは静かに砂をすべりました」ともあります。

C3 うん，そういうところが明るくて綺麗だと思った。

C4 そうなんだけど…，例えば「大造じいさんとガン」で
　　情景ってやったじゃん。いよいよ戦闘開始だ，って言
　　って東の空が真っ赤に燃えてたりとか。**普通，気持ち
　　と景色がそうやって合ってると思うんだけど…**。

C5 五月って，出来事とか台詞は暗めのイメージなのに，
　　景色はすごく綺麗で明るいから，確かになんか合って
　　ないように感じるね。だからよく分からない。

T 明るいか，暗いかという問いから，出来事や台詞は暗
　　いものが多くて，景色は明るい，なぜだろう，という
　　問いも生まれました。十二月も考えたいですね。

## ●分からなさがどこから来るのか探る

　「やまなし」はよく分からない話だ，とよく言われます。そのぶん「指導案通りいかない」瞬間もあると思います。ただ，よく分からない話だからこそ授業で扱う価値がある，とも考えられます。今回は五月の場面が明るいか，暗いかという問いから，出来事や台詞は暗いイメージだが，なぜか風景は一貫して綺麗で穏やかで明るいイメージ，ということに子供が気付いています。「大造じいさんとガン」などで扱った情景と，「やまなし」の描かれ方が随分違うことにも気付けるといいでしょう。そのずれが，分からなさを生んでいる一つの要因とも考えられます。

　十二月の場面を読むと，あわの大きさを競い合う穏やかなやりとりが描写されます。上からやってくるのも，かわせみではなくやまなしです。出来事や台詞も五月に比べて明るいイメージで，風景も綺麗で明るいイメージと，統一感があるように思えます。そこでもう一度，五月に戻って考えてみた時に，美しい自然の中では，かわせみも，やまなしも，明るいとか暗いとかいうイメージではなく，受け入れるべきもの，という考えが子供の中に生まれるかもしれません。これはあくまで一例ですが，分からなさに向き合うことで生まれる面白さもあるのです。

6年

# VUCA を生きる教師と子供

　VUCA という言葉が，教育の文脈の中でも盛んに用いられるようになりました。VUCA とは，Volatility（変動性），Uncertainty（不確実性），Complexity（複雑性），Ambiguity（曖昧性）という四つの言葉の頭文字をとった造語です。もともとアメリカで軍事用語として使用されており，国家間の戦略がより複雑化している状況を表す言葉でしたが，ビジネスの文脈，そして教育の文脈へと広がってきました。変動性，不確実性，複雑性，曖昧性に満ちたこの世界の中で，子供たちのどんな力を育んでいけばいいのか，ということが盛んに語られています。

　私は VUCA という言葉を知った時，「それって子供の姿そのものじゃないか」と思いました。日々教室で子供と接していると，彼らはとても変動的で短期間に大きな変化を生みますし，とても不確実で昨日までやっていたことを突然やめて今日どんなことをやり始めるか分かったものではないですし，とても複雑で様々な要因を背負って学校という場に集ってきますし，とても曖昧で因果関係を飛び越えて新たな状況を生み出します。本当に，予測もヘッタクレもないですし，大人の都合なんてパワフルになぎ倒して前に進んでいく存在であるように思います。

さて，そのような VUCA な子供と向き合う上で，我々教師が大切にしなければならないことはなんでしょうか。私は「固定的で，確実で，単純で，明快なことを押し付けない」ということだと思います。この四つはお察しの通り，VUCA の要素の対義語を挙げたものです。

　子供たちは，自ら VUCA な存在として世界を見つめ，生きていこうとしています。VUCA の世界は，ある意味彼らにとって自然で，当たり前のものなのかもしれません。では，どのように VUCA に不安を覚える子供たちが生まれるのか？　私の仮説は，学校という場において教師が「固定的で，確実で，単純で，明快なこと」を率先して扱い，その価値観を子供たちに植え付けてきたからではないか，という幾分大胆なものです。ただ，そういう側面はあると私は思っています。

　本書のテーマは「指導案通りいかない」から始める，というものです。VUCA な子供たちに対して，我々教師が立てた指導案が，その通りいくことなんて，ほとんどありません。むしろ，指導案通りいかない方が健全な状態，とも言えるのではないでしょうか。ただし，計画を立てる，仮説を立てることは大切です。「どうせ計画しても思い通りにいかない」と自暴自棄になるのではなく，そこから「どんなずれが生まれるのだろう，何が起こるのだろう」ということに目を見開いて，子供と共に VUCA をしなやかに泳いでいく教師でありたいと，本書を執筆しながら，ずっと考えています。

# あとがき

　「本当に，1冊の本を全部自分で書けるのだろうか？」
そういう疑いを常に胸に抱きながら書き進め，なんとかこ
のあとがきまで辿り着きました。

　書く過程で，様々なことを考えました。

　一つは，「あの頃の君は，この本に書かれていること，
できていなかったよね？」ということです。自分の計画し
た国語の授業を通して，学ぶことが愉しいと子供に思って
もらうことができなかった悔しい経験がたくさんあります。
今でも当然，目の前の全ての子供を巻き込むということは
できていないわけですが（多分一生，それは完璧にはでき
ないでしょう），以前の私は今よりもっともっとそれがで
きていなかったわけです。もし，あの頃私の目の前にいて
くれた子供たちが今，偶然この本を手にしたとしたら「今
村センセ，何を偉そうに言ってるの！」と笑われてしまう
と思います。学ぶ愉しさを伝えられなかった，大事な人た
ちへの「あの時は，ごめんね」の気持ちを抱きながら，手
紙を書くように書き進めていました。
　でも，彼らに対して少し甘えたことを言わせてもらえる
ならば，「あの頃できなかったことが，少しできるように
なってきたんだ」と伝えたい。日々「指導案通りいかな

い」という状況に揉まれながら，それでも「どうやったって結果は劇的には変わらないだろう」という諦めの気持ちには陥らず，授業という営みに向き合い続けることができたのは，その時目の前にいてくれた子供たちのおかげです。そういう日々の中で，できなかったことができるようになってきた，ということがこの本で形にすることができていれば嬉しく思います。この本をここまで読んでくださったあなたにも，自分の行動次第で，これからできるようになることがたくさんある，と感じていただけたら幸いです。

　もう一つ考えていたのは，「あの頃の君は，この本に書かれていることをどんなふうに読んでくれるんだろう？」ということです。入念なリサーチをした上で，準備万端で「今多くの教員が求めているのはこういうことだ！」ということを形にする本にも勿論大きな価値があると思います。でもこの本はそのようなアプローチで作られた本ではありません。一人の（物好きな）編集者が，（おそらく）「こいつに何か書かせたら面白いもんができるんじゃないか」と思ってくれて，「コンセプトは伝えるけれど詳細はあなたなりに噛み砕いて形にしていい」と言ってくれた。そういう経緯ですから，そうそうある機会でもないし，自分の書きたいものを書こう，と決心しました。自分の書きたいものってなんだろう，と問うた時，それは「今よりもっと未熟で，エネルギーはあるけれど途方に暮れていたあの頃の自分が読みたかったもの」だと，ねらいが定まりました。

一つ，読者であるあの頃の自分に約束しよう，と思った
ことがあります。まえがきで述べた，難しいことをやさし
く，深く，愉快に，誠実に言葉にするということです。

　難しいことから始めて自分なりに噛み砕いて言葉を作っ
ていく。その時に，「自分にしか書けないこと」なんてな
いのかもしれないけれど，少なくとも「自分の実感の伴っ
ていない，誰かが言いそうなそれっぽいこと」は書かない，
と決めました。そうです，「こう書く」ということではな
く「こうは絶対に書かない」ということを決めて書き進め
ていました。

　そんなわけですから，自分で書いたものを読み返してみ
て，ずいぶんと正直で飾りのない，ほんとうに言いたいこ
とを書き連ねているなぁ，と思うわけです。多分，あの頃
の自分が読んだら，「分かりやすい！」とは言わないだろ
うけれど，「何か，これからの自分にとって大切になるも
のが書かれている気配はある」と感じるのではないか，と
思っています。最後まで読んでいただいたあなたにも，そ
のように感じていただけたとしたら，筆を置こうとしてい
る今，とても嬉しく思います。


　この本は，明治図書出版の大江文武さんが一本のメール
を私に送ってくださったことから，全てが始まりました。
改めて，よくもまぁ私なぞに声をかけてくださったなぁ，
と思います。大江さんの思い描いていたものに仕上がって
いればいいのですが（多分「なんか思ってたものの斜め上

がキタなぁ」と笑っておられると思うのですが…）。改めて，心から感謝申し上げます。有難うございます。

　日々教員として生きる中で，好きな時間はいつかと問われたら，子供の書いた文章を読む時間だと答えます。子供の頭の中にちょっとお邪魔して，その思考を垣間見せてもらって，自分の思考に生かしていく。そういうことを日々続けられることは，とても幸せなことです。飽きている暇がない。読ませてもらった文章を通して考えてきたことが，この本の節々にも流れています。一緒に教室で時間を共にしてきた一人一人に，心からの有難うを送ります。

　最後に，学校で，学校外で，私に刺激を与え続けてくださった大切な人たちにも，心からの感謝を送ります。私の目を見て伝えていただいた，たくさんの言葉，想いが私の中に降り積もって，ようやくそこから，借り物ではない自分の言葉が掘り起こせるようになってきた実感があります。言葉に逃げない，言葉で誤魔化さない。自分の行動で語る言葉を紡ぎ出す。これからも，今はまだできないことを，できるようにする日々を生きます。

　1冊の本という長い旅はひとまずここで終わりますが，ここからまた，新たな長い旅が始まります。あなたも，長い旅を続けていかれることでしょう。その過程で，ぜひまた，お会いしましょう。

2024年6月

今村　行

【著者紹介】

今村　行（いまむら　すすむ）

東京都板橋区立紅梅小学校にて５年間勤務し，現在東京学芸大学附属大泉小学校に勤務。

どんなときに言葉の力に頼り，どんなときに言葉の力に依存してはいけないのかを，国語の授業で子供と考え合っていこうと試行錯誤している。その中で子供と共に，言葉によって目の前の世界や現実をより細かい目盛りで見られるようになる素晴らしさを実感したり，言葉によって目の前の世界や現実を歪めてしまう危険性を実感したりしている。

現在は国際バカロレア認定校に勤務していることもあり，国語という教科を超え，他教科や生きる現実全てをひっくるめて，探究し続けよりよく生きようとすることの研究に夢中。

「指導案通りいかない！」からはじめる
小学校国語授業

| 2024年7月初版第1刷刊 ©著　者 | 今　　村　　　　　　行 |
| --- | --- |
| 発行者 | 藤　原　光　政 |
| 発行所 | 明治図書出版株式会社 |
| | http://www.meijitosho.co.jp |
| | （企画）大江文武（校正）奥野仁美 |
| | 〒114-0023　東京都北区滝野川7-46-1 |
| | 振替00160-5-151318　電話03(5907)6701 |
| | ご注文窓口　電話03(5907)6668 |
| ＊検印省略 | 組版所 朝日メディアインターナショナル株式会社 |

Printed in Japan　　　　　　ISBN978-4-18-254435-4
もれなくクーポンがもらえる！読者アンケートはこちらから
→

中学校数学

単元内

# 自由進度学習

生徒の自律と自立を促す

松﨑大輔［著］

JN048279

明治図書

# まえがき
## Forword

本書を手に取っていただき，ありがとうございます。

いきなりですが，はじめにいくつか質問をさせてください。

Q1 担当しているクラスの生徒の学力差はどれくらいですか？

Q2 授業の演習時間中，早く解き終わり，時間を持て余している生徒や，演習時間内には問題を解くことができず「もう少し時間がほしいのに…」と思っているであろう生徒はいませんか？

Q3 「今からグループ学習をします」と生徒に言ったとき，喜んで仲間と協働できる生徒もいれば，「自分1人でじっくり考えたいのに…」と思っているであろう生徒はいませんか？

Q4　50分の授業時間中，生徒全員が自分の頭をフル
　　回転させて考えている時間は何分間くらいです
　　か？

Q5　これからの時代を生きる生徒たちに，どのよう
　　な力をつけたいですか？

　Q1については，学力差が相当大きいというのが多くの
クラスの実態ではないでしょうか。

　Q2については，時間を持て余している生徒と，「もう
少し時間がほしいのに…」と思っている生徒が，共に相当
な割合で存在しているのが多くのクラスの実態ではないで
しょうか。
　つまり，通常の授業のペースにぴったり合っているとい
う生徒の割合は，実はそれほど高くないということが言え
るのではないでしょうか。

　Q3については，学習適性は一人ひとり異なるというの
が，言うまでもない事実でしょう。

　Q4については，受け身的に黒板を写している時間，受
け身的に教師の話を聞いている時間など，「思考している」

とは言えない時間が一定以上あるのが，多くの授業の実態ではないでしょうか。

　Q5については，読者の先生それぞれ，考えた力は異なるでしょう。皆様が考えた力のどれもが大切だと思います。


　さて，では次のような授業をイメージしてみてください。

> 　学力差が大きく，学習適性も異なっており，同じ問題を解くために必要な時間も大きく異なるクラスの生徒全員が，50分間の授業中のほぼすべての時間「ああでもない，こうでもない」と思考し，これからの時代を生きるために必要な多くの力を高めていく授業。


　イメージできたでしょうか。
　「そんな夢のような授業があるのか…？」
と思われた方もいるかもしれません。
　また，
　「そのような授業なら，例えば，○○のような授業や，○○の授業など，いろいろなやり方で実現できるのではないか？」
と複数の具体をイメージできた方もいるかもしれません。

確かに，イメージしていただいたような授業のやり方は，おそらく複数あると思います。

　本書は，それらの中の1つの授業のやり方として，学習支援動画を用いた「単元内自由進度学習」を，私の2022年度の1年間の実践を基に紹介します。実践ベースで書いていますので，現場の先生方には具体的な場面がイメージしやすいと思います。

　第1部「単元内自由進度学習の基本的な考え方」では，単元内自由進度学習とはどのような授業であるのか，単元内自由進度学習を支える学習支援動画とはどのようなものなのか，単元内自由進度学習を通して生徒に身につけることを目指す力とはどのようなものなのか，さらに単元内自由進度学習における教師の役割について解説します。

　第2部「単元内自由進度学習の実際」では，まず年度はじめの数時間をピックアップして，どのような目的で，どのような話を生徒にするのかを詳しく解説します。さらに，1つの単元に焦点を当て，各時間の教師の行動の詳細について具体的に解説します。そして，1年間単元内自由進度学習を受けた生徒がどのように感じたのかについて，実際のアンケート結果を紹介します。

　本書を始めるにあたって，明日からでも授業で使える学習支援動画約170本や，そのまま使える授業プリント（直接学習支援動画にとぶ QR コードつき）がダウンロードできるホームページも紹介します。右上の QR コードからぜひアクセスしてください。

　お忙しい先生でも，本書を読み，これらの動画や授業プリントをご活用いただければ，意外と簡単に単元内自由進度学習が始められるはずです。

　まずは１つの単元からでも，学習支援動画を用いた単元内自由進度学習に挑戦してみてください。そして，実践を通して得られた課題や成果を共有していただき，一緒によりよい授業を目指すことができれば幸いです。


2023年７月

　　　　　　　　　　　　　　　　　　　　松﨑大輔

# もくじ
## Contents

まえがき／003


第1部　単元内自由進度学習の基本的な考え方

## 第1章
## 学習支援動画を用いた
## 単元内自由進度学習とは
．．．．．．．．．．．．．．．．．．．．．．．．．．．．．．．．．．．．．．．．．．．．．．．．．．．．．

1　単元内自由進度学習とは／016

2　学習支援動画とは／019
　①各教科等の特質に応じた「見方・考え方」
　②数学的な見方・考え方

3　学習支援動画を用いた単元内自由進度学習の
　目的・目標／043
　①一番大切にしている目的・目標
　②義務教育の目的・目標
　③これからの社会と教育の課題
　④現行学習指導要領の願い
　⑤単元内自由進度学習の目的・目標

# 第2章
# 単元内自由進度学習を通して
# 身につけることを目指す資質・能力

1 「自律」の力／054
　①自分の目標を自分で設定する力
　②目標達成のための，計画を立てる力
　③目標達成のために，自分をコントロールする力
　④自分で判断し，責任を取る力
　⑤メタ認知能力Ａ（メタ認知的知識）
　⑥メタ認知能力Ｂ（モニタリング力）
　⑦メタ認知能力Ｃ（コントロール力）
　⑧やり抜く力
　⑨成長的マインドセット
　⑩振り返る力・改善に生かす力
　⑪生涯学習力

2 「自立」の力／066
　①自分の信じる最善の行動をする力
　②自分の価値を自分で決定する力
　③自分から他者に貢献する力（他者を愛する力）
　④他者を価値ある存在として大切にする力
　⑤協働する力，対話する力
　⑥新たな価値を創造する力

3 資質・能力の「三つの柱」／074
　①生きて働く知識・技能
　②未知の状況にも対応できる思考力　判断力・表現力

③学びを人生や社会に生かそうとする
　学びに向かう力・人間性

# 第3章
# 単元内自由進度学習における
# 教師の役割

1　**環境を整える役割**／085
　①何事も自己選択できる自由な環境
　②自分なりの方法で学び，アウトプットする環境
　③自ら考え，自ら行動しないと学びが進まない環境
　④まとまりのある内容を時間をかけて自力でやる環境
　⑤学習意欲が引き出される環境
　⑥「目的・目標」を強く意識する環境
　⑦「間違いや失敗は宝物」と共通理解された環境
　⑧他者と比較されない環境，協働する環境
　⑨生徒が教師の話を聞き入れる環境
　⑩模範的なモデルがいる環境

2　**主体的な学びを支援する伴走者としての役割**／096
　①命令しない（信頼して待つ）
　②指示しない（お願いする）
　③押しつけない（理解し尊重する）
　④否定しない（自己決定させる）
　⑤心から応援する
　⑥一人ひとりを理解する
　⑦必要な情報を伝える
　⑧生徒の自己肯定感を高める
　⑨経験を積ませ，様々な力を高める

# 第4章
# 単元内自由進度学習の
# 始め方

1　**出会いの授業（1回目の授業）**／113
　①授業の目的を伝える
　②単元内自由進度学習をやることを宣言する
　③生徒への思いを伝える
　④最初の単元の目標を決める
　⑤授業の具体的な進め方を説明する
　⑥授業で大切にしてほしいことを伝える
　⑦やる気を高める
　⑧動画を視聴し，端末操作の確認をする

2　**2回目の授業**／128
　①自分の言葉でアウトプットする重要性を伝える
　②授業プリントについて説明する
　③全員で1つの動画を見ることで，一斉の学びでは
　　自分のペースと合わないことを実感させる
　④「間違えた問題は宝物」と伝える

3　**3回目の授業**／140
　①競争ではなく，「協働」を重視することを伝える
　②暗記ではなく，「考えること」を
　　重視することを伝える

③「粘り強さ」と「自己調整」を
　評価することを伝える
④目標達成のために自分の行動を
　「選択」することを強調する
⑤自分の目標を設定し，計画を立て，
　「ジリツ活動」を開始する
⑥「ありがとう」を言う

# 第5章
# 単元内自由進度学習による
# 単元展開の実際

## 1　単元1時間目／148
①（場面1）ボス問プリントを配り全体を俯瞰する
②（場面1）教科書の問題を集めた
　　　　　　プリントを配付する
③（場面1）進度表を書くように促す
④（場面1）協働を促すための
　　　　　　Jamboard教材を提示する
⑤（場面1）確認テストのレベルを全体で設定する
⑥（場面1）各自の目標を設定し，
　　　　　　計画を考えさせる
⑦（場面2）「ありがとう」を言う
⑧（場面2）笑顔で見守る
⑨（場面3）「ありがとう」を言う
⑩（場面3）個人の目標と計画を
　　　　　　書いた紙を回収する

**2 単元2時間目からラスボス前の授業まで／158**

① （場面１）メッセージを伝え，環境を整える

② （場面１）数学を学ぶ意義を伝える

③ （場面１）学ぶことの意義を伝える

④ （場面１）身につけることを目指している様々な力の
重要性について語る

⑤ （場面１）人間ドック（小テスト）を行う

⑥ （場面２）助けを求めてくる生徒に対応する

⑦ （場面２）学習が停滞しているのに助けを求めて
こない生徒に対応する

⑧ （場面２）スキルをもっていない生徒に対応する

⑨ （場面２）生徒理解を深める

⑩ （場面２）課題を早く終わらせた生徒に対応する

⑪ （場面２）遠回りな解法で問題解決に取り組む
生徒に対応する

⑫ （場面２）成長が見られない生徒に対応する

⑬ （場面２）学ぼうとしない生徒に対応する

⑭ （場面２）指導が必要な行動をした
生徒に対応する

⑮ （場面２）笑顔でいる

⑯ （場面２）自分なりの言葉によるすてきなまとめを
全体に紹介する

⑰ （場面２）承認し，価値づけする

⑱ （場面３）「ありがとう」を言う

⑲ （場面３）生徒の様子を情報として伝える

⑳ （場面３）その日の振り返りを書くことを促す

㉑ （場面３）各自に自己評価をさせる

3 ラスボスの授業／184
　①（場面１）メッセージを伝える
　②（場面２）解答を準備する
　③（場面３）間違いをそのままにしない
　　　　　　　環境を設定する
　④（場面４）最善の行動を自己決定させる
　　　　　　　環境を設定する
　⑤（場面４）生徒の求めに応じる
　⑥（場面４）単元末の振り返りの準備をする
　⑦（場面４）ラスボスクリアか確認する
　⑧（場面５）単元末の振り返りをするよう指示する
　⑨（場面５）確認テストと計画表を回収する
　⑩（次時冒頭）単元末の振り返りの
　　　　　　　すてきな記述を紹介する

# 第6章
# 単元内自由進度学習を行った
# 生徒の反応

1　３か月間実施後の生徒の反応／192

2　１年間実施後の生徒の反応／195


あとがき／201

第 1 章
# 学習支援動画を用いた
# 単元内自由進度学習とは

# 1 単元内自由進度学習とは

　上智大学教授の奈須正裕氏（2021）は，1980年代に愛知県東浦町立緒川小学校で開発された授業方法である「単元内自由進度学習」を「1単元分の学習時間をまるごと子ども一人ひとりに委ね，各自が自分に最適だと考える学習計画を立案し，自らの判断と責任で自由に学んでいく」学習とまとめています。

　クラスの全生徒に「同じ内容」を「同じ活動」で「同じ時間内」に学ばせるというのが，今までの一般的な授業でした。それに対して，単元内自由進度学習は，1単元分の学習時間をまるごと生徒一人ひとりに委ね，各生徒に「内容」「活動」「時間」（進度）のすべてを選択させる授業ということです。自分の強みを生かし，自分なりの方法で追究する授業でもあります。**1単元のすべての学びを，教師の指示・命令ではなく，各生徒自らの意志・判断によって自ら組み立て，進めていく授業**なのです。これは，今まさに求められている「個別最適な学び」です。

　「こんな授業をやれることならやってみたい」と思われた方だからこそ，今本書を手にしてくださっているのだと思います。　一方で，「1単元分もの学習時間を生徒に委ねるなんてことができるのだろうか」と不安に思われる方も

多いのではないでしょうか。

　しかし，単元内自由進度学習は，「今からの５時間で教科書の○○の単元を自由に学んでください」と生徒に丸投げする授業ではありません。

　この授業が開発された緒川小学校では，多くの時間を子どもに委ねることを可能にするための様々な工夫がなされました。その１つが，「学習のてびき」というカードです。これは，単元の目標，学習内容，基本的な学習の流れ，教科書の該当ページ，利用可能な学習材などの情報がわかりやすくコンパクトに記されているカードです。子どもたちはこれを見て自分なりに学習計画を立案し，自分の行動を選択したのです。さらに，「学習のてびき」に書かれた基本的な学習の流れの中盤以降には，「取り組んだ～を先生に見せる」などのように，教師が子どもの進捗状況をチェックできる仕組みも整っていました。利用可能な学習材として，単元と関連のある資料や，教具，具体物を，子どもたちの好きなタイミングで見たいだけ見られる，触りたいだけ触れるように集めたコーナーを空き教室などに用意しました。

　この緒川小学校の実践を参考にして，中学校数学の授業で単元内自由進度学習を行うには，どのような工夫が考えられるでしょうか。

　中学校数学の内容を，なんの解説もなく，プリントや

「学習のてびき」などの資料を配ったり，教材コーナーを用意したりするだけで全生徒に理解してもらうことはとても難しいでしょう。

　しかし，現在の中学校には，1人1台のICT端末が整備されました。一斉での解説を行わない代わりに，1単元分すべての学習を支援する複数の動画（以降「学習支援動画」と呼ぶ）を，生徒がいつでも見られる環境を整えておけばどうでしょうか。生徒たちは毎時間，各自のICT端末に自分で用意したイヤホンをつけ，自分のペースで学習支援動画を見ながら学習を進めるのです。

# 2 学習支援動画とは

　現在私は中学校に派遣されていますが，本来は高校籍の数学教諭です。高校の数学授業は「例題解説→練習問題→例題解説→練習問題→…の繰り返しでつまらない」と揶揄されることがよくあります。

　しかし，単元内自由進度学習における学習支援動画は例題の解説をする動画ではありません。**生徒に「数学的な見方・考え方」を育むことを目的につくった動画**です。

　『中学校学習指導要領解説　数学編』には，「数学的な見方・考え方」とは，「事象を数量や図形及びそれらの関係などに着目して捉え，論理的，統合的・発展的に考えること」と書かれています。

　「数学的な見方・考え方」について深く考える前に，平成28年の中央教育審議会答申「幼稚園，小学校，中学校，高等学校及び特別支援学校の学習指導要領等の改善及び必要な方策等について」で示された「各教科等の特質に応じた『見方・考え方』」について整理したいと思います。

## ①各教科等の特質に応じた「見方・考え方」
　答申には，「各教科等の特質に応じた『見方・考え方』」とは，「"どのような視点で物事を捉え，どのような考え方で思考していくのか"という，物事を捉える視点や考え

方」であること，さらに，「こうした視点や考え方には，教科等それぞれの学習の特質が表れる」ことが説明されています。

　新型コロナウイルス感染症問題という事象を例に，いくつかの教科の見方を具体的に考えてみます。新型コロナウイルス感染症問題の本質を探る際の，各教科の見方は，おそらく次のようになるでしょう。

・理科的な見方
　ウイルスの性質が～だから…

・社会的な見方
　政治で，どのような法律をつくり…

・数学的な見方
　感染者「数」に着目し，関数「関係」を見いだして…

　この具体例から，ある事象の本質を数学的な見方で探る際には，学習指導要領の解説に書かれている通り，数量（や図形）及びそれらの関係に着目して捉えることになることを納得していただけるのではないでしょうか。

②**数学的な見方・考え方**
　「数学的な見方・考え方」は，上述の通り「事象を数量や図形及びそれらの関係などに着目して捉え，論理的，統

合的・発展的に考えること」とされています。

「論理的に考える」とは，簡単にいうと，筋道立てて考えるということです。帰納的，演繹的，類推的に思考することとも言えます。この理解はしやすいでしょう。

では，「統合的に考える」「発展的に考える」とはどういうことでしょうか。これらは学習指導要領の解説の中で数十回も登場する超重要キーワードですから，しっかり理解したいところです。

・統合的に考える
　既習のものと新しく生み出したものとを包括的に扱えるように意味を規定したり，処理の仕方をまとめたりすること（解説 p.22）

・発展的に考える
　数学を既成のものとみなしたり，固定的で確定的なものとみなしたりせず，新たな概念，原理・法則などを創造しようとすること（解説 p.21）

私なりに簡単にまとめると，「統合的に考える」とは，新たに生み出す数学を，知っている数学と関連づけることであり，「発展的に考える」とは，数学を受け身的に教えられるものだと捉えず，自ら創造しようと考えることです。

本書で紹介する単元内自由進度学習における学習支援動

画は，このような「数学的な見方・考え方」を育むための
ものです。もっというと，現行学習指導要領で強調されて
いる，統合的・発展的に考える力を育むことを強く意識し
た動画です。したがって，既習事項の復習を大切にし，既
習事項を基にして考えることで，新たな内容を自ら解決で
きるような流れになっています。さらに，大切な公式等も，
一方的に与えるのではなく，生徒が自分たちで創造できる
ような流れになっており，創造するために必要最低限のこ
とがヒントとして出てくるようになっています。

　では，学習支援動画が具体的にどのようなものなのか，
ここでいくつか具体例を紹介します。
　パワーポイントでつくった，中学1年の第6章「空間図
形」の2節「図形の計量」，1時間目「円柱の表面積」の
学習支援動画を紹介します。以下が1つの動画（1時間）
のすべてのスライドです。

第6章 空間図形
2 図形の計量

1時間目
「円柱の表面積」

---

復習：

円周の長さは、
直径の長さの
約何倍？

円周は直径の3.14…倍
円周 = 2r ×3.14…
円周 = 2r × π
円周 = 2πr

約2倍？　約3倍？　約4倍？

π = 3.14…倍
バイ
円周率

---

復習：

円の面積

円周 = 2πr

---

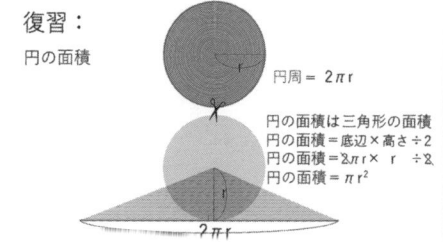

復習：

円の面積

円周 = 2πr

円の面積は三角形の面積
円の面積 = 底辺 × 高さ ÷ 2
円の面積 = 2πr × r ÷ 2
円の面積 = πr²

2πr

---

⑤

用語： <u>表面積</u>…立体の 表面 全体の面積

問： 次の立体の表面積を求めよ。　とめて 5 秒前

円周 = 2πr
円の面積 = πr²
　　　（r：半径）

---

⑥

用語： <u>表面積</u>…立体の 表面 全体の面積
　　　（立体の <u>展開図</u> 全体の面積）

問： 次の立体の表面積を求めよ。　とめて 5 秒前

ヒント

円周 = 2πr
円の面積 = πr²
　　　（r：半径）

---

⑦

用語： <u>表面積</u>…立体の 表面 全体の面積
　　　（立体の <u>展開図</u> 全体の面積）

問： 次の立体の表面積を求めよ。

ヒント

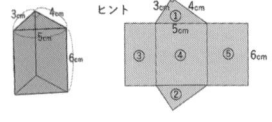

①　②　③　④　⑤
6 ＋ 6 ＋ 18 ＋ 30 ＋ 24 ＝ 84 cm²

円周 = 2πr
円の面積 = πr²
　　　（r：半径）

---

⑧

**ボス問**：次の立体の表面積を求めよ。

アイテム
・仲間
・先生
・インターネット
・ここまでの動画
・教科書

ヒント

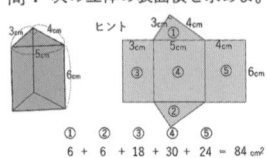

未来の自分に教えるための、自分なりの言葉に
よみまとめ

「今日学んだことは過去のあれと同じだ」（統合）

ボス問への挑戦スタート

円周 = 2πr
円の面積 = πr²
　　　（r：半径）

⑨

・5秒後にボス問の解答を出します。

・動画を一時停止して終わった人は、
　動画の続きで答を確認してください。

・教科書やワークの問題にも取り組み
　ましょう。

⑩

# とめて

数秒後に解答がでます。
5 秒前

⑪

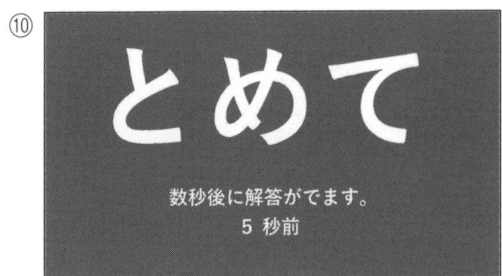

⑫

いつも一生懸命やってくれて嬉しいです。

ありがとうね。

応援していますよ。

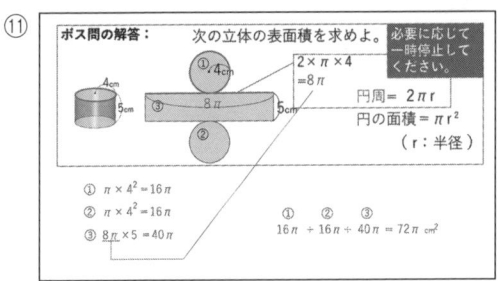

これらのスライドを用いた実際の学習支援動画は，右の QR コードから見ることができるので，ぜひご覧ください。

また，この動画を用いた学習の際には，生徒は次のプリントを使います。

---

1年　第6章「空間図形」　第2節「図形の計量」

目標は，「6時間でクラス全員が単元の内容を理解する」です。　えいえい，オー!!（｀○´）／

_____組 _____番 氏名_____

**図形の計量①「円柱の表面積」**

1、次のボス問を自分達の力で解決しよう

**ボス問**：次の立体の表面積を求めよ。

ヒント

4cm　5cm

① ③ ②

解説動画

2、人間は一度理解したことも時が経つと忘れていく生き物です。ここまでであなたが学んだことを，1ヶ月後のあなたは忘れているかもしれません。このプリント①の学びを忘れてしまった未来の自分に，学びのポイントを "あなたなりの言葉" でできるだけ短い言葉で教えてあげよう。

（誰かに教える事で，学びの効果は 10 倍にも 100 倍にも高まります。）

①

これらのスライドとプリントを基に学習支援動画の特徴を簡単にまとめます（（　）内の○数字は，前掲のスライドの番号です）。

・最終的に「ボス問」が出てくる（⑧）
・ボス問を自力で解決するために必要な復習が最初にある（②，③，④）
・既習でない新たな用語は紹介する（⑤）
・途中に動画を「とめて」考える問がある（⑤，⑥）
・途中で出てくる問も最後の「ボス問」の解決に関連する（⑤，⑥，⑦）
・ボス問を解決するために使えるアイテム（仲間，先生，インターネット，ここまでの動画，教科書）を紹介する（⑧）
・ボス問を解決した後で，未来の自分に教えるための自分なりの言葉によるまとめを書き，振り返ることを促す（⑧，プリントに記入欄あり）
・振り返る際，今日学んだことが既習の何と関連があるか考えるように促し，統合的に考える力を育む（⑧）
・教科書やワークの問題をやるように促す（⑨）
・ボス問の解決のため動画を「とめる」ように促す（⑩）
・ボス問の解答を表示する（⑪）
・真剣に考えたことをねぎらう（⑫）

　別の具体例を紹介します。同じ単元，節の６時間目「球の体積」です。この単元最後の時間です。

**①**

# 第6章 空間図形
## 2 図形の計量

### 6時間目
### 「球の体積」

---

**②**

質問 ：(1) 球の体積って求められそうですか？
　　　　難しそう

(2) 求めることが難しそうなものを求めるため
　　のいい方法はないですか？
　　　　??

(3) 円の面積はどうやって求めましたか？
　　　三角形の面積に変えて考えた

円の面積＝πr²

(4) 球の表面積はどうやって求めましたか？
　　　円の面積に変えて考えた

半径が2倍

---

**③**

質問 ：(1) 球の体積って求められそうですか？
　　　　難しそう

(2) 求めることが難しそうなものを求めるため
　　のいい方法はないですか？
　　　　??

円の面積＝πr²

(5) 円錐の体積はどうやって求めましたか？
　　　円柱の体積を利用して考えた

半径が2倍

---

**④**

質問 ：(1) 球の体積って求められそうですか？
　　　　難しそう

**(2) 求めることが難しそうなものを求めるため
　　のいい方法はないですか？**

円の面積＝πr²

**知っているものを
利用して考える**

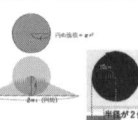

半径が2倍

⑤

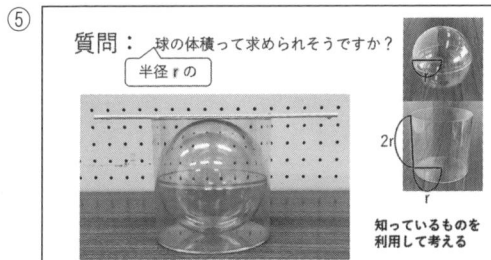

質問： 球の体積って求められそうですか？

半径 r の

知っているものを
利用して考える

⑥

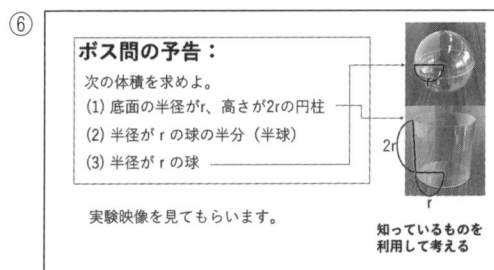

**ボス問の予告：**

次の体積を求めよ。

(1) 底面の半径がr、高さが2rの円柱
(2) 半径が r の球の半分（半球）
(3) 半径が r の球

実験映像を見てもらいます。

知っているものを
利用して考える

⑦

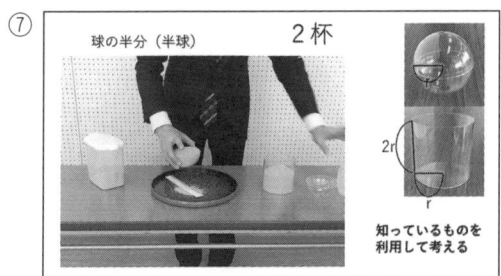

球の半分（半球）　　　**2杯**

知っているものを
利用して考える

⑧

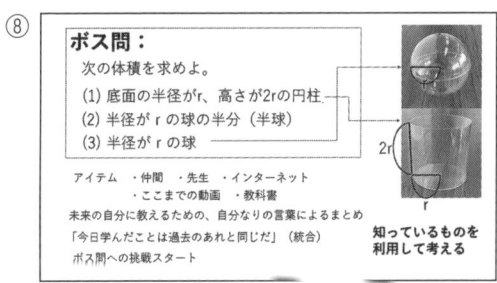

**ボス問：**

次の体積を求めよ。

(1) 底面の半径がr、高さが2rの円柱
(2) 半径が r の球の半分（半球）
(3) 半径が r の球

アイテム　・仲間　・先生　・インターネット
・ここまでの動画　・教科書
未来の自分に教えるための、自分なりの言葉によるまとめ
「今日学んだことは過去のあれと同じだ」（統合）
ボス問への挑戦スタート

知っているものを
利用して考える

⑨

- ・5秒後にボス問の解答を出します。

- ・動画を一時停止して終わった人は、
  動画の続きで答を確認してください。

- ・教科書やワークの問題にも取り組み
  ましょう。

⑩

# とめて

数秒後に解答がでます。
1 秒前

⑪

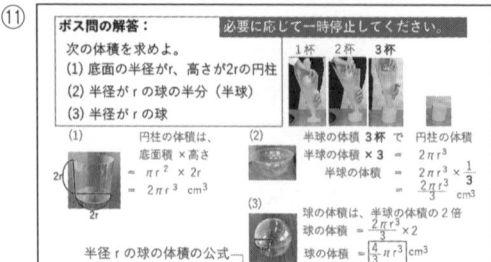

**ボス問の解答：**　　　　必要に応じて一時停止してください。

次の体積を求めよ。
(1) 底面の半径がr、高さが2rの円柱
(2) 半径が r の球の半分（半球）
(3) 半径が r の球

(1)　円柱の体積は、
底面積×高さ
$= \pi r^2 \times 2r$
$= 2\pi r^3$ cm³

(2)　半球の体積 **3杯** で　円柱の体積
半球の体積×3 $= 2\pi r^3$
半球の体積 $= \dfrac{2\pi r^3}{3} \times \dfrac{1}{3}$
$= \dfrac{2\pi r^3}{3}$ cm³

(3)　球の体積は、半球の体積の2倍
球の体積 $= \dfrac{2\pi r^3}{3} \times 2$
球の体積 $= \dfrac{4}{3}\pi r^3$ cm³

半径 r の球の体積の公式

⑫

いつも一生懸命やってくれて嬉しいです。

ありがとうね。

応援していますよ。　　ファイト!!

これらのスライドを用いた実際の学習支援動画は，右の QR コードから見ることができるので，ぜひご覧ください。

また，この動画を用いた学習の際には，生徒は次のプリントを使います。

---

1年　第6章「空間図形」　第2節「図形の計量」

目標は、「6時間でクラス全員が単元の内容を理解する」です。　えいえい、オー!!（˚○˚）/

_____組 _____番 氏名_____

**図形の計量⑥「球の体積」**

1、次のボス問を自分達の力で解決しよう。

| ボス問： |
| --- |
| 次の体積を求めよ。 |
| （1）底面の半径がr、高さが2rの円柱 |
| （2）半径が r の球の半分（半球） |
| （3）半径が r の球 |

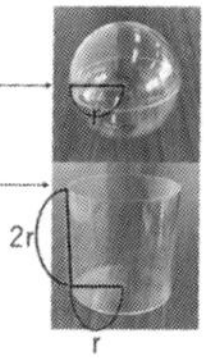

解説動画

2、今日あなたが学んだことを、1ヶ月後のあなたは忘れているかもしれない。今日の学びを忘れてしまった未来の自分に、今日の学びのポイントをあなたなりの言葉で教えてあげよう。

CHECK → 進度表

動画は以上です。次の発展プリントをやるもよし、教科書の節末問題で理解を深めるもよし、ボス問を終えてない仲間に協力するもよしです。あなたが最善だと思う行動を選択しましょう。

⑥

これらのスライドとプリントを基に，学習支援動画の特徴をいくつか追加します。

・ボス問が未習の公式の創造になっていることがあり，発展的に考える力を育む（⑧）
・学習支援動画の中に必要に応じて実験映像などが入ることがある（⑦）
・動画の中で直接的に「数学的な見方・考え方」を紹介したり，大切さを訴えたりすることがある（②，③，④）

　次の具体例です。
　一度に２時間分の学習支援動画のスライドを見ていただきたいと思います。中学１年の第７章「データの活用」の１節「データの傾向の調べ方」，１時間目「データから意味や知見を取り出す」と，２時間目「平均値，中央値，最頻値，範囲」の２つです。
　①〜⑥が１時間目の動画のスライド，⑦〜⑮が２時間目の動画のスライドになっています。

① 
中学1年 数学

第7章 データの活用
1 データの傾向の調べ方

1時間目
「データから意味や知見を取り出す」

② 
質問：

石油は重要？

「 データ は『21世紀の石油』」
総務省：人口減少時代のICTによる持続的成長

「ただし、データを多く集めること自体には必ずしも価値はなく、そこから取り出される様々な 意味 や 知見 にこそ価値がある」
総務省：人口減少時代のICTによる持続的成長

③ 
アンケート：真ん中は？

(1)　2 , 4 , 6 , 8 , 10

$$?$$
(2)　1 , 2 , 3 , 4 , 5 , 6 , 7 , 8 , 9 , 10

$$\frac{5+6}{2}$$
$$= \frac{11}{2} = 5.5$$

④ 
データ：ある中学校の1年生9人のデータです。

内履きの大きさを小さい順にした

① 20.5
② 23
③ 23
④ 23
⑤ 24
⑥ 24
⑦ 24.5
⑧ 24.5
⑨ 25

⑤

**ボス問：** ある中学校の1年生9人のデータです。

① 20.5
② 23
③ 23
④ 23
⑤ 24
⑥ 24
⑦ 24.5
⑧ 24.5
⑨ 25

内履きの大きさを小さい順にした

(1) あなたの内履きの大きさは、この9人と比べてどうですか？

(2) あなたが、この中学校指定の内履き店の店長だとします。左のデータをふまえると、どのサイズの靴を一番多く仕入れますか？

アイテム　・仲間・先生・インターネット・ここまでの動画・教科書
未来の自分に教えるための、自分なりの言葉によるまとめ
「今日学んだことは過去のあれと同じだ」（統合）
ボス問への挑戦スタート

⑥

今回の動画はこれで終わりです。

ボス問の解答は次の動画で示します。

教科書やワークの問題にも
取り組みましょう。

いつも一生懸命やってくれて
ありがとう。

⑦

中学1年 数学

第7章 データの活用
1 データの傾向の調べ方

2時間目
「平均値、中央値、最頻値、範囲」

⑧

**前回のボス問：** ある中学校の1年生9人の内履きの大きさを
小さい順にしたデータ

① 20.5
② 23
③ 23
④ 23
⑤ 24
⑥ 24
⑦ 24.5
⑧ 24.5
⑨ 25
　211.5
　23.5

(1)あなたの靴の大きさは、この9人と比べてどうですか？

　データの平均の値 23.5 と比べて・・・
　データの真ん中の値 24 と比べて・・・

(2) あなたがこの中学校指定の内履き店の店長とします。
　　左のデータを踏まえると、どのサイズの靴を一番多
　　く仕入れますか？

　平均の 23.5 ？
　真ん中の 24 ？
　データの中で最も多く現れる値・・・23

⑨

用語： データの特徴を表すこれらの数値　代表値

| | |
|---|---|
| ① 20.5 | |
| ② 23 | **平均値**： データの平均の値(23.5) |
| ③ 23 | メジアン |
| ④ 23 | **中央値**： データの真ん中の値(24) |
| ⑤ 24 | モード |
| ⑥ 24 | **最頻値**： データの中で最も多く現れる値(23) |
| ⑦ 24.5 | **最大値**： データの中で最も大きい値 (25) |
| ⑧ 24.5 | |
| ⑨ 25 | **最小値**： データの中で最も小さい値 (20.5) |
| 211.5 | レンジ |
| 23.5 | **範囲**： 最大値 － 最小値　　(4.5) |
| | 　　　　　25　　20.5 |

⑩

# ボス問：　必要に応じて一時停止してください。

表1
ルーラキャッチのデータ(cm)

(1) 表1から、A組、B組のルーラーキャッチのデータの平均値、中央値を求めなさい。
また、A組とB組の平均値や中央値を比べると、どちらの組の方が反応が速いといえますか。

(2) 表1から、A組でもっとも長い値ともっとも短い値の差を求めなさい。

(3) 表1で、B組のデータの最大値、最小値、範囲を求めなさい。
また、それぞれの値をA組と比べるとどんなことがわかりますか。

アイテム
・仲間・先生
・インターネット
・ここまでの動画
・教科書

未来の自分に教えるための、自分なりの言葉によるまとめ

ボス問への挑戦スタート

⑪

・5秒後にボス問の解答を出します。

・動画を一時停止して終わった人は、動画の続きで答を確認してください。

・教科書やワークの問題にも取り組みましょう。

⑫

# とめて

数秒後に解答がでます。
5 秒前

## ⑬

表1 ルーラーキャッチのデータ(cm)

| 班番号 | A班 | B班 |
| --- | --- | --- |
| 1 | | |
| 2 | | |
| … | | |

(1) 表1から、A班、B班のルーラーキャッチのデータの平均値、中央値を求めなさい。
また、A班とB班の平均値や中央値を比べると、どちらの班の方が反応が速いといえますか。

必要に応じて一時停止してください。

ボス間の解答

A班のデータの総和は694.1であるから、
A班の平均値は、694.1÷31=22.39… cm
B班のデータの総和も694.1であるから、
B班の平均値も、694.1÷31=22.39… cmである。

A班の中央値は、記録の16番目の22.7cmである。
B班の中央値は、記録の16番目の21.1cmである。

平均値で比べるとどちらの班も反応の速さは同じといえるが、
中央値で比べるとB班の方が反応が速いといえる。

## ⑭

表1 ルーラーキャッチのデータ(cm)

(2) 表1から、A班でもっとも長い値ともっとも短い値の差を求めなさい。

31.8 - 10.4 = 21.4

(3) 表1で、B班のデータの最大値、最小値、範囲を求めなさい。
また、それぞれの値をA班と比べるとどんなことがわかりますか。

B班　最大値：36.9 cm

　　　最小値：11.0 cm

　　　範囲：36.9-11.0=25.9 cm

〈気づいたことの例〉

A班　最大値：31.8 cm

　　　最小値：10.4 cm

　　　範囲：31.8-10.4=21.4 cm

よって、最大値も最小値もB班の方が長い。
さらに、B班の方が範囲も長いので、データの散らばりが大きい。

必要に応じて一時停止してください。

ボス間の解答

## ⑮

いつも一生懸命やってくれて嬉しいです。

ありがとうね。

応援していますよ。

ナイス

これらのスライドを用いた実際の学習支援動画は、右のQRコードから見ることができるので、ぜひご覧ください。

1時間目

2時間目

これらのスライドを基に学習支援動画の特徴をいくつか追加します。

・これから学ぶ単元の意義を伝えることもある（②）
・ボス問の解説の続きで新しい知識（今回であれば平均値，中央値，最頻値，範囲）を説明したい場合，ボス問の解答をその動画内で示さずに，次の動画で解説することもある（⑤，⑥，⑦，⑧）
・定義（今回であれば平均値，中央値，最頻値，範囲）を教えてから具体的な問題を解くという一般的な流れではなく，知識を知る前に具体的な問題を考え，それらから必要性と共に定義を伝えるという流れで知識を構成していくこともある（⑤，⑥，⑦，⑧，⑨）

　次が最後の具体例です。
　次も一度に２つのまとまりの学習支援動画のスライドを見ていただきます。中学１年の第２章「文字式」の１節「文字式」の２時間目「文字を使って式に表すことのよさ」と，２時間目の直後に見てもらう「数学的な考え方（一般化と帰納）についての解説動画」の２つです。
　①〜⑤が２時間目の動画のスライド，⑥〜⑩がその直後の動画のスライドになっています。

① 

第2章 文字式
1 文字式

2時間目
「文字を使って式に表すことのよさ」

② 

**前回のボス問:** 1個 2個 3個 4個
▢▢▢▢ ‥‥

(1) 正方形が 4個のときストローの本数は?
(2) 正方形が100個のときストローの本数は?
(3) 正方形が a 個のときストローの本数は?

| 1個 | ▢ | 1+3 | =1+3×1 |
| 2個 | ▢▢ | 1+3+3 | =1+3×2 |
| 3個 | ▢▢▢ | 1+3+3+3 | =1+3×3 |
| 4個 | ▢▢▢▢ | 1+3+3+3+3 | =1+3×4 =13 |

③ 

100個 ‥‥‥‥‥ $1+3×\boxed{100}=\underline{301}$

a 個 ‥‥‥‥‥ $\boxed{1+3×\ a}$

(タイムトライアル) ▢▢▢ ‥‥ ▢

3021個 ~~52個~~ ストロー何本?

52個 ‥‥‥‥ $1+3×\boxed{52}=1+156=\underline{157}$

3021個 ‥‥‥‥ $1+3×\boxed{3021}=1+9063$
$=\underline{9064}$

**代入**(文字 a の代わりに数を入れる)

④ 

**ボス問:**
文字を使って式に表すことのよさを
あなたの言葉でまとめてみよう。

アイテム ・仲間 ・先生 ・インターネット
・ここまでの動画 ・教科書

未来の自分に教えるための、自分なりの言葉によるまとめ

「今日学んだことは過去のあれと同じだ」（統合）

ボス問への挑戦スタート

⑤

今回の動画はこれで終わりです。

ボス問の解答は次の動画で示します。

いつも一生懸命やって
くれてありがとう。　　文字って
　　　　　　　　　　すごいね♡

⑥

# 中学1年2章1節2時間目を
# 終えた後で見てください。

数学的な見方・考え方
## (一般化)(帰納)

⑦

## ボス問：
文字を使って式に表すことのよさを
あなたの言葉でまとめてみよう。　例： $1+3\times a$

よさ①：文字を使った式を見ると、考え方を
　　　読み取ることができること　□□…□

よさ②：いくつのときでも答えを求めることが
　　　できること

$1+3\times 3021$

⑧

| 1章 3節 4時間目 の復習 | $(-2)\times(+2)\times(+2)\times(+2)\times(+2)=-32$ |
| | $(-2)\times(-2)\times(-2)\times(+2)\times(+2)=-32$ |
| | $(-2)\times(-2)\times(-2)\times(-2)\times(-2)=-32$ |

一般化
いくつの時でも考えられる。

⑨

帰納

1のときや、2のときや、3のときなど具体的な数のときで考えることで、一般的な法則を見つけようとすること。

⑩

帰納
1のときや、2のときや、3のときなど具体的な数のときで考えることで、一般的な法則を見つけようとすること。
一般化
見つけた法則を文字で表すことで、いくつのときでも考えられる。

これらのスライドを用いた実際の学習支援動画は，右のQRコードから見ることができるので，ぜひご覧ください。

2時間目　　　一般化と帰納

これらのスライドを基に学習支援動画の特徴をいくつか追加します。

・数学の「よさ」を生徒なりの言葉でまとめることを求めるボス問もある（(4)）

・「一般化」や「帰納」など，数学的な考え方が登場し，

数学的な考え方を働かせた直後に，それらの考え方についての解説をすることで，それらの考え方のよさを実感し，その後意識的に活用できるようにするための動画もある（⑥，⑦，⑧，⑨，⑩）

　いくつかの学習支援動画の具体例をご覧いただいて，いかがだったでしょうか。

　ボス問解決後の振り返りで，既習事項と関連づけて考えることを毎時間行わせることで，「統合的に考える」ことを促しています。生徒にとってボス問はまだ習っていない新しい内容であり，習っていない新しい公式です。解き方や公式を自分の力で創造させることで，「発展的に考える」ことを促しています。

　このような動画をつくるために，小学校算数にもさかのぼり，生徒の既習事項にはどのような知識・技能があるのかを徹底的に調べました。生徒にとっての未習事項である本時の内容を自力で解決するためには，どの既習知識・技能を，どのような流れで思い出させればよいのかを吟味しました。

　また，復習やヒントが多過ぎると，ボス問が簡単な問題になってしまいます。簡単過ぎる問題だと，生徒は意欲的に取り組むことができません。そこで，ボス問は「がんばればできそうだ」という見通しはあるが，すぐには解決できない困難さがあるように動画を作成しました。

　学習支援動画の流れは，現行の学習指導要領における教

科書の流れに沿っています。また，学習支援動画1本の内容量は，一般的な授業のおよそ1時間分になっています。さらに，その1時間の目標を学習指導要領の目標を基に熟考し，その目標を達成するためにねらいを問題の形にしたものがボス問になっています。

　これらの学習支援動画が，生徒の学習を支援するうえでベストの動画だとは思っていません。しかし，生徒が「数学的な見方・考え方」を働かせることを促すために，最善を尽くして作成しています。

　数学の内容を理解することは，生徒にとって簡単なことではありません。しかし，それ以上に，「数学的な見方・考え方」を自覚的に働かせるのは，生徒たちだけでは難しいことです。この生徒たちだけでは登ることが難しい階段を登るための足場をかけるのが，学習支援動画なのです。

　同じような考えのもとで生徒の学習を支援する動画を作成されている方がいましたら，ぜひご連絡ください。情報を共有させていただけると大変ありがたいです。また，別の考えのもとで動画を作成されている方も，その考えをお聞かせいただけると大変うれしいです。

# 3 学習支援動画を用いた 単元内自由進度学習の目的・目標

### ①一番大切にしている目的・目標

　まずは，次のお話を，「あなた」になったつもりで読み進めてみてください。

　「数十年後の３月のある晴れた日のお話です。多くの人に慕われたある中学校の数学の先生が退職されるということで，退職をお祝いする会が催されることになりました。この会には，その退職される方を慕う過去の生徒，先生などが参加することになっています。あなたも参加者です。あなたは，その会に車で向かい，駐車場に着き，車を降りました。中に入ると，その退職される先生を慕う多くの参加者が，先生についての話に花を咲かせていました。あなたは席に着き，式次第を見ます。式次第の表紙には退職される先生の名前が大きく書かれていました。そこに書かれていたのは……，あなたの名前でした。

　これは，今日から数十年後に行われる，あなたの退職を祝う会だったのです。ここにいる人々は，在職中のあなたに対する敬意，愛，感謝の気持ちを表しに来ているのです。式次第を見ると，ある１人があなたに対して感謝の言葉を述べることになっています。その１人とは，あなたに数学の授業を担当してもらい，社会で役立つ力を身につけられたと感謝している過去の卒業生です」

ここで深く考えてください。この過去の卒業生に，あなたはどのような先生だったと語ってほしいですか。あなたの数学の授業のおかげで，どのような力（資質・能力）を身につけられたと語ってほしいですか。

　あなたが教師として大切にしている目的・目標は何でしょうか。それらの中でも一番大切にしていることが，今考えていただいた，過去の卒業生に語ってほしい内容（身につけられた力）なのではないでしょうか。

　『7つの習慣』の著者である，スティーブン・R・コヴィー氏（2017）は，「一本一本の太陽光線に火を起こすエネルギーはない。しかし虫眼鏡で一点に集めれば，ものの数秒で紙を燃やしてしまう。同じことが人間にも当てはまる」と述べています。たくさんの目標を意識し過ぎるとすべてを達成することは難しいけれど，1つのことに集中すれば達成することができるということです。一番大切にしたいことに集中することが重要であると，コヴィー氏は教えてくれているのです。

　人によって一番大切にしている目的・目標は異なるでしょうが，自分にとってそれが何なのかは忘れないように心がけたいものです。たくさんのことを意識し過ぎて，本当に大切にしたいと思っていることをないがしろにしてしまっては本末転倒です。

　最も大切なことを，最も大切にすることが，最も大切なのです。

## ②義務教育の目的・目標

　ここで，教育基本法と学校教育法に書かれている義務教育の目的と目標に関する条文を紹介します。読者の先生方もよくご存じの条文だと思います。ご自身が一番大切にしている目的・目標は何かを踏まえ，そのことと対応させながら読んでください。これらの条文の中から1つだけ重要ワードを選ぶとしたらどのワードを選ぶか。1つだけ重要ワードを選ぼうとしながら読み進めてみてください。

・教育基本法　第五条　第2項
　義務教育として行われる普通教育は，各個人の有する能力を伸ばしつつ社会において自立的に生きる基礎を培い，また，国家及び社会の形成者として必要とされる基本的な資質を養うことを目的として行われるものとする。

・学校教育法　第二十一条　第1項
　学校内外における社会的活動を促進し，自主，自律及び協同の精神，規範意識，公正な判断力並びに公共の精神に基づき主体的に社会の形成に参画し，その発展に寄与する態度を養うこと。
　（教育基本法に書かれた目的を実現するための目標として他にも9個の目標が書かれています）

　この教育基本法に書かれた目的と，学校教育法に書かれた目標を読んで，どのワードが印象に残ったでしょうか。

重要ワードを１つ選べましたか。

　複数回登場しているワードがあることに気づかれたでしょうか。私は，複数回登場している「社会」というワードがとても印象に残ります。「社会において自立的に生きる基礎」「社会の形成者として必要とされる基本的な資質」「学校内外における社会的活動を促進し」「主体的に社会の形成に参画」「その（社会の）発展に寄与する態度」と５回も登場しています。

　そこで，私なりに義務教育の目的・目標を簡単にまとめてみます。

　「中学校を卒業し，社会に飛び立つ生徒たちに，「社会」の形成者として必要な資質や，「社会」の発展に寄与する態度を育てることが，義務教育の目的・目標であり，その達成のための方法として，学校内で「社会」的活動を促進する」

　では，社会の形成者として必要な資質とは，どのような資質なのでしょうか。社会の発展に寄与する態度とはどのような態度なのでしょうか。続いて，そのことについて考えていきたいと思います。

### ③これからの社会と教育の課題

　社会の形成者として必要な資質，社会の発展に寄与する態度の育成が，教育の目的・目標なので，生徒たちが生き

ていくこれからの社会がどのような社会なのかを理解しておくことはとても重要です。

令和3年の中央教育審議会答申「『令和の日本型学校教育』の構築を目指して～全ての子供たちの可能性を引き出す，個別最適な学びと，協働的な学びの実現～」には，これからの社会について次のような記述があります。

「人工知能（AI），ビッグデータ，Internet of Things（IoT），ロボティクス等の先端技術が高度化してあらゆる産業や社会生活に取り入れられたSociety5.0時代が到来しつつあり，社会の在り方そのものがこれまでとは『非連続』と言えるほど劇的に変わる状況が生じつつある」

また答申には，日本型学校教育に，次のような指摘，課題があるとの記述が見られます。

・「正解（知識）の暗記」の比重が大きくなり，「自ら課題を見つけ，それを解決する力」を育成するため，他者と協働し，自ら考え抜く学びが十分なされていない
・学校では「みんなで同じことを，同じように」を過度に要求する面が見られ，学校生活においても「同調圧力」を感じる子供が増えていった
・学校は（中略）一人一人のキャリア形成など，子供の発達や学習を取り巻く個別の教育的ニーズを把握し，様々な課題を乗り越え，一人一人の可能性を伸ばしていくことが課題
・学校の臨時休業中，子供たちは，学校や教師からの指示・発信がないと，「何をして良いか分からず」学びを

止めてしまうという実態が見られたことから，これまで
の学校教育では，自立した学習者を十分育てられていな
かった
・一人一人の児童生徒が，自分のよさや可能性を認識する
とともに，あらゆる他者を価値のある存在として尊重し，
多様な人々と協働しながら様々な社会的変化を乗り越え，
豊かな人生を切り拓き，持続可能な社会の創り手となる
ことができるよう，その資質・能力を育成することが求
められている

　さらに，こういった課題を解決するために，「個別最適
な学び」と「協働的な学び」を子どもがする姿を実現する
必要があるとの記述もあります。
　「個別最適な学び」には，「指導の個別化」と「学習の個
性化」の２つの視点があります。「協働的な学び」ととも
に，「学習指導要領の趣旨の実現に向けた個別最適な学び
と協働的な学びの一体的な充実に関する参考資料」を基に
まとめてみます。

・指導の個別化（個別最適な学びの１つ）
　【一定の目標】を全ての子供が達成することを目指し，
子供一人一人の特性・学習進度・学習到達度などに応じて
【異なる方法】で生徒自身が学習を進める学び。

・学習の個性化（個別最適な学びの１つ）

　子供一人一人の興味・関心等に応じた【異なる目標】を
設定し，その達成に向けて生徒自身が学習を深め広げる学
び。


・協働的な学び

　子供一人一人のよい点や可能性，【異なる考え方】が組
み合わさりよりよいものを生み出す学び。

（【　】は著者が追加）


　そして，これらのことを実現するためには，学習指導要
領の着実な実施が必要です。

**④現行学習指導要領の願い**

　現行学習指導要領のリーフレット「生きる力　学びの，
その先へ」には，次のような記述があります。

　「これからの社会がどんなに変化して予測困難になって
も，自ら課題を見つけ，自ら学び，自ら考え，判断して行
動し，それぞれに思い描く幸せを実現してほしい。そして，
明るい未来を，共に創っていきたい」

**⑤単元内自由進度学習の目的・目標**

　さて，ここまでのことを踏まえて，学習支援動画を用い
た単元内自由進度学習の目的・目標を簡単にまとめたいと
思います。

1　生徒それぞれが思い描く幸せを実現すること

2　これからの社会の形成者として必要な資質と態度
　を身につけること

3　すべての生徒の可能性を引き出すこと
　そのために「指導の個別化」と「協働的な学び」
　を実現すること
　（「指導の個別化」における，すべての生徒が達成
　することを目指す【一定の目標】は，単元の内容
　を理解すること）
　（生徒に応じ【異なる目標】を設定する「学習の
　個性化」の実現を目指すものではない）

　「3　学習支援動画を用いた単元内自由進度学習の目的・目標」の冒頭で，退職を祝う会において過去の卒業生にどのように語ってほしいかを考えていただきました。その答えは人によって様々だと思いますが，私なら，次のように語ってくれたら大変うれしいです。

　「中学校時代の努力のおかげで，今幸せに過ごせています」

　「数学の授業で身についた，…の力のおかげで，社会で…な活躍ができています」

　「数学の授業を通して自分の可能性に気づき，成長する

ことができました」

　このように語ってほしいからこそ，先ほどまとめた目的・目標のもと，学習支援動画を用いた単元内自由進度学習を実践しているのです。

　もしも，私と似たことを卒業生に語ってほしいと思われる先生なら，学習支援動画を用いた単元内自由進度学習は大変おすすめできます。

　次の第2章では，学習支援動画を用いた単元内自由進度学習を通して生徒に身につけることを目指す資質・能力を具体的に考えていきたいと思います。

【第1章の参考・引用文献】

・奈須正裕（2021）『個別最適な学びと協働的な学び』東洋館出版社，p.39

・奈須正裕（2022）『個別最適な学びの足場を組む。』教育開発研究所

・齊藤一弥・奈須正裕・佐野亮子（2014）『しっかり教える授業・本気で任せる授業』ぎょうせい

・小山儀秋・竹内淑子（2019）『教科の一人学び「自由進度学習」の考え方・進め方』黎明書房

・文部科学省（2017）『中学校学習指導要領解説　数学編』（日本文教出版）p.7, p.21, p.22

・中央教育審議会（2016）「幼稚園，小学校，中学校，高等学校及び特別支援学校の学習指導要領等の改善及び必要な方策等について（答申）」p.33

・スティーブン・R・コヴィー（2017）『完訳　第8の習慣』キングベアー出版，pp.454−455

・中央教育審議会（2021）「『令和の日本型学校教育』の構築を目指して〜全ての子供たちの可能性を引き出す，個別最適な学びと，協働的な学びの実現〜（答申）」p.3, p.8, p.10, p.13, p.15

・文部科学省（2021）「学習指導要領の趣旨の実現に向けた個別最適な学びと協働的な学びの一体的な充実に関する参考資料」pp.7−9

・文部科学省（2019）「生きる力 学びの，その先へ」（現行学習指導要領のリーフレット）

# 第2章
# 単元内自由進度学習を通して
# 身につけることを目指す資質・能力

# 1 「自律」の力

　いきなりですが，自転車をこいでいる場面をイメージしてみてください。あなたは何をコントロールしていますか。もちろん自転車をコントロールしています。目的地に行けるようにハンドルを切り替え，道の状況や自分自身の疲労状態に応じてペダルをこぐスピードを調整し，危険を感じたときにはブレーキを使います。これが「自転車をコントロールする」ということです。

　さて，私はこれからの社会で活躍していくために「自律」の力・姿勢はとても大切になると考えています。前章で読んでいただいた，学校教育法第二十一条第1項の中にもこの「自律」という言葉があったのですが，覚えているでしょうか。再掲します。

　「学校内外における社会的活動を促進し，自主，自律及び協同の精神，規範意識，公正な判断力並びに公共の精神に基づき主体的に社会の形成に参画し，その発展に寄与する態度を養うこと」

　ところで，「自律」とは何でしょうか。
　いくつかの書籍等でどのように書かれているか紹介します。

元麹町中学校校長の工藤勇一氏と，株式会社 DAncing Einstein 代表であり，脳神経学者である青砥瑞人氏の共著である『自律する子の育て方』（2021）には，自律とは「自分で考え，判断し，行動できること」であり，激動の時代において最優先されるべき個人の資質であると書かれています。

　では，「自分で考え…」とは，何を自分で考えるのでしょうか。また「判断し…」とは，何を判断するのでしょうか。

　経済協力開発機構（OECD）が"Learning Compass 2030"の中で子どもたちがウェルビーイング（主体的な幸福感のこと）を実現していくために大切な力としたエージェンシー「変革を起こすために自ら主体的に目標を設定し，振り返りながら，責任ある行動がとれる力」を踏まえると，自分でまず考えるものは「目標」でしょう。そして，その目標の達成のために判断するのが「行動」でしょう。

　慶應義塾大学教授である鹿毛雅治氏の『学習意欲の理論』（2013）では，自律性とは「外的に強いられているのではなく，自ら進んで取り組んでいるという心理状態」のこととし，他者にコントロールされることと対比して詳しく説明が書かれています。他者にコントロールされるのではなく，自分で自分自身をコントロールすることが大切だと捉えることができます。

　ここまでを踏まえ，本書における「自律」単元内自由

進度学習を通して生徒に身につけることを目指す「自律」の力を，次のように定義します。

　「自分で自分の目標を設定し，その目標を達成するために，自分で自分自身をコントロールすること（自分で自転車をコントロールするように）」

　さて，ここでまた１つ質問です。
　大学の夏休みに新しいことに挑戦したいと思い，自転車での１週間の一人旅をすると決意し，自転車を購入した大学生がいるとします。
　この大学生はこれからどのように行動するでしょうか。おそらく次のようなことをするのではないでしょうか。

1　目的地を自分で決める。
2　目的地に向けてどのように向かうか計画を立てる。
3　目的地に行けるように自転車をコントロールする。
　　・目的地の方向にハンドルをきる。
　　・時と場に応じてペダルをこぐスピードを変える。
　　・必要に応じてブレーキを使う。
4　どっちの道に行けばよいか迷った際，自分で判断する。
5　自分の得意なペースやこぎ方に気づく。
6　自転車をこいでいる最中に，自分の得意なこぎ方ができているか自分をモニタリングする。
7　モニタリングした結果を生かす。

8　苦しい場面に遭遇しても，目的地を目指してやり抜く。

9　成長したことを実感する。

10　達成状況を振り返り，自己評価する。

11　また今度旅をしようと思う。


　いかがでしょうか。

　実は，これらの力こそが「自律」の力です。そして，単元内自由進度学習を通して生徒に身につけてほしい資質・能力が，これらの「自律」の力です。

　ここからは，これらの「自律」の力の一つひとつを詳しく見ていきたいと思います。


### ①自分の目標を自分で設定する力

　これからの社会を生きていくうえで，自分の目標を自ら決めることが重要になることは間違いありません。言い方を変えると，他者が設定した目標にただ従い，それに向かうという姿勢はよくありません。他者が設定した目標であれば，それ自体が適切な目標であるかどうかも考えるような姿勢が求められます。そうでないと，新しい価値は創造できません。答えのない課題に対しても対応することができません。自分で決めた目標だからこそ，最後まで粘り強く取り組むことができるのです。

　また，目標を設定する際，自分に合った難易度の目標を考える力も大切です。簡単過ぎる目標や，達成不可能な目標では，自分の最大限の力を発揮することができないから

です。

## ②目標達成のための，計画を立てる力

　目標を自分で決めることができたら，あとはとにかくがんばればよいというわけではありません。目標達成に直結する行動もあれば，いくらがんばっても効果が出ない行動もあるものです。有限の時間を有効に使うためにも，ただやみくもに行動するのではなく，目標達成に直結する行動を計画する力は大切です。

## ③目標達成のために，自分をコントロールする力

　人間は，時として目標達成の方向とは違う方向に向かいそうになるときがあるものです。それに気づくことができたなら，自転車のハンドルを目的地の方向に切り替えるように，自分の行動を切り替える力が必要です。

　人間には，やる気がみなぎるときもあれば，どうしてもやる気が出ないときもあります。自転車のペダルをこぐスピードを状況に応じて自分でコントロールするように，自分の状況を把握し，それに応じて，自分の行動や自分の感情を自分でコントロールする力が大切です。

　また人間は，時として取るべきではないとわかっている行動を取ってしまいそうな弱さが出るときがあるものです。そのようなときに，自転車のブレーキをかけるように，自分の弱さにブレーキをかけられる力も大切です。

#### ④自分で判断し，責任を取る力

　今日は，大人であっても未来のことは予測困難な時代です。子どもに「将来○○の仕事は安泰ですか？」と聞かれても，はっきりとは答えられません。

　また，今日は大量の情報があふれています。多くの場合，人が言っていることは，唯一の正解ではなく，１つの情報に過ぎないのです。何を信頼するか，何を選ぶかは自分次第です。

　実際，PISAは複数の情報からどちらの情報が正しいかを自分の頭で判断できる力を問うために，複数のテキストを読み，信ぴょう性があるテキストはどれかを判断させる問題を出しています。

　絶対の正解がなく，わからないことだらけであり，情報が大量にある時代だからこそ，何事も最終的には自分で考え，判断し，行動し，その結果には自分で責任を取らなければなりません。満足のいく結果が得られなかったときに，自分で責任を取り，その不本意な結果を受け入れることも必要です。このような後悔の経験を次の成長につなげる力も，これからの時代では大切になります。


#### ⑤メタ認知能力Ａ（メタ認知的知識）

　「メタ認知能力」という言葉をよく耳にしますが，具体的にどのような力なのかの理解は難しいものです。ここでは，Ａ，Ｂ，Ｃの３つに分けて説明します。

　まずは，「メタ認知的知識」です。これは，自分の強み

や長所を生かせる，自分に合う学び方についての知識をもっているということです。例えば，「1人でじっくり学ぶ方が自分には向いている」や，「他者と議論しながら学ぶと私はうまく学べる」などの知識です。

　また，自分の意欲を高められる環境についての知識もとても重要です。難しい問題と出合った際，ヒントをもらえると粘り強く意欲的に取り組める人もいます。簡単にはヒントをもらわないで考えたいという人もいます。

　さらに，自分が苛立ちやすい状況についての知識や，自分があまり意識せずにやってしまいがちな言動の中で，それをすると集中できなくなる行動についての知識もとても役立ちます。知識としてもっていれば，そのような状況を避けることができますし，マイナスな行動をしそうになったらブレーキをかけることができるからです。

　加えて，現状の自分にとって不足していること，学ぶべきこと，今の自分が身につけるべき力は何かについての知識も役立ちます。

　ちなみに，私は高校生時代に社会科の勉強に苦労しました。教科書を読むだけでは何も頭に入らなかったのです。そこで，自分で大切なことをまとめ，そのまとめたものを何回も読みました。そうすると，頭に入れることができました。この自分に合う学び方についての知識を，現在も様々な書籍を読むときに生かしています。読むだけでは頭に入らないので，自分で大切なことをまとめ，それを数回読むことで頭に入れるという学び方を今もしています。

自分に合う学び方や，自分の意欲を高める環境，自分が避けるべき状況，自分が学ぶべきことなどについての知識をもつことは，生涯ずっと生かせること間違いなしです。

## ⑥メタ認知能力B（モニタリング力）

この能力は，学習の真っ最中（活動の真っ最中）に，今の自分がしていることは自分に合う学び方（やり方）かどうかや，粘り強くやれる環境になっているか，避けるべきことが近くにないかについて自己確認（モニタリング）する能力です。学習（活動）している自分の背後から，もう1人の自分が俯瞰して自分を観察する能力です。

多くの場合，「メタ認知能力」というと，この能力のことを指しています。

## ⑦メタ認知能力C（コントロール力）

この能力は，モニタリングした結果，自分に合う学び方でやれていないと観察された場合に，自分に向いている学び方をするように自分をコントロールする力です。

モニタリングした結果，今の環境が自分にとって粘り強くがんばれる環境でないと観察された場合に，自分に合う環境を自分でつくる能力です。

## ⑧やり抜く力

ペンシルベニア大学教授で心理学者のアンジェラ・ダックワース氏（2016）は，性格的特徴研究プロジェクトにつ

いて紹介しています。この研究は，性格的特徴を100項目以上（大学への進学希望，将来の職業として興味をもっていること，親の職業や社会的地位などの家庭環境，学生時代に達成したい目標など）に分類し，将来の成功の決め手となる性格的特徴とは何かを突き止めようとしたものです。この研究の結果，人生の成功を左右する最大の性格的特徴が「最後までやり通す」だったそうです。

　この研究結果等を踏まえ，アンジェラ・ダックワース氏は，次の２つの力の総合力である「やり抜く力」の育成が大切であると提唱しています。

A　自分の目的・目標に情熱をもち意識し続ける力

B　苦難にも粘り強く最後まで取り組む力

　この「やり抜く力」を高めるためにも，自分で目標を設定し，その目標の達成に情熱をもち，うまくいかないときにも粘り強くやり続ける経験をさせたいものです。そして，何としても生徒たちの「やり抜く力」を高め，将来成功させてやりたいものです。


### ⑨成長的マインドセット

　これは，「自分は努力を通して成長できる」という考え方です。成長することをとにかく重視する態度です。

　ここで，スタンフォード大学教授のキャロル・S・ドゥエック氏の『マインドセット「やればできる！」の研究』（2016）で紹介されている，成長的マインドセットの重要性がわかる調査について紹介します。

これから中学校に進学するという生徒たちを対象に，あることを基準に２つのグループに分けて成績の変化を調査しました。中学校入学の時点で２つのグループの成績に違いはありませんでした。しかし，中学校入学直後から片方のグループの成績は２年間にわたり徐々にですが低下し続け，もう片方のグループの成績は上昇し続けたということです。

　成績が低下し続けたグループは，「頭のよさは生まれつきだ」と思っている生徒たちのグループであり，成績が上昇し続けたグループとは，「努力次第で頭がよくなる」と思っている生徒たちのグループでした。つまり，成長的マインドセットをもつことで，努力を継続でき，成績も上昇し続けられるということなのです。

　では，どうしたら成長的マインドセットを高めることができるのでしょうか。これは，努力したらよいこと（目標達成，自分の成長）が起こったという経験の積み重ねで高まっていくそうです。自分の立てた目標の達成のために努力をして，実際に達成できた経験が成長的マインドセットを高めるのです。努力をしたのに目標の達成に失敗することもあります。そのようなときには，失敗の陰に隠れている自分の成長に注目することが大切です。さらに，失敗は次の目標の達成確率を高めてくれる貴重な情報で，教訓になります。そのように，失敗をポジティブに捉える力も重要です。

**⑩振り返る力・改善に生かす力**

　「振り返り」の重要性は，今や教育界の常識になりました。振り返ることで様々な気づきが得られるからです。

　振り返ることで，自分の努力やよさに気づいたり，成長を実感し，自己肯定感を高めるのは大切なことです。自己肯定感とは，ありのままの自分を自分で肯定する感覚です。自己肯定感を強くもてばもつほど，次の活動へ意欲的に取り組めます。

　また，振り返ることで，自分の努力不足や，努力の仕方の改善点に気づくことも大切です。それに気づくために，時には，自分で立てた目標を達成できない経験も大切です。自由の中で自分の選んだ行動や努力が自分の成長につながらなかったと自覚できれば，その責任を自分で取り，次の学習の改善に生かせるようになっていきます。

　振り返りは自己評価とも言えます。他者に「あなたの○○がよくないよ」と言われると，人間はどうしても素直に受け入れること，改善することができません。しかし，自己評価によって自分で自分のよくないことに気づくことができれば，確実に改善につながります。

　振り返る経験をたくさんさせ，「振り返りましょう」と教師に言われなくても，自分から振り返るくらいの力をつけたいものです。


**⑪生涯学習力**

　この能力は，一生涯自分に必要な学びを自分で選択し，

自分の学び方で，自分を成長させていくことのできる力です。一生涯学びを続ける意欲です。この力は，毎回の単元での学びの過程を通して，自分が成長していることを実感し，学ぶことに喜びを感じる経験を積み重ねることにより高まっていきます。

　これから先の時代は，「人生100年時代」と言われています。100年生きるとなると，転職することも今以上に当たり前になるでしょう。新たな職に就けば，新たな知識を身につけなければなりません。人生100年時代では，「もうこれ以上学ばなくていい」ということはありません。常に新しく学ぶことが必要です。

　一生涯学ぶための生涯学習力はとても大切です。

# 2 「自立」の力

　単元内自由進度学習を通して生徒に身につけることを目指す資質・能力のもう1つが,「自立」の力です。

　私はこれからの社会で活躍していくためには「自律」に加えて,「自立」の力・姿勢もとても大切になると考えています。

　前章で読んでいただいた, 教育基本法第五条第2項の中にもこの「自立」という言葉があったのですが, 覚えていらっしゃるでしょうか。再掲します。

　「義務教育として行われる普通教育は, 各個人の有する能力を伸ばしつつ社会において<u>自立</u>的に生きる基礎を培い, また, 国家及び社会の形成者として必要とされる基本的な資質を養うことを目的として行われるものとする」

　ところで,「自立」とは何でしょうか。

　まずは, いくつかの書籍等で「自立」についてどのように書かれているのかを紹介します。

　辞書によると「他の助けや支配なしに自分一人の力だけで物事を行うこと」とあります。

　日本の教育に大きな影響を与えた昭和の国語教師である大村はま氏は,『教えるということ』(1996) の中で,「教師としての子どもへの愛情というものは, とにかく子ども

が私の手から離れて，一本立ちになった時に，どういうふうに人間として生きていけるかという，その一人で生きていく力をたくさん身につけられさえすれば，それが幸せにしたことであると思う」と述べています。

元国立教育政策研究所所長の浅田和伸氏（2014）は，『内外教育』の寄稿文の中で，「助けてくれる人が傍にいなくなった後でも一人でできる力をつけておいてやる」のが，学校の責任であると述べています。

ここで質問をさせてください。次のどちらの人が自立した人だと思われますか。
A　他者にほめられる行動をする人
B　自分の信じる最善の行動をする人
その人が，突然犯罪組織の中に入れられた状況をイメージしてみてください。その人がどのような行動をしたら，まわりはほめてくれるでしょうか。犯罪組織の人々に組織の価値観でほめられることをすると，犯罪者になってしまいます。他者にほめられる行動をするということは，自分の人生なのに，自分の価値観を殺し，他者の期待を満たすために生きることになってしまいます。

だれもほめてくれなくとも，自分の価値観を大切にし，自分の信じる最善の行動を貫いて人生を歩むBのような人を私は「自立」した人だと思います。

ここまでを踏まえ，本書における「自立」，単元内自由

進度学習を通して生徒に身につけることを目指す「自立」の力を，次のように定義します。

**「助けてくれる人が傍にいなくなった後でも，自分の信じる最善の行動をして生きていく力」**

　また，日本アドラー心理学会顧問である岸見一郎氏は『幸せになる勇気』（2016）において，アドラー心理学の創始者であるアルフレッド・アドラーが，教育を中心課題の1つと捉え，教育の目標は「自立」であると考えていたと記しています。そして，アドラーは自立をどのように定義していたかについて，次のように記しています。

1　「『自立』とは，自らの手で自分の価値を決定すること」
2　「『自立』とは，自己中心性からの脱却である」
　「われわれは他者を愛することによってのみ自己中心性から解放されます。他者を愛することによってのみ『自立』を成しえます」
　（親などまわりの人から愛されることを望んでいた子ども時代の自己中心的な考え方を脱却し，自分から他者を愛し，他者に貢献するようになること）
　この岸見氏の解説する「自立」は，前章でも触れた，令和3年の中央教育審議会答申（「令和の日本型学校教育」）における，次の課題と大きく関連しています。
　「一人一人の児童生徒が，自分のよさや可能性を認識す

るとともに，あらゆる他者を価値のある存在として尊重し，多様な人々と協働しながら様々な社会的変化を乗り越え，豊かな人生を切り拓き，持続可能な社会の創り手となることができるようにする」

さらに，文部科学省の教育振興基本計画では，「自立」「協働」「創造」の３つの理念を第一期からずっと重視しています。

自分だけが自立すればよいのではなく，他者も自立し，自立した多様な人同士が協働すること，それにより新たな価値を創造することが大切なのです。

ここまでを踏まえ，本書における「自立」の力の定義として，次のものを追加します。

「自分の価値を自分で決定する力
自分から他者に貢献する力（他者を愛する力）
他者を価値ある存在として大切にする力
自立した個人同士が協働する力・対話する力
新たな価値を創造する力」

いかがでしょうか。

これらこそが，単元内自由進度学習を通して生徒に身につけてほしい「自立」の力です。

ここからは，この「自立」の力を，さらに詳しく見ていきたいと思います。

### ①自分の信じる最善の行動をする力

　『ハリーポッターと秘密の部屋』で，ダンブルドア校長は，ハリーに次のように言いました。「自分が何者かは能力で決まるのではない。どんな選択をするかじゃ」（J・K・ローリング（2004））

　「ほめられるからやる」という人は，ほめてくれる人がいなくなったら，そのよい行動をしなくなります。「怒られるからやらない」という人は，怒る人がいなくなったら悪いと自覚している行動でもしてしまいます。生徒たちには，これらのような人にはなってほしくありません。ほめてくれる人，叱ってくれる人が傍にいないとしても，自分の信じる最善の行動を自分で選択できる力をつけて卒業させたいものです。

### ②自分の価値を自分で決定する力

　人は皆違います。自分の価値やよさも人とは違います。自分で自分の価値は何かに気づき，決定することにより，自分のよさを自覚し，生かして活動できるようになります。この力は大切です。

　価値がない生徒など絶対にいません。しかし，自分の価値に気づいていない生徒はたくさんいます。そのような生徒たちに自分の価値を自覚させるにはどうしたらよいのでしょうか。

　岸見一郎氏（2016）は「われわれは，みな『わたしは誰かの役に立っている』と思えたときにだけ，自らの価値を

実感することができる」と書いています。自分の価値を生徒一人ひとりに自覚させるためには，だれかに貢献させることが必要になるということです。

### ③自分から他者に貢献する力（他者を愛する力）

　上述のように，自分の価値を自覚できるためには，他者に貢献することが大切です。また，他者に貢献する経験は，他者に貢献する喜びを体感し，もっと他者に役立ちたいという気持ちを高めることにもつながります。

　さらに，積極的に他者を愛し，他者に貢献すること自体が，アドラーが教育の目標とした「自立」でした。「他者から認められること」を目的とせず，自分から先に他者に貢献していく自立の力は，幸せな人生を実現するためにとても重要になります。

### ④他者を価値ある存在として大切にする力

　一人ひとりの他者は，それぞれが自分自身で決定した価値をもっています。自立しているのは自分だけではないということです。他者も皆，自立しているということを理解し，大切に思える力は，これからますます重要です。

　授業のいたる場面で「友だちのよさを見つけられるといいですね」と生徒に声をかけてもいいかもしれません。多様性を尊重する気持ちを育みたいものです。

### ⑤協働する力，対話する力

　「協働」という言葉は，現在教育界で広く使われています。ここで「協働」について整理します。

　「協働」とは，「共通の目標を達成するために，異なる考え，異なる個性，異なる強みの人が集まり，協力すること」です。

　例えば，勝利という共通の目標のために，投げることが得意なピッチャー，バッティングが得意なバッター，速く走ることができる選手など，異なる長所をもつメンバー皆で協力している野球チームがあげられます。

　また，鬼を倒すという共通の目標のために集まった，異なる特技の，桃太郎，さる，いぬ，きじのチームも協働の例としてあげられます。

　授業でも，生徒全員が共通の目標を達成するために，論理的に考えることが得意な生徒，教えることが得意な生徒，まわりをやる気にさせることが得意な生徒など，異なる長所をもつ仲間が集まり，協力する環境をつくりたいものです。

　また，「協働」に似た言葉として，「対話」という言葉も現在広く使われています。この「対話」についても整理します。

　劇作家であり，演出家としても活躍する平田オリザ氏（2015）は，「対話」について「自分の当初の価値観が変わっていくことを潔しとすること，あるいはさらにその変化を喜びにさえ感じることが対話の基本的な態度である」と

述べています。私はまさにその通りだと思います。「対話」は，自分の意見を変えられたら負けになるディベートとは違うということです。各自の意見を順番に言い合うだけで，自分の意見を変える場面のない発表会とも違うということです。異なる考えや長所をもった他者と，同じ目標達成のために協働することを通して，他者のよい考えやよい行動に触れ，自分の考えや行動がよりよく変わっていくことに喜びを感じることが対話なのです。協働により，自分の考えを広げ，深め，成長していくことに喜びを感じる力を育みたいものです。

### ⑥新たな価値を創造する力

　これからの社会では，新たな価値を創造する力が求められています。中学生の段階でこれを求めることは難しいかもしれませんが，「新たな価値を創造するためには，異なる考えの人同士，自立した個人同士で協働する必要がある」という知識をもっているだけでもすごいことです。

　実際に授業で協働することを通して，新たな考え，新たな価値を創ることを経験できたとしたらものすごいことです。

# 3 資質・能力の「三つの柱」

　文部科学省が新しい時代を生きる生徒に育成すべき資質・能力と謳っているのが，ご存じの通り，以下の「三つの柱」です。

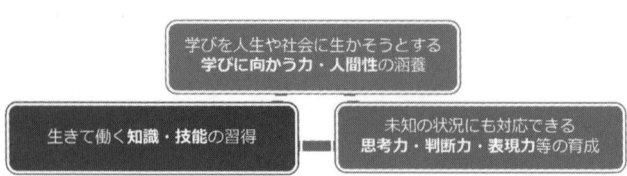

　単元内自由進度学習においても，この３つの資質・能力を生徒に身につけさせることを目指さないわけはありません。

## ①生きて働く知識・技能

　「生きて働く知識・技能」という言葉は，教育界でよく聞くようになりました。ところで「生きて働く知識・技能」とはどのようなものなのでしょうか。

　ここで，いきなりですが，クイズです。次の文章は，道路交通法の第七十二条なのですが，空欄に入る言葉は何でしょうか。

　「交通事故があったときは，当該交通事故に係る車両等

の運転者等は，直ちに車両等の運転を（　ア　）して，（　イ　）を救護し，道路における（　ウ　）を防止する等必要な措置を講じなければならない。この場合において，当該車両等の運転者は，警察官が現場にいるときは当該警察官に，警察官が現場にいないときは直ちに最寄りの警察署の警察官に当該交通事故が発生した日時及び場所，当該交通事故における死傷者の数及び負傷者の負傷の程度並びに損壊した物及びその損壊の程度，当該交通事故に係る車両等の積載物並びに当該交通事故について講じた措置を（　エ　）しなければならない」

正解は次の通りです。
ア：停止　　イ：負傷者　　ウ：危険　　エ：報告

このクイズ，４つの空欄すべてを正しく埋められた人の中にも，実際に交通事故を起こした際には，これらの知識を使えないであたふたしてしまう人もいると思います。このような状態が，「生きて働いていない知識（・技能）」です。逆に，実際に交通事故を起こした際に，これらの知識を踏まえて適切な行動が取れたとしたら，それは「生きて働く知識（・技能）」になっていたと言えるでしょう。

ひと昔前であれば，「生きて働いていない知識・技能」だとしても，それらをたくさんため込んでおける人は，それなりに社会に貢献できました。その知識・技能を知らない人が多かったり，簡単に調べられるような環境ではなか

ったりしたからです。なので，数学教育でも，詰め込みによる公式や解法の暗記の比重が大きかった時代があったわけです。

しかし，これからの社会では，「生きて働かない知識・技能」をたくさんため込んでも，何の役にも立ちません。インターネットを使えば，どのような知識も情報も簡単に調べることができるからです。

また，知識をため込むだけなら，今や AI が簡単にしてくれます。

読者の先生方は，Photomath というアプリをご存じでしょうか。これは，計算式（手書きでも可）をカメラで撮ると，コンピュータが計算して即座に答えを出してくれるアプリです。私の子どもたち

Photomath 紹介動画

も，宿題を終えた後，自分の計算が正しいかどうかの確認を Photomath を用いてしています。

このように，数式から答えを出すことは，人間よりコンピュータの方が早く正確にしてくれる時代です。「教わった手順通りの計算をして正しい答えを出す技能」を高めても，社会はその技能をもつ人を必要としていないのです。

さて，ここで次ページの 2 つの問題を見てください。これらは両方とも，平成19年の全国学力・学習状況調査の問題（小学 4 年の学習内容）です。

次の図形の面積を求める式と答えを書きましょう。

(1) 平行四辺形

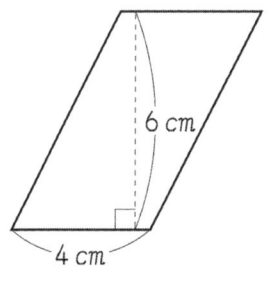

6 cm

4 cm

(3) ひろしさんの家の近くに東公園があります。

東公園の面積と中央公園の面積では，どちらのほうが広いですか。

答えを書きましょう。また，そのわけを，言葉や式などを使って書きましょう。

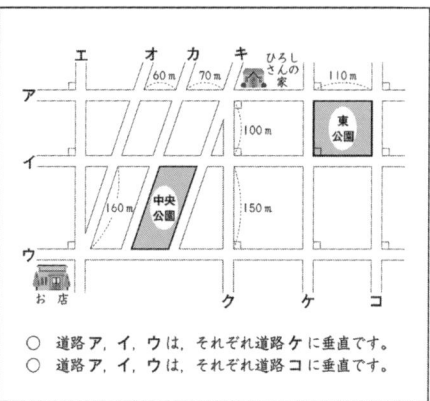

○ 道路ア，イ，ウは，それぞれ道路ケに垂直です。
○ 道路ア，イ，ウは，それぞれ道路コに垂直です。

これらの２つの問題の当時の小学生の正答率は，それぞれ何％だったでしょう。

上の問題が94％，下の問題が18％でした。

　この結果からわかるのは，平行四辺形の面積を求めるための知識・技能はしっかりと身についているのに，いざ具体的な場面で物事を判断しなければならない状況になると，その知識・技能を生きて働かせることができていなかったということです。

　『中学校学習指導要領解説　数学編』には，知識・技能を生きて働くものにするためにはどうすればよいのかについて，次のような記述があります。

　「数学の学習では，『数学的な見方・考え方』を働かせながら，知識及び技能を習得したり，習得した知識及び技能を活用して探究したりすることにより，生きて働く知識となる」

　「数学的な見方・考え方」を働かせながら知識・技能を習得し，習得したことを活用することが大切であるというわけです。

　単元内自由進度学習で用いる学習支援動画は，前章で述べた通り，生徒に「数学的な見方・考え方」を育むことを目的につくったもので，統合的・発展的に考え，新たな知識・技能を習得していく流れの動画です。したがって，学習支援動画を生かした学びを通して学んだ知識・技能は，生きて働くものになっていくと考えています。

## ②未知の状況にも対応できる思考力・判断力・表現力

「未知の状況にも対応できる思考力・判断力・表現力」という言葉も，教育界でよく聞きます。「未知の状況にも対応できる思考力・判断力・表現力」とはどのようなものなのかについて整理してみたいと思います。

さて，ここで，イメージしていただきたいことがあります。読者の先生ご自身が，授業をしているときのことです。見たことのない大きなものが，すごい勢いで窓から教室に落ちてきたとします。そのとき，どのような行動を取りますか。しばらく考えてみてください。

今まで体験したことのないであろう未知の状況で，読者の先生ご自身がどのような行動を取るかを考えていただきました。

ここで，先に取り上げた交通事故の事例と似た状況と類推し，道路交通法のア～エの知識を活用しながら，次のような行動を取ろうと思った方がいるかもしれません。

ア　直ちに授業をやめる

イ　負傷生徒を救護する

ウ　割れた窓ガラスなどの危険を取り除く

エ　管理職に報告する

これは１つの簡単な例ですが，このように，未知の状況においても，知っている知識・技能を用いて対応していくことのできる思考力・判断力・表現力が，これからますま

す重要になることは間違いありません。これからの社会は，未知のことと遭遇することが多い時代に入っていくからです。

　単元内自由進度学習における学習支援動画が，復習を大切にし，既習事項を基にして考えることで新たな内容（未知の内容）を自ら解決できるような流れになっていることは，前章で述べた通りです。

　さらに，生徒たちにとって未知の公式も，自分で創造するために必要最低限のヒントだけを出すことで，生徒が自力で創造できるような流れになっていることも述べました。

　このような流れの動画を用いた学習を１年間ずっと続ければ，「未知の状況にも対応できる思考力・判断力・表現力」がしっかりと育まれると考えています。

### ③学びを人生や社会に生かそうとする学びに向かう力・人間性

　平成28年の中央教育審議会答申（「幼稚園，小学校，中学校，高等学校及び特別支援学校の学習指導要領等の改善及び必要な方策等について」）において，「学びを人生や社会に生かそうとする学びに向かう力・人間性」には，以下のような，情意や態度等に関わるものが含まれると書かれています。

・主体的に学習に取り組む態度も含めた学びに向かう力
・自己の感情や行動を統制する能力，自らの思考の過程等

を客観的に捉える力など，いわゆる「メタ認知」に関するもの
・よりよい生活や人間関係を自主的に形成する態度等
・多様性を尊重する態度と互いのよさを生かして協働する力
・持続可能な社会づくりに向けた態度
・リーダーシップやチームワーク，感性，優しさや思いやりなど，人間性等に関するもの

　これらの多くは，先に述べた「自律」の力，「自立」の力と重なります。

【第2章の参考・引用文献】

・工藤勇一，青砥瑞人（2021）『最新の脳研究でわかった！　自律する子の育て方』SB クリエイティブ，p.10

・鹿毛雅治（2013）『学習意欲の理論　動機づけの教育心理学』金子書房，p196，pp.282－285

・アンジェラ・ダックワース（2016）『GRIT やり抜く力　人生のあらゆる成功を決める「究極の能力」を身につける』ダイヤモンド社，pp.304－308

・キャロル・S・ドゥエック（2016）『マインドセット「やればできる！」の研究』草思社，pp.79－80

・大村はま（1996）『新編　教えるということ』筑摩書房，pp.108－109

・浅田和伸（2014）『内外教育』時事通信社，p.1

・岸見一郎（2016）『幸せになる勇気』ダイヤモンド社，p.32，p.35，p.161，p.237，p.244，p.272

・J・K・ローリング（2004）『ハリーポッターと秘密の部屋（携帯版）』静山社，p.489

・平田オリザ（2015）『対話のレッスン 日本人のためのコミュニケーション術』講談社，p.234

・国立教育政策研究所（2007）「平成19年度全国学力・学習状況調査 調査問題」算数A，B

・文部科学省（2017）『中学校学習指導要領解説　数学編』日本文教出版，p.7

・中央教育審議会（2016）「幼稚園，小学校，中学校，高等学校及び特別支援学校の学習指導要領等の改善及び必要な方策等について（答申）」pp.30－31

# 第3章
# 単元内自由進度学習における教師の役割

「ある先生はとてもいい先生でした。教科書に書いてあることを丁寧に説明してくれたのです。で，それだから，私はその頃に習ったことを全部，忘れました」

これは，宮沢賢治の教え子の言った言葉だそうです（小山・竹内（2019）による）。

本書をここまで読まれて，

「学習支援動画があるのなら，教師の出番はほぼないのでは？」

のように思っている方もいるのではないでしょうか。

確かに「教える」という役割が大きく減ることは事実です。宮沢賢治の教え子の言葉から考えても，丁寧に教えることが，生徒にとって必ずしもよいことでないことは理解できます。

しかし，教える役割が大きく減ったとしても，教師には，依然としてとてつもなく大切な役割が残ります。

単元内自由進度学習において，教師が具体的にどのような「行動」をするかについては，第2部で詳しく記します。本章においては，第2部でお伝えする「行動」の意義や必要性について納得していただくために，単元内自由進度学習をする際の教師の役割についてまとめていきたいと思います。

# 1 環境を整える役割

「北風と太陽」というお話をご存じでしょうか。

北風と太陽が旅人の服を脱がせることができるかどうかという力比べをするお話です。北風は力いっぱいに吹いて旅人の服を吹き飛ばそうとしました。ところが，旅人は強い風に吹かれれば吹かれるほど，服を押さえて身を守りました。次に太陽は，空の上から暖かな光を旅人に送りました。しばらくすると，旅人は汗を拭いて服を脱ぎました。太陽は暖かな光を送ることで，旅人が「自らコートを脱ぐ環境」をつくりました。

これからの教師は，この太陽のように，生徒が「自ら行動する環境」を整えることが大切な役割だと考えます。

山形県天童市立天童中部小学校と共に自由進度学習を進めている奈須正裕氏（2021）は，「教師の仕事としては，直接的に教えるという従来のあり方に加え，学習環境を整えることにより間接的に学びを促し支援するというもう一つのあり方が見えてくるでしょう」と言っています。

また，1980年代に愛知県東浦町立緒川小学校で単元内自由進度学習を開発した小山儀秋氏と竹内淑子氏は『教科の一人学び「自由進度学習」の考え方・進め方』（2019）の中で，「一番力を注いだのは学習環境づくりだった」と言っています。

では，具体的にどのような学習環境をつくればよいのでしょうか。具体的に考えていきます。

## ①何事も自己選択できる自由な環境

　読者の先生が高校３年生，つまり受験生だったときの気持ちを思い出してみてください。

　どのような授業が一番うれしかったでしょうか。

　きっと，自分が教えてほしいことを教えてもらえ，わからないことがわかるようになる授業，自分が学びたいことを自由に学べる授業，聞きたい人に自由に質問できる授業等がうれしかったのではないでしょうか。

　しかし，教えてほしいことは，人により異なります。学びたいことも，人により異なります。学びたいレベルも，人により異なります。だからこそ，１人１台端末のなかった時代は，なかなかそのような授業は実現できなかったのではないでしょうか。

　上であげたのは受験生の例ですが，受験生に限らず，どのような生徒にとっても，次のような授業がうれしいのではないかと思います。

　「自分にとって必要な学びを自分で選択して学ぶことができ，学び方や学ぶペースも自由に自分で選択でき，わからないことがあったら，そのことを一緒に考えてくれる仲間がいて，仲間と考えてもわからなかったら助けてくれる専門の先生も近くにいる。その先生に質問したら，答えを教えてくれるのではなく，考え方やヒントを教えてくれる

授業」

　このような，自律性を発揮できる環境の整った授業は受験生に限らず歓迎されるはずです。単元内自由進度学習は，まさにこの環境を実現した授業です。

## ②自分なりの方法で学び，アウトプットする環境

　また質問です。

　読者の先生が大学生の時代に，「自分の力が一番高まった」と感じるのは，どのような授業でしょうか。

　講義だけを考えた方もいるかもしれませんが，ゼミもあったと思います。おそらく，多くの方が自分の力が一番高まったと感じるのは，ゼミではないでしょうか。

　それはなぜか。受け身的にインプットする講義とは違い，ゼミは自分なりに学び，学んだものをまとめ，アウトプットしなければならない環境だったからではないでしょうか。ゼミの同級生に教えるために，教授に納得してもらうために，自分なりにまとめあげ，自分の言葉で表現するからこそ力が高まったのです。

　精神科医であり，作家としても活躍している樺沢紫苑氏は『学び効率が最大化するインプット大全』（2019）の中で，アウトプットをすることを前提にするだけで，インプットの量が100倍にも増えると述べています。また，『学びを結果に変えるアウトプット大全』（2018）では，最強のアウトプットは教えることであると断言しています。

　単元内自由進度学習においても，大学のゼミと同様に

「教える」という最強のアウトプットをすることを前提に自分なりの方法で調べ上げ，学び，まとめる環境をつくります。この環境は，本人の力を高める最高の環境であると言えます。具体的にどうするかは第2部で記します。

### ③自ら考え，自ら行動しないと学びが進まない環境

　その場にいれば学んだ気になれる受け身的な環境ではなく，自分で考えないと学びが進んでいかない環境をつくることも大切です。そのような環境だからこそ，やるしかなくなり，その結果，力が高まるのです。このような環境で日々学ぶことにより「勉強とは自分たちで始めるもの」と考える，自立した学習者を育てることができるのです。

　わからないことがあったとき，自分から質問をすることがなかなかできない中学生も少なくないでしょう。質問できないまま，わからないままにしてテストで解けない，という苦い経験も成長につながります。そういう経験から，「次は，わからないときに他の人に質問して，わかるようになりたい」などのように自分で思い，自分から行動するような成長につながることになるのです。

### ④まとまりのある内容を時間をかけて自力でやる環境

　1単元などのまとまりのある内容を，時間をかけて考え，自力で解決できる環境は成長を促します。途中，わからないことにも出くわします。不安になったり，悩んだり，失敗したりすることもあります。それらを自分なりの方法で

何とか解決し，最後までやり通すことで，様々な力が身につくのです。メタ認知能力，やり抜く力，成長的マインドセットなど，様々な力が身につくのです。

## ⑤学習意欲が引き出される環境

多くの時間を生徒に委ねる単元内自由進度学習が成功するかどうかを左右する大きな要因の1つが，生徒の学習意欲を引き出せるかどうかです。

ジャーナリストのポール・タフ氏（2017）は，ロチェスター大学の2人の心理学者であるデシとライアンが，内発的動機づけ（学習意欲）を引き出すために必要な教室環境を次の3つにまとめたことを紹介しています。

A　自律性

人間は，自分の行動は自分で決定したいという欲求をもっています。そこで教師は，生徒が「自分で選び自分の意志でやっているのだ」という実感をもてるような環境をつくります。逆にいうと，生徒に「管理されている，強制されている」と感じさせない環境をつくるとも言えます。

B　有能感

人間は，活動を通して自身の能力を高めたいという欲求をもっています。そこで教師は，努力すればできるが簡単過ぎるわけではない課題を与え，解決した後で成長を実感できるような教室環境をつくります。

C　関係性

　人間は，他者との間に情緒的なつながりをもちたいという欲求があります。そこで教師は，生徒を大切に思っていることを伝え，応援の気持ちを表現し，生徒の考えを尊重することで，教師との間に情緒的なつながりを実感できる環境をつくります。

　そして，デシとライアンは，「生徒が自律性，有能感，関係性を実感できる教室環境は，内発的動機づけを育てるだけでなく，さらに，あまり面白くない学習作業も進んでやる気にさせるものだ」と研究結果をまとめました。

　学習活動は，いつもおもしろいものであるとは限りません。おもしろくない活動も進んで取り組めるようにするためにも，自律性，有能感，関係性を生徒が実感できる環境をつくり，学習意欲を引き出すことが，単元内自由進度学習においても大切なのです。

⑥「目的・目標」を強く意識する環境

　「リーダーの仕事は，その組織の一員として，その組織のために働きたいと思える環境をつくることです。自分の人生に価値をもたらす目的があってこそ，人は精魂をこめることができるのです。だから，リーダーは目的を与えなくてはなりません」

　これは，リッツカールトンホテルのホルスト・シュルツ社長の言葉だということです（スティーブン・R・コヴィ

ー（2017）『完訳　第8の習慣』より）。

　教師はクラスのリーダーです。学ぶことに価値をもたらすような目的を生徒に与えなくてはなりません。その与えた目的を生徒が強く意識できるような環境を整えたいものです。その結果，目標達成のために粘り強く取り組む力である「やり抜く力」が高まります。

　目標を強く意識するためには，自分で目標を設定することが大切です。一方的に他者に決められた目標では，強く意識することができません。

　また，設定した目標を宣言することも，目標を強く意識するためのよい方法です。具体的な方法については，第2部で記します。

### ⑦「間違いや失敗は宝物」と共通理解された環境

　幼稚園児くらいの小さい子どもは，なんでも自分でやりたがるものです。

　では，そのなんでもやりたがる子どもが，牛乳の入ったコップをのせたお盆を運んでいる場面をイメージしてください。慎重に運び始めましたが，途中でバランスを崩し，牛乳が部屋中に飛び散りました。ソファーや畳にまで牛乳が染み込んでしまいました。ここで，親がたまらず「余計なことしないで！」「私がやるからもうやらないで！」と言いました。さて，この経験は子どもの成長にとって，どのような結果をもたらすでしょう。

「新しい挑戦をしなくなる」

このような結果になってしまいます。

はじめてやることに失敗はつきものです。しかし，失敗をすると大人に怒られ，悲しい思いをしてしまう。その経験が，「新しい挑戦をしない」という，怒られないための手段を選択する結果を招いてしまうのです。

変化が激しく，未知の状況だらけの時代を生きていくうえで，新しいことに挑戦しなくなっては大変です。

授業においても，失敗はつきものです。生徒はよく間違えます。先ほどの親のように，その間違いを責めることがあってはいけません。間違えたということは，挑戦したということです。努力したということです。その挑戦や努力を称えましょう。その間違いをプラスに捉えられる環境をぜひともつくりたいものです。

間違う生徒がいることは，授業において実際に大きなプラスです。間違えた生徒がいるからこそ，正しく考えられた生徒にとっては教える必要性が生まれます。なかなか理解してもらえなければ，理解してもらえるようにわかりやすい言葉に変えながら教えることになります。自分の言葉で他者に教える機会は，理解を大きく深めます。また，私は生徒に「先生に教えてもらうより，友だちに教えてもらう方がわかりやすい」と何度も言われたことがあります。つまり，間違えた生徒にとっても，仲間から教えてもらうことで理解を深めることができるのです。つまり，間違いは多くの人を成長させることのできる宝物なのです。

さらに，間違えた原因についてしっかり整理できると，それがそのままその問題のポイントになります。間違いはポイントに直結するものでもあるのです。

　このように，間違いを肯定的に捉える環境があることにより，生徒たちは，間違っているかもしれなくても，自分の考えを主張できるのです。間違いを恐れず自分なりに考えを進めることができるのです。

## ⑧他者と比較されない環境，協働する環境

　「あの人は…するのに，なんであなたは…しないの」

　このように言われて，悲しい思いをした経験はないでしょうか。他者との比較は，悲しい思いをするだけではなく，やる気も削いでしまいます。

　他者との競争ばかりを意識していると，他者に積極的に貢献することもできません。「他者を助けると，自分が負けることに直結する」と考えてしまうからです。他者に貢献することができないと，自分の価値を自覚できないことにもなります。さらに，他者との競争を意識することで，「自分さえよければいい」という考え方を身につけることにもなってしまいます。

　競争すべきは他者ではありません。自分自身です。過去や未来の自分自身と今の自分を比較するのです。過去の自分と比較すると，自分の成長を実感できます。前回の授業時にできていなかった問題が今回できるようになったという成長を喜べます。また，目標を達成した未来の自分を想

像して，その自分と今の自分を比較すると今の自分に足りないものに気づくことができます。さらなる前進に向けての努力につながります。

　他者は競争相手ではなく，協働する仲間です。同じ目標の達成を目指した，自分とは違う強みをもった仲間です。自分なりに真剣に考えた生徒は，他者がどのように考えたかについて知りたくなるものです。自分の考えを他者に聞いてほしくなるものです。ですから，他者と比較されずに自分なりの方法でじっくり考えられる環境さえ整えれば，自ずと協働や対話が起こります。自然と起こる協働や対話は，「今からグループの時間にします」と教師から言われてやらされる協働や対話よりも質の高いものになります。

## ⑨生徒が教師の話を聞き入れる環境

　学生時代，どのような先生の話が聞き入れやすかったでしょうか。ぜひ思い出してみてください。

　スティーブン・R・コヴィー（2015）が書いているある子どもの言葉を紹介します。

　「私があなたから大切にされているとわかるまで，あなたの話を聴くつもりはない」

　先ほど，思い出した先生も，あなたのことを大切に思っていて，そう思っていることがあなたにしっかりと伝わっている先生だったのではないでしょうか。

　教師が環境を整える役割を果たすうえで，生徒にいろい

ろなことを語り，教師の思いを伝えていくことは欠かすことができません。伝えたいことを生徒にしっかりと伝えるためには，生徒が聞いてくれなければなりません。まったく同じ内容の話をしたとしても，どのような教師に言われるかによって，生徒が聞き入れることもあれば，まったく聞く耳をもたないこともあるのです。何を言われるかではなく，どのような人に言われるかが重要ということです。

　生徒に教師の話を聞き入れてもらうためには，一人ひとりの生徒を大事に思っていることに加え，その思いが一人ひとりの生徒に伝わっていることが必要なのです。

### ⑩模範的なモデルがいる環境

　アメリカの小説家であり，公民権運動家としても知られるジェイムズ・ボールドウィン氏は，「子どもはおとなの言うことを聞くのは得意じゃないが，まねするのは抜群にうまい」と言っています（アンジェラ・ダックワース（2016）より）。

　生徒は，教師に言われた通りの行動をするのは得意ではありませんが，教師の行動のまねをするのは大得意なのです。ですから，全力で授業を楽しんでほしいならば，「授業を楽しみなさい」と言うのではなく，教師自身が授業を全力で楽しめばよいのです。生徒はそれをまねて楽しむようになっていきます。子どもは大人の思っていることをメッセージとして受け取り，大人の行動をまねるプロなのです。

# 2 主体的な学びを支援する 伴走者としての役割

　令和3年の中央教育審議会答申（「令和の日本型学校教育」）では，これからの教職員の姿について次のような記述があります。


　「学校教育を取り巻く環境の変化を前向きに受け止め，教職生涯を通じて学び続け，子供一人一人の学びを最大限に引き出し，主体的な学びを支援する伴走者としての役割を果たしている」


　単元内自由進度学習においても，この役割は大切になります。
　では，「支援」とは，何でしょうか。
　「伴走者」とは，どのような人でしょうか。
　まずは，これらの言葉を整理しましょう。
　「支援」とは，「生徒が進みたい方向に進むための手伝い」のことです。「教師が思う方向に生徒を動かすこと」である「管理」と対にして考えるとわかりやすいと思います。つまり，これからの教師は，意識的に「管理」をしないことが大切になるのです。具体的には，「命令」「指示」「押しつけ」「否定」を意識的にしないことが大切になると考えます。
　では，「伴走者」と聞いてどのような役割をイメージす

るでしょうか。「伴走者」とは，ブラインドマラソンにおいて，視覚障害のある選手が安心して全力を出せるよう支援する役割の人です。

　具体的にどのようなことをするのでしょうか。

　伴走者が間違いなくしていることは，心からの応援です。選手がゴールしたときや記録を伸ばしたときは，一緒になって喜びます。選手のためにできることを考えたり，何かできることはないか選手に直接尋ねたりもします。

　また，選手についての深い理解をとても大切にしています。選手の目標，選手の希望，選手の強みなどをよく理解したうえで伴走するのです。

　伴走者は，選手の目の代わりとなって周囲の状況やこれまでのペースなどの情報を伝えます。選手は伴走者からのそれらの情報を頼りに，「だったら，私は…のように走ろう」と主体的に考えることができるようになります。

　また，練習やレースで一緒に走ることを通して，選手に経験を積ませ，体力や，精神力，粘り強さなど，様々な力を高めているということもできます。

　さらに，一緒に活動することを通して伴走者自身も学ぶことがあり，一緒に活動してくれる選手へ感謝の思いを伝えることもあると思います。

　これらの伴走者の行動を参考に，「子ども一人一人の学びを最大限に引き出し，主体的な学びを支援する伴走者としての教師の役割」についてまとめていきます。

### ①命令しない（信頼して待つ）

　生徒に限らず，人間は命令や指示をされると，その行動をしたくなくなる生き物です。

　もちろん，私自身もそうです。「…をしなさい」と言われたとたん，そのことをやりたくなくなります。

　大村はま氏（1996）も，子どもに指図する，命令することばは，先生の言うことばとして価値あることばではないと言っています。

　生徒の主体的な学びを支援するこれからの教師は「…をしなさい」という命令は，できる限りしないように意識した方がよいと考えます。

　従来は「勉強しなさい」と言うのが教師の役割だったかもしれません。手出しし，口出しし，管理して勉強させるのは，手っ取り早く簡単なことです。しかし，あえてそれをしないのです。なぜなら，生徒が大切だからです。大切な生徒に主体的に学ばせたいからです。「勉強しなさい」と言われたら，大切な生徒が勉強したくなくなってしまうからです。生徒から主体的な学びを奪うことになるからです。

　そうはいっても，学ぼうとしない生徒を目の前にしたらどうすればよいのでしょうか。それを考えるために２つ質問をさせてください。次の２つの質問に「ある」か「ない」かのどちらかで答えてください

①生徒は自分から意味を求めようとする気持ちが…

②生徒は自分なりの答えを創る力が…

それぞれ「ある」と「ない」のどちらと答えたでしょうか。

教育心理学者である稲垣佳世子氏，波多野誼余夫氏の2人は『人はいかに学ぶか』(1989) において，生徒は能動的（自分から意味を求めようとする気持ちがある）であり，有能（自分なりの答えを創る力がある）であることを具体例を用いてわかりやすく説明しています。

もしも，目の前の生徒が自分から意味を求めようとせず，やり方の暗記をするようであれば，過去に自分なりに意味を求めようとがんばったのに，過去の教師に「それは…のようにやらないとだめです」などのように「押しつけられた」経験が原因の可能性が大きいのです。そこで，これからの主体的な学びを支援する教師は，教師が期待した解法や期待した行動以外のやり方で試行錯誤している生徒にも寄り添い，生徒の能動性を承認することが大切な役割になります。

もしも，目の前の生徒が自分なりに答えを創ることができないとしたら，過去に自分なりの答えをがんばって創ったのに，「それは間違い。正解はこれです。覚えて」などと，がんばって答えを出したことを無下に否定された経験が原因の可能性が大きいのです。そこで，これからの主体的な学びを支援する教師は，生徒なりに考えて答えを創った際には，たとえそれが間違いだとしても，その努力を承認する姿勢が大切です。さらに，生徒の間違いは，理解を深める材料として大切にする姿勢も上述の通り大切です。

では，学ぼうとしない生徒を目の前にしたときにどうすればよいのでしょうか。結論を言うと，「信頼していることを伝え，あとはひたすら主体的に学習をするのを待つ」のです。具体的には第2部で記します。

## ②指示しない（お願いする）

　「…しなさい」や「…をやめなさい」のような命令をしないことが意識できたら，「…してください」のような指示も意識的に減らしていきましょう。

　とはいっても，「…してください」と言わずに教育ができるでしょうか。

　宮本秀明氏，岩井俊憲氏は『アドラー流子育て』（2015）において，「…しなさい」や「…をやめなさい」や「…してください」は相手を不快にする命令口調の指示であり，それを「…してもらえませんか？」という疑問形のお願い口調や，「…してもらえるとありがたいです（うれしいです）」のような仮定形のお願い口調にすることにより，相手は受け取りやすくなると紹介しています。

　「…してください」という命令口調（指示）だと，言われた相手は断るという選択肢がありません。疑問形のお願い口調「…してくれませんか？」や，仮定形のお願い口調「…してくれるとありがたいです」であれば，言われた相手は断ることもできます。断るという選択肢を与えられていることにより，お願いされたことを受け入れると決めたとしたら，主体的に行動することができるのです。生徒に

お願い口調で尋ねたとき，もし生徒が断る選択をしたとしたら，教師はその選択を受け入れなければなりません。

「…してください」という命令口調の指示を，これら2つのお願い口調に変えることで，指示を減らすことを意識してみませんか。

### ③押しつけない（理解し尊重する）

生徒に限らず，人間は押しつけられるのを嫌う生き物です。押しつけられると，逆にその行動をしたくなくなるものです。また，押しつけられて行動した結果，問題が起こると，押しつけた人のせいにします。

このような経験が重なると，問題が起こるたびにだれかのせいにするようになってしまいます。さらに，自分の考えを無視され，相手の考えを押しつけられる経験が重なると，自分で考えて決めるという行動をしなくなってしまいます。自分なりにがんばって意味を求めたのに「それは…のようにやらないとだめです」と押しつけられた経験により，自分から意味を求めようとしなくなることも書いた通りです。

そこで，押しつけるのとは逆に，生徒の考えや価値観をよく聞き，可能な限り理解し，それを尊重するのです。教師の価値観と違っても，です。教師として生徒にしてほしい行動と違う行動を取っている生徒のことも，可能な限り尊重するようにします。なぜなら，主体的に学ぶ生徒にしたいからです。

## ④否定しない（自己決定させる）

　私自身もそうですが，否定されて「はい。そうですね」
と素直に言える人は，ほとんどいないでしょう。

　先ほど自分なりに創った答えを否定された経験により，
生徒は自分なりの答えを創ることをしなくなることを書き
ました。生徒を否定することは，その他にも次のような弊
害があります。


・失敗を恐れて，行動しなくなる。
・行動しなくなると，能力が引き出せなくなる。
・「自分は価値がない」など，自己否定的な思いを強化し
　てしまう。
・自分の感情をコントロールできない状態になる。
・自分の行動をコントロールできない状態になる。
・教師と生徒の精神的な結びつき・関係性が失われる。
・いつも教師の顔色をうかがうようになり，主体的でなく
　なる。
・教師が伝えたいことが伝わらなくなる。
・教師がいらいらし，さらに生徒を否定するという悪循環
　に陥る。
・今後対人関係の問題を抱えたとき，相手を否定する言い
　方で問題解決をするようになる（他者を否定する教師の
　言動がモデルとなってしまう）。


「確かにこれらの弊害があることは理解できる。しかし，

指導をしないといけないような行動を生徒がしたときにその生徒を叱らないわけにはいかないよな…」

　このように思われている先生も多いと思います。その通りだと思います。指導はこれからも大切です。

　しかし，生徒が「否定されている」と感じる指導は，上述のような弊害を生みます。そこで，否定するのではなく，生徒に考えさせ，自分の行動を自己決定させ，応援する指導をするのです。詳細は第2部で書きますが，具体的にすることは，質問です。


### ⑤心から応援する

　主体的な学びを支援する教師は，伴走者同様，生徒を心から応援します。生徒が努力したときや，生徒が目標を達成したときには，一緒になって喜びます。生徒が主体的に学ぶ支援としてできることを考えたり，生徒に直接「何かできることはない？」と尋ねたりもします。

　生徒が困っていたら助けたいと思うだけでなく，そう思っていることが生徒に伝わるように行動していることが大切です。

　「応援」に似た言葉として「勇気づけ」という言葉があります。上越教育大学教授の赤坂真二氏（2009）は『自立論』において，勇気づけとは，さまざまな課題に関わり，乗り越え，解決していこうとする人生にとって極めて重要なやる気を持たせる働きかけであるとしています。加えて「勇気づけの根底には相手の幸せを心から願う気持ちがな

ければならない」と説明しています。

　応援においても，勇気づけにおいても，生徒の幸せを心から願う気持ちは，欠かすことのできないものなのです。

## ⑥一人ひとりを理解する

　相手の理解を大切にする職業は，伴走者だけではありません。医者は，患者全員に同じ処方をしません。一人ひとりの患者に合った処方をします。そのために，まずは患者の話をよく聞き，主訴，悩み，辛さ，要望などの理解をします。

　また，複数の子どもをもつ親も，我が子だからといって，複数の子ども全員に同じものをあげたり，同じことをさせたりはしないものです。一人ひとりの好みや希望，特徴，性格などを理解しているからこそ，一人ひとりの子どもに合った対応ができるのです。

　一人ひとりの学びを引き出す役割をもつこれからの教師は，伴走者や医者や複数の子をもつ親のように，一人ひとりの生徒を理解することが必要になります。

　「士は己を知る者の為に死す」という故事成語があります。これは，「人は本当に自分のことを理解してくれる人のためには，命さえも惜しまない」ということを表しています。この故事成語から，人が理解されることを切望している生き物であることを納得させられます。

　人は，理解してくれる人には安心して心を開きます。まずは，理解し，そして，その理解を基に一人ひとりの生徒

に対応するのです。具体的にどのように生徒を理解するかは第2部で書きます。

### ⑦必要な情報を伝える

前述のように，伴走者は，周囲の状況やこれまでのペースなどの情報を伝えることで，選手の「だったら，私は…のように走ろう」という主体的な走りを支援します。

同様に，教師も必要な情報を伝えることで生徒の「だったら，私は…のように学習しよう」という主体的な学びを支援することが大切になります。

そのために教師が生徒に伝えるべき情報には，どのようなものがあるのでしょうか。列挙します。

・学ぶことの意義
・数学を学ぶ意義
・単元を学ぶ意義
・教師が期待する水準＝クラス全体の目標
・学びに使える道具の選択肢
・学び方の選択肢（過程の見通し）
・単元終了時に身についている力（ゴールの見通し）

これらの情報を生徒に伝えることで，生徒は
「そのような意義があるのなら，私は…な学び方でがんばろう」
「単元終了時にその力を身につけるために，私は使える

道具の中の…を使って，…な学び方で取り組んでいこう」などのように，自分に合う学びを，自分で選択・決定して取り組むことができます。

これこそ主体的な学びです。

### ⑧生徒の自己肯定感を高める

生徒の自己肯定感を高めるための具体的な行動の１つが，感謝を伝えることです。

教師が「ありがとう」をたくさん言う教室では，その言動をまねして「ありがとう」を言う生徒が増えていきます。感謝されることで，生徒は貢献する喜びを実感することになります。生徒は他者に貢献できたことを実感します。それが，上述の通り，自分の価値を自覚することにつながり，自己肯定感が高まります。すると，行動が積極的になり，それまでしなかったような行動も始めます。それが生徒の可能性を引き出すことにつながっていくのです。

また，生徒の自己肯定感を高める具体的な行動のもう１つが，生徒を承認することです。承認されることにより，自分の価値を自覚し，自己肯定感を高めることができます。

### ⑨経験を積ませ，様々な力を高める

伴走者が，練習やレースで一緒に走ることを通して，選手に経験を積ませ，体力や精神力，粘り強さなど，様々な力を高めているのと同様に，教師も生徒に有意義な経験を積ませ，様々な力を高めることが重要です。

では，どのような力を高めるために，どのような経験を させればよいのでしょうか。

　身につけることを目指す力を，前章では「自律」「自立」 「三つの柱」としてまとめました。そこでまとめた力を高 められる経験を積ませればいいのです。

　まずは「自律」の力を高められる具体的な経験を列挙し ます。

・自分に合った目標を自分で設定する経験

・その自分の目標を達成するための計画を立てる経験

・目標を達成するために，自分をコントロールしながら学 ぶ経験

・自分の行動を判断し，その結果に責任を持つ経験

・自分に合う学び方に気づく経験

・学習中に，自分をモニタリングする経験

・モニタリング結果に応じて，自分をコントロールする経 験

・困難に出合ったとき，目標達成のために粘り強く取り組 む経験

・自分の成長を喜び，これからも成長のために努力をして いこうと実感する経験

・粘り強い努力のおかげで達成したことを振り返り，自己 肯定感を高める経験

・努力不足のせいで達成できなかったことを振り返り，努 力の仕方を改善する経験

・学びの価値や意義を実感し，学ぶ意欲を高める経験

　次に「自立」の力を高められる具体的な経験を列挙します。
・目標達成のために，自分が最善だと思う行動を自分で決定して行う経験
・他者に貢献する行動を通し，自分の価値を自覚する経験
・他者のよさを見つける経験
・解けない問題に出合い，解決したいと思う経験
・解決するために助けを求める経験
・助けてもらい，解決する経験
・多様な価値をもつ人同士で協働する経験
・対話により自分と違う人の考えに触れ，自分の考えを広げ，深める経験
・協働をすることで，実際に今までだれも考えていなかった新しい考えを創造する経験

　最後に，「三つの柱」を高められる具体的な経験を列挙します。
・「数学的な見方・考え方」を働かせながら知識・技能を習得することで，知識・技能を生きて働くものにする経験
・未知の状況を，既習事項を基に自ら解決する経験
・学んだことを，人生や社会で生かそうとする経験

人間は，経験を通していろいろな力を身に付けることができます。さらに，経験を通して一度身につけた力は，簡単に失うことはありません。

　単元内自由進度学習は，これからの社会で必要になる多くの力を身につけることのできる上述の様々な経験となります。経験を通して，失うことのない一生涯の力をたくさん身につけさせることができます。

【第3章の参考・引用文献】

・小山儀秋・竹内淑子（2019）『教科の一人学び「自由進度学習」の
　考え方・進め方』黎明書房，p.3，pp.112−113
・蜂飼耳，山福朱美（2011）『イソップえほん　きたかぜとたいよう』
　岩崎書店
・奈須正裕（2021）『個別最適な学びと協働的な学び』東洋館出版社，
　p.187
・樺沢紫苑（2019）『学び効率が最大化する　インプット大全』サン
　クチュアリ出版，pp.34−35
・樺沢紫苑（2018）『学びを結果に変える　アウトプット大全』サン
　クチュアリ出版，p.196
・ポール・タフ（2017）『私たちは子どもに何ができるのか　非認知
　能力を育み，格差に挑む』英治出版，pp.91−92
・スティーブン・R・コヴィー（2017）『完訳　第8の習慣』キング
　ベアー出版，p.356
・スティーブン・R・コヴィー（2015）『7つの習慣ファミリー　改
　訂版』キングベアー出版，pp.279−283
・アンジェラ・ダックワース（2016）『GRIT やり抜く力　人生のあ
　らゆる成功を決める「究極の能力」を身につける』ダイヤモンド
　社，p.244
・中央教育審議会（2021）「『令和の日本型学校教育』の構築を目指
　して〜全ての子供たちの可能性を引き出す，個別最適な学びと，
　協働的な学びの実現〜（答申）（概要）」p.3
・大村はま（1996）『新編　教えるということ』筑摩書房，p112
・稲垣佳世子・波多野誼余夫（1989）『人はいかに学ぶか』中央公論
　新社
・宮本秀明・岩井俊憲（2015）『マンガでよくわかる　アドラー流子
　育て』かんき出版，pp.132−133
・赤坂真二（2009）『自立論』新潟日報事業社，pp.50−53，p.100

# 第4章
# 単元内自由進度学習の
# 始め方

第1部では，本書における単元内自由進度学習の概略を説明し（第1章），単元内自由進度学習においてどのような力をつけることを目指すのか（第2章），そして単元内自由進度学習を行ううえでの教師の役割についてまとめました（第3章）。

　さて，第2部では，単元内自由進度学習において，教師が実際にどのように「行動」するのかについて具体的にまとめていきます。

　授業中の教師の行動の一つひとつには目的があります。その目的は，第1部の第2章でまとめた「力」を生徒につけることであり，第3章でまとめた「役割」を果たすことです。

　第2部の始まりである本章では，単元内自由進度学習をどのように始めるのかについて，私の実践を基に「出会いの授業」からまとめていきます。続く第5章では，1つの単元全体のはじめからおわりまでの教師の行動をまとめていきます。そして第6章では，実際に単元内自由進度学習の授業を1年間通して受けた生徒へのアンケートの結果をまとめます。

# 1 出会いの授業（1回目の授業）

出会いの授業では，次の8つのことを行います。

①授業の目的を伝える
②単元内自由進度学習をやることを宣言する
③生徒への思いを伝える
④最初の単元の目標を決める
⑤授業の具体的な進め方を説明する
⑥授業で大切にしてほしいことを伝える
⑦やる気を高める
⑧動画を視聴し，端末操作の確認をする

ここでは，これらのそれぞれについて，詳しく説明します。

右の QR コードは，2022年度の私と生徒との出会いの授業の動画です。イメージをつかむのにお役立てください。

## ①授業の目的を伝える

まずすることとして，授業（単元内自由進度学習）の目的を生徒に伝えます。この目的は，第1部・第1章の3⑤で述べたとおり，次の3つです。

1 　生徒それぞれが思い描く幸せを実現すること

2 　これからの社会の形成者として必要な資質と態度
　　を身につけること

3 　すべての生徒の可能性を引き出すこと
　　そのために「指導の個別化」と「協働的な学び」
　　を実現すること

　この３つが生徒に伝わるように次のように語ります。

「皆さんに質問をさせてください。
　授業は何のためにあるのか考えたことはありますか？
私は，授業の目的は次の３つだと思っています。
　１つ目は，皆さんに幸せになってもらうことです。私は
皆さんの幸せを願っています。私は皆さんが自分の人生を
幸福なものにするお手伝いをしたいと思っています。
　では，どのようにしたら自分の人生を幸福なものにでき
るのでしょうか？　私の答えは，『様々な力を身につけて
社会で活躍すること』です。身につけた力を発揮し，より
よい社会を創ることに貢献するということです。そこで，
授業の目的の２つ目は，様々な力を身につけること，にな
ります。今日は，その中でも２つの力について伝えます。
　１つは，「自律」の力です。自転車をこいでいる場面を

イメージしてください。あなたは何をしていますか？　もちろん，自転車をコントロールしています。目的地に行けるようにハンドルを切り替え，道の状況や自分自身の疲労状態に応じてペダルをこぐスピードを調整し，危険を感じたときにはブレーキを使います。これが自転車をコントロールするということです。「自律の力」とは，自転車のコントロールに似ています。ただし，コントロールするのは自転車ではなく，自分自身です。目標の達成に向けて，自分の行動や感情をうまくコントロールする力が，「自律の力」です。

　もう1つは，「自立」の力です。自立とは何でしょうか？　自立した人とはどのような人なのでしょうか？　『怒る人がいるからやらない人』はどうでしょうか？　言い換えると，『怒る人がいなければ，自分でもしてはいけないとわかっていることをやってしまう人』です。自立した人ではないですね。皆さんには，このような人にはなってほしくないと思います。では，『ほめてくれる人がいるからやる人』はどうでしょうか？　言い換えると，『ほめてくれる人がいなければ，どんなによいと思っていることでもやらない人』ということになります。これもやはり，自立した人とは言えませんね。では，『だれかに言われなくても，やること，やらないことを自分で決定できる人』『何をするのが最善かを自分で判断し，実行できる人』はどうでしょうか？　私はこのような人が自立した人だと思います。皆さんにはこのような人になってほしいのです。

最終的には，『助けてくれる人が傍にいなくなった後でも，１人で自分の最善の行動を判断し，実行できる人』になってほしいです。皆さんにこのような自立した人になってもらうことを目標に，１年間皆さんと関わっていきます。

　授業の目的の３つ目は，成長することです。成長することは生きる喜びです。できなかったことができるようになることです。わからなかったことがわかるようになることです。様々な力を高めていくことです。１年間の授業を通して大きく成長しましょう」

## ②単元内自由進度学習をやることを宣言する

　「３つの目的を果たすために，この１年間，『単元内自由進度学習』というものをやっていきます。

　この単元内自由進度学習とはどのような授業なのか説明します。まず単元とは何かについて説明します。皆さんの教科書の目次を開くと，大きな章の中にいくつかの節がありますね。この１つの節を『単元』と呼びます。

　最初の単元である１章１節は６時間です（仮に最初の単元が６時間だと仮定します）。この６時間の中で，各自が自分の進度を自由に決めながら学んでいく学習が，単元内自由進度学習です。自分の行動も自分で選択しながら学びます」

## ③生徒への思いを伝える

　授業の目的を伝え，単元内自由進度学習をやると宣言し

「単元内自由進度学習」の手引き

§授業の目的

・幸せな人生にする。

・様々な力を身につける。（自律、自立）

・成長する。


§あなた達への思い

・あなた達は、日々成長できます。

・あなた達は、「学ぶ力」と「学び成長したいという気持ち」を持っています。

・あなた達は、「うまくいかないことがあったとしてもそれを生かし改善できる力」を持っています。

・あなた達に、自分に合う学び方をみつけて欲しいと願っています。

・あなた達に、あらゆる他者のよさに気づき、尊重し、仲間と協働する力を高めて欲しいと願っています。

・困ったことがあったらいつでも何でも言ってきてください。助けます。


§共通目標

「確認テストの全問を全員が納得すること」

　　最初の単元の確認テストのレベル（　数値同じ　　数値違う　　種類違う　）


§授業の進め方

・一斉での解説はありません。

・今日からの6時間で、6個の動画を、イヤホンを付けて自分のペースで見ながら学習します。

　　・動画は Google クラスルームから見ることができます。

　　・動画は一時停止することができます。

　　・動画は巻き戻して繰り返し見ることができます。

　　・再生速度を変えられます。

　　・家庭等で同じ動画を YouTube で見て予習・復習することも

　　　できます。プリントの QR コードを読み取ってみましょう。

・プリント①から順番に取り組みます。「チェック」と書いてあるところまで終わったら私に見せにきます。

・問題を解決する方法は自由です。あなたが最善だと思う行動は、いつでも、どんなことでもして良いです。

・最後のプリントまで終えたら共通目標である「確認テストの全問を全員が納得すること」の達成のために最善だと思う行動を選択して実行します。

　　（例：発展プリントをやる。教科書の節末問題をやる。ワークを進める。困っている仲間の協力をする。）

・6時間の授業の次の授業で、「確認テスト」と「単元の振り返り」をします。


§毎時間大切にして欲しいこと

・全力

・自分で考える　＆　仲間の考えを知り自分の考えを広げ深める

・粘り強さ　＆　自己調整

・自律（自分をコントロール）　＆　自立（自分にとって最善の行動を自分で選択して実行する）

・自分のペース

　　（時間がかかってもしっかりと理解することが大切。速く進める人はどんどん進んでいい。）

・楽しむ（授業はゲーム。協働してラスボスクリアして、皆で達成感を味わおう。）

たら，前ページのような「手引き」を配付し，次のように
この学習をするうえでの生徒への思いを伝えます。

　「皆さんは日々必ず成長できます。なぜなら，皆さんの
ような若者は，全員が『学ぶ力』をもっているからです。
それに加えて，『学び，成長したいという気持ち』も１人
残らずもっているからです。自分に聞いてみてください。
『学び，成長したいという気持ち』をもっているでしょ
う？　だから，必ず成長できます。
　また，皆さんは『うまくいかないことがあったとしても，
それを生かし改善できる力』をもっています。だから，失
敗を恐れる必要はありません。うまくいかないことも成長
につなげることができます。
　皆さんには，『自分に合う学び方』を見つけてほしいと
願っています。『自分に合う学び方』は人それぞれ違いま
す。例えば，１人でじっくり学ぶのが向いている人もいれ
ば，他者と議論しながらだとうまく学べる人もいます。今
まで算数や数学が得意とは言えなかった人もいることでし
ょう。そのような人も，力がなかったわけではありません。
『自分に合う学び方』ができていなかっただけです。いろ
いろな学び方を試しながら，『自分に合う学び方』を見つ
け，一つひとつできることを増やしていけば大丈夫です。
数学が苦手だった自分とさよならしましょう。私も支援し
ます。ただし，与えてもらえると思ったら大間違いです。
成功は待っていてもやってきません。自立し，行動するこ

とによって，数学ができる自分に自分で成長させましょう。

　また，『あらゆる他者のよさに気づき，尊重し，仲間と協働する力』を高めてほしいと願っています。『協働』という言葉を知っていますか？　今の教育のキーワードの1つです。『協働』とは，共通の目標を達成するために，異なる考え，異なる個性，異なる強みの人が集まり，協力することです。例えば，勝利という共通の目標のために，投げることが得意なピッチャーと，バッティングが得意なバッターと，速く走ることができる選手など，異なる強みをもつメンバー皆で協力している野球チームがあげられます。授業においても，クラス全員の共通目標を達成するために，論理的に考えることが得意な人，教えることが得意な人，まわりをやる気にさせることが得意な人など，異なる強みをもつ全員で協力していきましょう。

　困ったことがあったらいつでも何でも言ってきてくださいね。必ず力になります」

### ④最初の単元の目標を決める

　次に，当面の授業の目標を伝え，目標のレベルを生徒に決めてもらいます。自分たちで決めた目標であれば，その達成に向けて全力を出しやすくなるからです。

　「では，3つの目的『幸せ』『様々な力』『成長』を実現するために，次回からの6時間の授業におけるクラス共通の目標を伝えます。クラスの共通目標は，6時間が終わっ

た次の授業で行う確認テストの全問を全員が納得すること
です。だれ1人も見捨てないことが大切です。1人を見捨
てるクラスは，2人目を見捨てます。2人目を見捨てるク
ラスは3人目を見捨てます。次に見捨てられる4人目はあ
なたかもしれません。あなたはそんなクラスにいたいです
か？　クラスはチームです。だれ1人残さず，全員が確認
テストの全問を納得するという目標の達成をみんなで目指
しましょう。

　では，確認テストのレベルはどのくらいがよいでしょう
か？　このレベルを，私は決めません。皆さんで決めても
らいます。

レベル1：動画や教科書と同じ問題のみの確認テスト
レベル2：動画や教科書と数値だけが違う問題のみの確認
　　　　　テスト
レベル3：高校入試問題など，動画や教科書と違う種類の
　　　　　問題も含んだ確認テスト

　これら3つの中のどれか1つに手をあげてもらいます。
1分程時間を取ります。3つの中でどのレベルがよいか考
えてください。近くの人と話をしても結構です。

　（1分後）さて，希望するレベルに手をあげてもらいま
す。

では，皆さんの意見を総合して，今回の単元内自由進度学習の目標は，レベル●の確認テストの全問を全員が納得することに決めましょう。皆さんで決めた目標です。この目標の達成に全力で向かってほしいと願っています。もし，この目標が達成できたとしたらすごいことです。1人残らずクラス全員が確認テストの全問を納得できたということだからです。

　この目標を達成するために，あなたが最善だと思うことであれば，6時間中のいつでもどんなことでもしていいです。自立ですね。

　『○○さんはこういうことするんだね。○○君は強みを生かしてこんなことするんだ。いいね，がんばれ』

　私はこのように一人ひとりの行動を応援しながら見守っています。

　今回のように，新しい単元の最初の授業では，皆さんで確認テストのレベルを設定してもらいます」

⑤授業の具体的な進め方を説明する

　「これからの1年間，一斉での解説はしません。驚きましたか？　でも，大丈夫です。一斉で解説をしない代わりに，次回以降の6時間で，6つの動画を自分のペースで見ながら学んでいきます。イヤホンをつけて，自分の端末で動画を見ます。ですから，次回までにイヤホンを各自で用意してください。動画は Google Classroom から（もしくは YouTube で）見られます。

では，動画の見方を説明します。

　（プロジェクターや TV で最初の動画を映しながら次の説明をする）

　動画の途中では，一時停止して問題を解く時間が設定されています。『見るだけで終わり』ではありません。見るだけでは，確認テストを解けるようにはならないですもんね。動画は，一時停止する以外にも，早戻しすることもできます。再生速度を変えることもできます。早い速度で見たいという人もいると思います。私のおすすめは標準のスピードですが，1.25倍，1.5倍，どの速さで見るかは皆さんに任せます。すべて自分の判断です。皆さんには，自分で目的・目標の達成のためによいと思うことを，いつも自分で判断してやってほしいと願っています。

　次回，６つの動画に対応したプリント６枚をホチキスでとめたものを配付します。動画を見て，プリントを順番に解決していってください。途中で虫眼鏡のチェックマークがついています。そこまで終わったら私に見せに来ます。問題を解決する方法は自由です。皆さんが最善だと思う行動をしてくれることを期待しています。また，同じ動画を家庭の端末で見て予習や復習ができるように，次回配付するプリントには，授業で見る動画と同じ動画を YouTube で見るための QR コードをつけています。

　では，最後のプリントを終えて，時間と余力がある人は

何をすればよいでしょう？　授業の目的の『幸せ』『様々な力』『成長』の実現のためや，共通目標『確認テストの全問を全員が納得する』の達成のために最善だと思う行動を自分で選択して実行しましょう。ホチキスどめされたプリントの最後には，発展プリントを用意します。それは，やりたい人だけがやるものです。やりたいと思う人はやってください。そのプリントをやらずに，教科書の節末問題をやってもいいですし，ワークを進めてもいいです。困っている仲間に協力するのも歓迎です」

## ⑥授業で大切にしてほしいことを伝える

　「目標の達成に全力であってほしいと思います。目標は，先ほど皆さんに決めてもらったレベルの確認テストの全問を全員が納得することでしたね。そのためにあなたが最善だと思うことは，何をしてもいいですからね。私は応援しています。『あなたはこんなことするんだ。いいね，がんばれ』と一人ひとりの行動を見守っています。

　また，自分で考えることと，仲間の考えを知り自分の考えを広げ深めることの両方が大切です。自分１人でじっくり考える時間と仲間と話をしながら仲間の考えを聞いて自分の考えをどんどんよりよくしていく時間の両方を大切にしてほしいと願っています。

　また，社会に出ると，『粘り強さ』が求められます。粘り強くやれば，人間たいていのことができるものです。皆さんも，困難に直面しても，目標達成のために粘り強く行

動してくれるとうれしいです。

　文部科学省は，『粘り強さ』に加えて，『自己調整の力』も必要だと言っています。自己調整とは，目標達成に向けて今の自分の状況を自己評価して，その後の行動を自分で調整していくということです。自分で自分をコントロールするということです。『自律』ですね。

　また，自分のペースを大切にしてほしいと強く思っています。昨年までの授業では，まわりのペースに合わせないといけないことも多かったかもしれません。けれど，今年の数学の授業は違うのです。時間がかかってもしっかりと理解することが本当に大切です。困っているなら私も助けます。クラスの仲間も絶対に助けてくれるはずです。逆に，速く進める人はどんどん進んでいいですよ。『早く終わったあなたは，こんなことするんだね。かっこいいな。すてきだな』と喜びながら見守っていますね」

⑦やる気を高める

　多くの中学生はゲームが大好きです。そこで，単元内自由進度学習にゲーム的な要素を取り入れて生徒の意欲を引き出すようにしています。

　具体的には，一つひとつの動画の最後に出てくる問題を「ボス問」と呼んだり，教室内にあるものをボス問を解決するために使う「アイテム」と呼んだり，共通目標「確認テストの全問を全員が納得する」を達成することを「ラスボスクリア」と呼んだりします。

生徒には，次のように伝えます。

「学びを一緒に楽しんでしていくための話をします。ゲームの話です。

　皆さんの中にも，きっとゲームが好きな人は多いのではないでしょうか？　どのようなゲームが好きですか？　なぜ，そのゲームが好きなのですか？　パズルゲームが好きな人，アクションゲームが好きな人，ロールプレイングゲームが好きな人…，人によって好きなゲームの種類は違うかもしれません。けれど，ゲームが好きな理由はきっとみんな似ているのではないかと思います。ゲームが好きな理由は，いろんなアイテムを駆使して，難しいステージをクリアしたり，強いボスをなんとか倒したときの達成感がたまらなく気持ちいいから，ではないでしょうか。また，オンラインで仲間と一緒にクリアしたときの達成感は，この上ないのではないでしょうか？

　今日からの学びも，ゲームです。

　私からは一つひとつの動画の最後に，ボスとしての問題である『ボス問』を皆さんに提示します。自分でじっくり考えたい人は自分でじっくり考えてボスを倒してください。自分だけじゃなくて，他の仲間と協働したい人はそうしてください。目標の達成のためなら何をしてもいいです。私は自分の席でじっとしていてほしいなんてまったく思っていません。静かにしていてほしいともまったく思っていま

せん。

　また，教室内にあるものはすべて使っていい『アイテム』です。教科書も，ワークも，タブレットも，インターネットも，仲間も，先生も，すべて使っていい『アイテム』です。

　皆さんで先ほど設定した共通目標「確認テストの全問を全員が納得する」を達成できたら，『ラスボスクリア』です。

　皆さんは，いろんなアイテムを使って，動画にあるボス問を一つひとつ倒しながら，ラスボスクリアのために自分で行動していくのです。そして，ラスボスクリアが達成できた後には，みんなで達成感を味わい，喜び合いたいと思っています。

　ゲームみたいでしょう？　これからの数学の授業は，まさにゲームです」

## ⑧動画を視聴し，端末操作の確認をする

　残り時間は，次回から見る動画を全体で視聴し，動画の流れを次のように説明します。

　「動画の前半は復習になっています。その復習をもとに，後半にはボス問が出てきて，ボス問への挑戦スタートとなります。ボス問への挑戦スタートの後，動画には大きく『とめて』と出てきます。動画を一時停止して，ボス問を解決しましょう。教室内にある様々なアイテムを活用して，

ボス問が書いてあるプリントに解答を書きます。解決し終わったら，動画の続きに答えがあるので確認しましょう。その後で，教科書の対応する問題を解いてもかまいません。

　考えても考えても，ボス問を解決できないときはどうしましょうか？　答えをヒントとして見たい人は，解決する前に動画の続きを再生して答えを見てもいいです。それも自己判断です。自分のために何がいいか判断しましょう。しっかりと考える前に答えを見てしまうと，深く理解しにくいものです。よく考える前に答えを見てしまい，深く理解することができなかったと思ったなら，その次の動画でボス問を解く際に別の行動をするきっかけになります。いろいろやってみることが大切です。皆さんは日々成長できます。

　では，実際に自分のタブレットを使って動画を見る時間を取りたいと思います。今はイヤホンを持っていないので，自分だけが聞こえるくらいの小さな音を出しながら，それぞれで見てみましょう。ぜひ，一時停止や，早戻し，再生速度の変更の操作を試してみましょう。

# 2 2回目の授業

2回目の授業では，次の4つのことを行います。

①自分の言葉でアウトプットする重要性を伝える
②授業プリントについて説明する
③全員で1つの動画を見ることで，一斉の学びでは自
　分のペースと合わないことを実感させる
④「間違えた問題は宝物」と伝える

　ここでは，これらのそれぞれについて，詳しく説明します

　また，右のQRコードは，2022年度
の2回目の授業の動画です。イメージを
つかむのにお役立てください。

**①自分の言葉でアウトプットする重要性を伝える**
次のように話します。

「この後，皆さんにはたくさんのことをインプットして
もらいます。
　さて，『インプット』とは何でしょうか？　インプット
とは，新たな学びを頭の中に入れる（イン）ことです。行
動としては『見る』『聞く』です。『インプット大全』とい

う本に『後で"あること"をすることを前提にインプットすると、インプットの効果が100倍になる』と書いてありました。後で何をすることを前提にすると100倍になるのか予想できますか？　正解は『アウトプット』です。

　では、『アウトプット』とは何でしょうか？　頭の中にあることを頭の外に出す（アウト）ことです。行動としては『書く』『話す』です。さらに、最強のアウトプットとは『教える』です。そこで、一つひとつの動画で学んだことを『教える』というアウトプットを全員にしてほしいと思っています。そうすることを前提にインプットすることで、効果100倍の学びをしてほしいと願っています。

　さて、ではだれに教えればよいのでしょう？
　仲間が困っていたら、ぜひ教えてあげてください。けれど、困っている仲間が近くにいなかったら、どうしましょうか？　最強のアウトプットである『教える』ができませんね。そこで、『未来の自分』に教えるのです。人間は、一度理解したことでも、時が経つと忘れてしまう生き物です。未来のあなたは、今日理解したことを忘れている可能性が高いのです。テスト前とかに忘れていたら困りますね。数週間後、数か月後の未来の自分をイメージして、その自分が今日理解したことを忘れているとして、その未来の自分に今日理解したことをできるだけ丁寧にわかりやすく教えるためのまとめを書くのです。そうすれば、全員が最強のアウトプットである『教える』ことができますね。

さらに，そのまとめを書く際，教科書に書いてある通りの言葉ではなく，あなたなりの言葉でまとめることが重要です。「今日のポイントはこれだよ」と自分の言葉で未来の自分に教えるためのポイントがたくさん書かれているプリントを想像してみてください。あなたにとって，世界一の参考書になるはずです。テスト前の学習においても大活躍すること間違いなしです。自分の言葉でまとめるのは簡単なことではありません。間違うこともあります。時間もかかるかもしれません。それでも，学びを振り返り，未来の自分に教えるためのまとめを自分の言葉で書き続けることで，内容を深く理解できます。効果100倍の学びになり，頭の中に学びを定着させることができます」

### ②授業プリントについて説明する

　単元のすべてのプリントをホチキスでとめたものを配付し，そのプリントについて次のように説明します。

　「プリントの最初には計画表（次ページは9時間の例）があります。この表には，『あなたの目標』と，『日付』『計画』『実際にしたこと』『自己評価点数（100点満点）』『その日の振り返り』を書く欄があります。
　今日は全員一緒に動画を見たいので，『あなたの目標』と『計画』は，次回の授業の最初に埋めてもらいます。

「単元内自由進度学習」計画表

（　）年（　）組（　　　　　　　　　　　　　　）

§目標

　クラス共通目標：「ラスボスクリア（9時間後に行う確認テストの全問を全員が納得）」

　あなたの目標　：「　　　　　　　　　　　　　　　　　　　　　　　　　　　　　　　」

§計画表

| 回 | 日付 | 計画 | 実際にしたこと | 自己評価点数 | その日の振り返り |
|---|---|---|---|---|---|
| 1 | | | | | |
| 2 | | | | | |
| 3 | | | | | |
| 4 | | | | | |
| 5 | | | | | |
| 6 | | | | | |
| 7 | | | | | |
| 8 | | | | | |
| 9 | | | | | |

§記入の仕方

　・「あなたの目標」は、最初の授業で設定してください。

　・「日付」と「計画」は、最初の授業で大まかに記入します。

　・「実際にしたこと」と「その日の振り返り」は、各授業の終わりの数分を授業後に記入します。

　・単元の学習の最終日にこの計画表を提出してもらいます。（粘り強い姿勢、自己調整している姿勢を評価します）

　・皆さんがどのように学びを進めたかについて見せてもらうことを楽しみにしています。

§記入例

　あなたの目標：「まずは自分でじっくり考える。分からないことは仲間に積極的に質問して解決する。」

| 回 | 日付 | 計画 | 実際にしたこと | 自己評価点数 | その日の振り返り |
|---|---|---|---|---|---|
| 1 | 1月14日（火） | ① | ①、② | 90点 | ～について理解できた。予定通り進めることができてよかった。 |
| 2 | 1月15日（水） | ②、③ | ③ | 70点 | 予定通り進めることができなかった。次回までに、自宅で進めようと思う。 |
| 3 | 1月17日（金） | ④ | ④、⑤ | 95点 | ○○さんが、～～について教えてくれて本当に助かった。次回は自分が誰かの役に立ちたい。 |
| 4 | 1月21日（火） | ⑤、⑥ | ⑤ | 92点 | △△さんが困っていたので協力した。助け合うことは良いことだと思った。 |
| 5 | 1月22日（水） | ⑦ | ⑥ | 100点 | 今日の最初は、・・・と思っていたけど、□□さんの考えを聞いて、～～ということが理解できた。 |
| 6 | 1月24日（金） | ⑧ | ⑦、⑧ | 100点 | 前回～～が理解できたことにより、今日の内容も「～～と同じ」だすんなり分かった。統合的に考え整理する良さを実感した。 |
| 7 | 1月28日（火） | ⑨ | ⑨ | 90点 | ⑨の内容は、去年勉強した単元の・・・の問題と似ていると感じた。いろいろな単元のつながりが分かると楽しく思う。 |
| 8 | 1月29日（水） | 発展 | ⑨、発展 | 90点 | 発展の～～のところが難しい。もう少し考えたい。 |
| 9 | 2月1日（金） | 節末問題 | | | |

『実際にしたこと』と『その日の振り返り』の欄は，授業終了5分前に「あと5分になりました。振り返りましょう」と全体に声をかけるので，その時間に書くか，その時間に書かない人は，時間を見つけて各自で書きましょう。その日の授業で気づいた発見，悩み，疑問，次回の授業で大切にしたいことなどを書けるといいですね。

『自己評価点数（100点満点）』は，毎時間の授業終了1分前くらいのタイミングで皆さんに聞きます。片手で自己評価の点数を全員に表現してもらいます。自己評価50点ならグー，60点なら人差し指1本，70点なら指2本，80点なら指3本，90点なら指4本，100点なら指5本です。50点未満なら手をあげません。

この計画表は，ラスボスの授業の日に回収して見せてもらいます。皆さんが毎回どのようなことを振り返り，何に気づいたのかを見ることを楽しみにしています。皆さんが粘り強く取り組むことができたか，自己調整（振り返りを生かし，自分がすべきことを自分で判断し行動すること）ができたかという視点で評価させてもらいます。

では，その裏面を見てください。これがこの後一緒に見る1つ目の動画に対応したプリント①（次ページ）です。このプリントについているQRコードから，YouTubeで動画を見ることができます。Wi-Fi環境があれば，おう

1年　第6章「空間図形」　第2節「図形の計量」

目標は、「6時間でクラス全員が単元の内容を理解する」です。　えいえい、オー!!（｀○´）／

_____組 _____番 氏名_____

**図形の計量①**「円柱の表面積」

1、次のボス問を自分達の力で解決しよう

解説動画

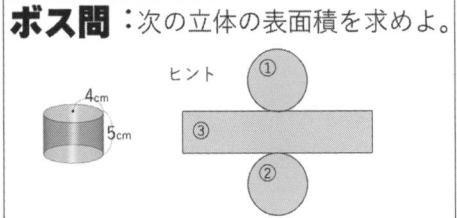

**ボス問**：次の立体の表面積を求めよ。

ヒント

4cm
5cm

① ② ③

2、人間は一度理解したことも時が経つと忘れていく生き物です。ここまでであなたが学んだことを、
1ヶ月後のあなたは忘れているかもしれません。このプリント①の学びを忘れてしまった未来の自
分に、学びのポイントを"あなたなりの言葉"でできるだけ短い言葉で教えてあげよう。

（誰かに教える事で、学びの効果は10倍にも100倍にも高まります。）

①

ちで授業と同じ動画を見て，予習，復習することができるのです。もし風邪などで休んでも，１人で進めることがきます。この QR コードを活用してください。

　その次のプリントが，２つ目の動画に対応したプリント②（次ページ）です。その次に③，④，⑤，⑥と続きます。その後発展プリントも用意しました。⑥まで終えて時間と余力のある人はぜひ挑戦してください（発展プリントは生徒の実態に応じて作成）。

　さて，先ほど話しましたが，今日の学びのポイントを書いて，今日の学びを忘れてしまった未来の自分に教えるための欄を見つけましたか？　プリント①〜⑥とも，ボス問を解決するスペースのすぐ下にあります。その日学んだことをできるだけわかりやすく自分の言葉で書きましょう。長く書く必要はありません。その日の学びのポイントをできるだけ短い言葉で書けるといいです。自分の言葉で人に教えるということを前提に動画を見ることで，インプットの効果を100倍にすることができるのでしたね。この欄を活用することで，効果100倍の学びをし続けてくれるとうれしいです」

　③〜⑥の授業プリントは，こちらの
QRコードからご覧ください。

1年　第6章「空間図形」　第2節「図形の計量」
目標は、「6時間でクラス全員が単元の内容を理解する」です。　えいえい、オー!!（ˆ○ˆ）／
_____組 _____番 氏名_____

**図形の計量②「おうぎ形の面積」**

1、次のボス問を自分達の力で解決しよう。

解説動画

> # ボス問：
> 次のおうぎ形の
> 面積を求めよ。
>
> 12cm
>
> 10π

2、今日あなたが学んだことを、1ヶ月後のあなたは忘れているかもしれない。今日の学びを忘れてしまった未来の自分に、今日の学びのポイントをあなたなりの言葉で教えてあげよう。

②

### ③全員で1つの動画を見ることで，一斉の学びでは自分の
ペースと合わないことを実感させる

次のように話します。

「では，動画を見ていきます。今日は最初なので，全員
で一緒に動画を見ていくことにしましょう。後で，未来の
自分に教えるためのポイントを書くことを前提に動画を見
ていきますよ。いいですか？

また，動画はとにかく考えながら見ましょう。動画を見
ながら独り言で答えをつぶやくぐらい考えてくれたらうれ
しいです。

では，動画をスタートします。


（途中で一時停止して）少し考えたいときは，いつでも
このように一時停止できますからね。今日，皆さんは一時
停止の操作ができません。なので，今日はだれでもいつで
も『待って』と言っていいです。1人でもそう言ってくれ
たら，私が代わりに一時停止します。


（動画の「とめて」のときに一時停止して）さあ，この
問題を解くために何分必要ですか？

（多くの生徒の意見を聞く）

では，多くの人の意見の平均の時間を考えると5分程な
ので，5分にしたいと思います。始めてください。

（5分後）きっと『5分は長かったよ』と思っている人もいれば、『ちょっと5分じゃ足りないよ』と思っている人もいると思います。

　今日のように全体で進むと、いろいろな意見が出て当然です。今までの授業でも、まわりのペースに合わせなくてはいけなくて時間を持て余したり、ついていけなくなったりしたこともあったと思います。しかし、次回以降は自分のペースで進めることができるのです。そのための自由進度学習です。次回以降は、時間がかかったとしても、自分のペースでしっかりと理解することを大事にしてもらいたいです。解決できずに困っているときは私も助けます。仲間だって絶対に助けてくれるはずです。あなたにとって最善のペースで学習することを大事にしていきましょう。しかし、今日は事前に5分と決めたので、先に進めます。続きを見ましょう。


　（途中でメモを取る生徒がいたら一時停止して）自然とメモをしている人がいます。すてきですね。私から『メモをしなさい』と言うことはありません。だから、『ここはメモする必要はないな』と思う人はする必要はないですよ。自分が『ここはメモした方がいいな』と思った人だけメモすればよいのです。メモしたいときは、このように一時停止すればいつでもメモできますよね。

　メモに限らず、私から何かを『しなさい』と言うことは1つもありません。あなたが、目標の達成のために『した

方がいい』と思うことを自分で判断し，行動してほしいと思っています。

　（独り言をつぶやく生徒がいたら）今，独り言をつぶやいていた人がいました。それだけ真剣に考えてくれているってことですね。うれしいなぁ。次回以降も，イヤホンをつけて，独り言を言うくらい考えながら見てくれるとうれしいです。

④「間違えた問題は宝物」と伝える
　動画の「とめて」の後の答えを見て丸つけをした後で次のように話をします。

　「間違えた問題があったとしたら…，よかったですね。今間違えた方がいいじゃないですか。大事なテストのときに間違えるよりいいじゃないですか。

　『間違えた問題は宝物』です。
　『あなたが今後気をつけるべき問題は，こういう問題だよ』『あなたができるようになるべき問題は，こういう問題だよ』という情報です。間違えを恐れる必要はまったくありません。真剣に取り組んだうえでの間違いは，成長に直結します。授業中は，どんどん間違えればよいと思います。そして，間違えた問題のところには，自分がわかるマークを決めてチェックしておきましょう。そのマークがつ

いていることで，『これが自分の間違えた問題だよ』『テスト前にはこの問題を確認するといいよ』という，とても大切な情報を残すことができます。

　真剣に取り組んだときの間違いは宝物です」

# 3 3回目の授業

　3回目の授業では，次の6つのことを行います。

---

①競争ではなく，「協働」を重視することを伝える

②暗記ではなく，「考えること」を重視することを伝える

③「粘り強さ」と「自己調整」を評価することを伝える

④目標達成のために自分の行動を「選択」することを強調する

⑤自分の目標を設定し，計画を立て，「ジリツ活動」を開始する

⑥「ありがとう」を言う

---

　ここでは，これらのそれぞれについて，詳しく説明します。

　また，右のQRコードは，2022年度の3回目の授業の動画です。イメージをつかむのにお役立てください。

## ①競争ではなく，「協働」を重視することを伝える

　次のように話します。

「私が皆さんに願うことがあります。それは，皆さん全員に『ＡＡＡ／５』の成績を目指してもらいたいということです。

　『そんなの無理だよ』と思った人もいるかもしれませんね。確かに，私が学生だったころは無理でした。『相対評価』という評価方法で評価されていたからです。35人クラスの中で５がつく人は２人か３人と決まっていました。１がつく人も２人か３人と決まっていました。しかし，皆さんを評価する方法は違います。『目標準拠評価』というもので評価します。簡単に言うと，目標に到達すれば，何人でもが５になることができるのです。私が一番言いたいのは『競争じゃないよ』ということです。仲間の出来をよくしたらあなたの成績が下がる，なんてことはありません。むしろ，その逆です。仲間に教えることは，インプットの効果を100倍に高める一番のアウトプットです。

　また，私は皆さんに，まわりの仲間のよさに気づいて，尊重して，仲間と協働する力を高めてほしいと願っています。『協働』って何かわかります？　今の教育のキーワードです。『協力して働く』と書く協働です。これは，好きな人同士で集まって何かをやることではありません。違う強みの人々が集まって，同じ目標のために協力するのが協働です。イメージは桃太郎です。桃太郎には桃太郎と猿と犬ときじが登場します。鬼を退治するという同じ目標のために，それぞれ違う強み，長所，個性を発揮し，協力しますよね。これからの数学の授業も，クラス全員で協働をし

ていきたいのです。クラス全員の共通目標である，ラスボ
スクリアに向かって，強み，長所，個性の違う皆さんで協
力していきたいのです」

②暗記ではなく，「考えること」を重視することを伝える
　「先ほど『ＡＡＡ』と言いましたが，３つのＡの中の最
初のＡとは，生きて働く『知識・技能』です。知識をため
込むだけなら，今やAIが簡単にしてくれます。やみくも
に知識をため込むのではなく，必要な場面で生かせる知識
を蓄えましょう。

　そのために大切になるのが，２つ目のＡ『思考力』です。
自分の頭でしっかり考えるということと，仲間の考えを取
り入れて自分の考えを広げ深めることのどちらも大事にし
てもらえるとうれしいです。
　ところで，『考える』の反対って何だと思いますか？私
の意見では，『考える』の反対は『暗記する』です。今ま
で数学が苦手だった人，嫌いだった人に質問です。『数学
は苦手だから暗記するしかない』と思い，公式を丸暗記し
てなんとかそこそこの点数を取ろうとしてきませんでした
か？　人間には暗記できる量が決まっています。だから全
部を暗記することはできません。公式の１か所でも暗記ミ
スがあると，それで全部がダメになってしまうこともあり
ます。だから，数学において，暗記はおすすめしません。
では何をすればよいかというと，『意味を考える』ことで

す。『この公式はなぜこうなるのか』という意味を考える
のです。結果，思考力も高まり，Ａに近づきます。

　また，「未知の状況に対応できる思考力が大切だ」と言
われています。未知とは，まだ知らないことということで
す。これから皆さんが大人になり，日常生活を過ごしてい
くと，はじめての問題にいろいろと出くわします。はじめ
ての問題に出くわしたとき，自分の頭で，もしくは仲間と
協働して解決できる力が今求められている思考力なのです。
だから皆さんには，はじめて学ぶ内容を私が教えるのでは
なく，動画を使いながら自分の力で解決していってもらい
たいと思っているのです」


③「粘り強さ」と「自己調整」を評価することを伝える

　「３つ目のＡは，『粘り強い姿勢』と『自己調整している
姿勢』です。

　ラスボスクリアというクラス共通の目標と，この後各自
に設定してもらう各自の目標の２つの目標の達成のために，
粘り強い姿勢を求めます。自己調整とは，目標達成に向け，
今の自分はどういう状況なのかを自分で評価し，その後の
自分の行動を自分で調整するということです。

　粘り強い姿勢は，主に『日々の授業の様子』『ラスボス
の日の確認テスト』『その後全問納得を目指す際の様子』
を見て評価します。

　自己調整している姿勢は，主に『ラスボスの日の単元末
の振り返り（Google Form）』と『単元末に回収する計

画表の日々の振り返りの記述』を見て評価します」

④目標達成のために自分の行動を「選択」することを強調
　する

　「皆さん，ハリーポッターは好きですか？　『ハリーポッ
ターと秘密の部屋』で，ダンブルドア校長がハリーに言っ
た言葉を紹介しようと思います。『自分が何者であるかを
決めるのは能力ではなく◻︎◻︎なんじゃよ』。さあ，この
空欄に入る漢字２文字の言葉は何でしょう？　ダンブルド
ア校長は『選択なんじゃよ』と言いました。

　この後皆さんには，ラスボスクリアという目標のために，
自分の行動を自分で判断し自分で選択していってもらいま
す。本当に何をしてもらってもいいです。このクラスの中
にあるものすべてが使っていいアイテムです。目標達成の
ために必要なものを何でも使ってください。

　もう１つ，私が好きな言葉を紹介します。多くの人から
『メンター』と慕われる福島正伸さんの言葉です。『言われ
たことだけをやっていると，やらされ感になる。言われた
以上のことをやると◻︎◻︎になる』。この空欄の部分に入
る漢字３文字は何でしょうか？　正解は「充実感」です。
私は，何かを『やりなさい』とは言いません。なので，皆
さんはいつも言われた以上のことをやることになります。
目標達成のために自分でやろうと思うことを何でもして，
毎回の授業で充実感を覚えてもらえるとうれしいです」

⑤自分の目標を設定し，計画を立て，「ジリツ活動」を開始する

「この後，計画表にあなたの目標を書いてもらいます。皆さんに目標を書いてもらうにあたり，ある人の言葉を紹介します。『野球にしても人生にしても，目標を決めることを大事にしている。目的なく生きることはしたくない。ゴールを確認しながら，それに向かって，もっと良くなるようにやっている』。これは，2023年のワールドベースボールクラシックで日本を優勝に導いた，ラーズ・ヌートバー選手の言葉です。自分で自分の目標を決め，それに向かって行動することの大切さを教えてくれる言葉です。

では，ヌートバー選手は，余裕で達成できるような目標を立てていると思いますか？　達成できるはずがない目標を立てていると思いますか？　どちらでもないと思います。達成できるかできないか，ギリギリの目標を立てることにより，自分を日々成長させていることでしょう。さあ，あなたはどのような目標を立てますか？　自分を成長させられる目標を考えてみましょう。

それでは，目標を立て，次回以降の大まかな計画を書いた人から，自分でイヤホンをつけて動画を見始め，自分のペースでの学習を始めます。どんどん自分のペースで先に進んでいいです。だけど，早く進むことだけがいいわけではなくて，自分が納得できないところにはじっくりと時間をかけて取り組むことも大切です。私はいつでも皆さんの味方です。何かしてほしいことがあったらいつでもなんで

も言ってください。

　これから毎日やる自分で自分の行動を自律して自立する活動を『ジリツ活動』と呼ぶことにします。では，目標と次回以降の大まかな計画を書いた人から，『ジリツ活動』を始めます。スタート！」

### ⑥ 「ありがとう」を言う

　この日に限らず，授業の終わりは，できる限り，「今日の皆さんは…をしてくれていました。とてもうれしかったです。ありがとう」と言って終わるようにしています。特に「ジリツ活動」の１日目であるこの日には，それぞれの生徒が自分の選択でいろいろな行動をします。自分１人で集中して取り組む，仲間のところへ行って協働する，自分から教科書（アイテム）を開く，教師（アイテム）に質問する，未来の自分に教えるまとめを自分なりのわかりやすい言葉で書く…，これらの行動をはじめてした日です。はじめてしたことに対して感謝されることで，「次回以降もその行動をしよう」と思うことでしょう。仲間の様々な行動に対する感謝の言葉を聞くことで，「目標達成のためならどのような行動を選択してもいいんだ。いろいろやってみよう」と思うことでしょう。仲間のすてきな行動を取り入れ，同様のすてきな行動が増えていくことでしょう。

　教師からの「ありがとう」は，このような環境をつくるうえでとても大切な言葉です。

# 第5章
# 単元内自由進度学習による
# 単元展開の実際

# 1 単元1時間目

単元1時間目の授業は，大きく3つの場面に分けられます。

---

場面1　生徒がジリツ活動を始める前（4〜5分）

場面2　生徒のジリツ活動中（43〜45分）

場面3　生徒のジリツ活動後（1〜2分）

---

このそれぞれの場面での教師の行動をまとめます。

## ①（場面1）ボス問プリントを配り全体を俯瞰する

単元の最初には，生徒に次のような話をして，単元の学習の過程の見通しと，ゴールの見通しを与えます。さらに，この単元を学ぶ意義についても簡単に伝えられるように意識します。

プリントサンプル

「今日から『○○○○』の単元の学習を始めます。プリントを配ります。プリント全体を眺めてみる時間を2分ほど取ります。

（2分後）見てどうでしたか？　何か似たことをやったことがあることに気づいた人はいますか？　以前○年生のときの『○○○○』の単元のときに『○○○○』などをやりましたね。そのときとこれからの単元で学習する内容は

関連があるかもしれません。

　プリントの最後の方の問○を見てください。この問題を今解けますか？　どのように解決するか想像できますか？できないですよね。しかし，これから皆さんは1枚1枚のプリントのボス問を，一つひとつの動画を見ながら解決していくことによって，○時間後にはこの問○を解決できるようになっています。その成長した自分をイメージして，これからがんばっていきましょう」

② （場面1）教科書の問題を集めたプリントを配付する

　ボス問プリントだけでは問題数が少なく，生徒は物足りないかもしれません。そこで，教科書の問題を集めたプリントをボス問プリントに追加して配付します。

プリントサンプル

解答サンプル

　また，その解答は，生徒が見たいときに見ることができるようにしておきます。私は，プリントの問題のすべての解答が書かれた PDF データを Google Classroom にアップロードし，生徒が見たいときに見たいタイミングで見られる環境をつくっています。

　そして，生徒には次のように話します。

　「ボス問プリントの他に，教科書の問題を集めたプリントも配付します。ぜひこれらの問題にも挑戦してみてくれ

るとうれしいです。これらの問題にも粘り強く挑戦することが，皆さんの成長につながり，ラスボスクリアにつながること間違いなしです。

　プリントのすべての問題の解答は，クラスルームにアップロードし，見たいときにいつでも見られるようになっています。解き終わった後で正しくできたか確認するために答えを見るのももちろんいいことですが，考えても考えてもわからないときに，ヒントとして解答を少しだけ見て，すぐ解答を閉じ，続きを自分でやるというのもいい勉強法だと思います。そのような使い方もしてみてもいいかもしれません」

### ③（場面1）進度表を書くように促す

　進度表（次ページ）は，生徒がだれに聞けばよいかや，だれに教えればよいかをわかりやすくすることで，協働をしやすい環境をつくるためのものです。同時に，生徒の進度を教師がチェックするためのものでもあります。

　進度表はすべての単元で使わなくてもよいと思います。進度表をはじめて使うときには次のように話します。

　「あなた1人が確認テストを納得できても，ラスボスクリアにはなりません。クラスの仲間全員が納得できなければいけません。では，プリントをすべて終えた人は，ラスボスクリアのためにどうすればよいでしょうか？　なかなか進まず困っている人を助けに行くと，ラスボスクリアに近づきますね。

# 進度表
## 1年6章「空間図形」

右のマークがあるところまでプリントが終わったら
・先生にチェックしてもらいましょう。
・黒板に貼られている進度表に〇を付けよう。

全てに〇が付いた人には、単元末テストのプレテストプリントを渡します。

| | | 1節「空間図形の見方」 | | 2節「図形の計量」 | |
|---|---|---|---|---|---|
| | | ④まで | ⑧まで | ③まで | ⑥まで |
| 1 | 氏名 1 | | | | |
| 2 | 氏名 2 | | | | |
| 3 | 氏名 3 | | | | |
| 4 | 氏名 4 | | | | |
| 5 | 氏名 5 | | | | |
| 6 | 氏名 6 | | | | |
| 7 | 氏名 7 | | | | |
| 8 | 氏名 8 | | | | |
| 9 | 氏名 9 | | | | |
| 10 | 氏名 10 | | | | |
| 11 | 氏名 11 | | | | |
| 12 | 氏名 12 | | | | |
| 13 | 氏名 13 | | | | |
| 14 | 氏名 14 | | | | |
| 15 | 氏名 15 | | | | |
| 16 | 氏名 16 | | | | |
| 17 | 氏名 17 | | | | |
| 18 | 氏名 18 | | | | |
| 19 | 氏名 19 | | | | |
| 20 | 氏名 20 | | | | |
| 21 | 氏名 21 | | | | |
| 22 | 氏名 22 | | | | |
| 23 | 氏名 23 | | | | |
| 24 | 氏名 24 | | | | |
| 25 | 氏名 25 | | | | |
| 26 | 氏名 26 | | | | |
| 27 | 氏名 27 | | | | |
| 28 | 氏名 28 | | | | |
| 29 | 氏名 29 | | | | |
| 30 | 氏名 30 | | | | |
| 31 | 氏名 31 | | | | |
| 32 | 氏名 32 | | | | |
| 33 | 氏名 33 | | | | |
| 34 | 氏名 34 | | | | |
| 35 | 氏名 35 | | | | |
| 36 | 氏名 36 | | | | |
| 37 | 氏名 37 | | | | |
| 38 | 氏名 38 | | | | |
| 39 | 氏名 39 | | | | |
| 40 | 氏名 40 | | | | |

では，なかなか進まず困っている人は，どうすればよいでしょうか？　自分が納得できるために，だれかに助けを求めることも大切ですね。

　では，だれに助けを求めればよいのでしょうか？　終わった人はだれを助けに行けばよいのでしょうか？　これがわかりやすいように，『進度表』を使います。こんな紙を黒板に貼っておきます。各項目のところまで動画を見終え，ボス問プリントを終えたら，私にプリントを見せに来ましょう。私のチェックを終えたら，各自で進度表に○をつけます。この表は授業中いつでもだれでも見に来ていいです。これを見れば，だれに助けを求めたらよいか，だれを助けに行けばよいかがひと目でわかります」

　生徒が「チェックしてください」と言ってきたとき，時間に余裕があれば，ざっとプリントを見た後，生徒の記述の気になるところについて「ここはなぜ？」と質問したり，「じゃあ1つ類題を出すね」と言って類題を出して理解度を確認したりします。未来の自分に教えるための自分なりの言葉によるまとめの記述がすばらしい場合，それをほめるのもよいでしょう。多くの生徒が同時にチェックを求めてくるような時間に余裕がないときは，ざっとプリントを見て「OK！　黒板の進度表に○をつけて」と言い，笑顔で返却するだけで十分です。

　さらに，「すべて○をつけたい」という気持ちを生徒にもってもらう必要があります。そうしないと，教師にチェックしてもらいに来ない生徒も出てくるからです。そこで，

進度表のすべてに○がついた生徒から，その単元の単元末テストのプレテストなどを渡すようにしています。

　「進度表のすべてに○がついた生徒には，単元末テストのプレテストプリントを渡しますね。プレテストプリントをもらうためにも，全員でラスボスをクリアするためにも進度表を活用してくれるとうれしいです」

④（場面1）協働を促すための Jamboard 教材を提示する

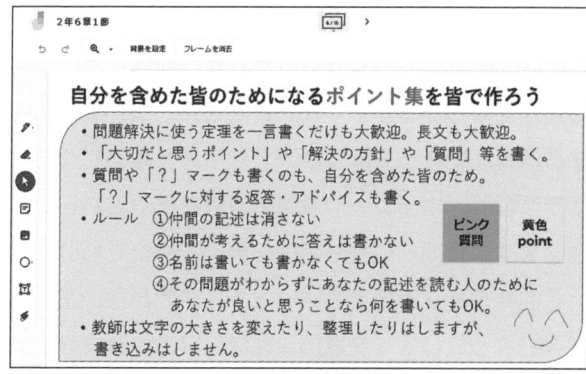

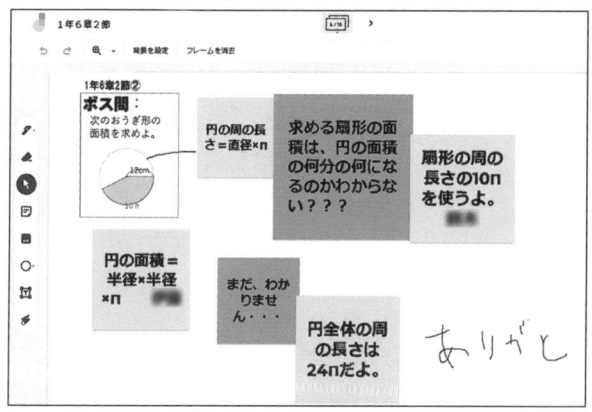

Jamboard 教材も，すべての単元で使わなくてもよいと思います。はじめて使うときには，次のように話します。

Jamboard 教材
サンプル

「今回の単元でやりたいことがあります。それは，自分も含めたみんなのためになるポイント集をみんなでつくることです。このポイント集をつくる目的は，強み，長所，個性の異なる皆さん全員で協働したいからです。

まず，皆さんに書いてほしいことは質問です。質問を書くことは，まわりに貢献することです。同じことで悩んでいる人が他にもいるからです。質問を見たら，その質問に対する返答ができる人はぜひアドバイスを書いてください。答えではなく，ポイントや解答の方針を書いてもらいたいと思います。質問も返答も名前を書いてくれてもいいですし，名前を書かず匿名でもいいです。仲間が書いたことは消さないようにしてください。私は文字の大きさを変えたり整理したりはしますが，書き込みはしません。

すべてのボス問に対する疑問や，その疑問へのアドバイス，解答のポイントが集まったポイント集ができたとイメージしてください。それがあればテスト前に役立つと思いませんか？　自分を含めた皆のためになるポイント集を協働してつくりましょう」

⑤（場面１）確認テストのレベルを全体で設定する
　次の３つのレベルの中から全員に希望のレベルで挙手さ

せ，全員で決めます。そして，全員で決めたレベルの確認テストを全員で納得するという目標（ラスボスクリア）を共通理解します。

---

レベル１：動画や教科書と同じ問題のみ
レベル２：動画や教科書と数値だけが違う問題のみ
レベル３：高校入試問題など，動画や教科書と違う種類の問題も含む

---

⑥（場面１）各自の目標を設定し，計画を考えさせる

　次のように話をして，「ジリツ活動」を始めます。

　「では，全体の目標は今皆で決めたレベルの確認テストの全問を全員が納得することです。この全員共通の目標の達成のために，強み，長所，個性が異なる皆さんで協力していきましょう。これが協働ですね。では，あなたの強みをどのように発揮しましょうか？　今回の単元ではどのような行動を大切にしましょうか？　あなた個人の目標を，今自分で設定しましょう。そして，全体の目標と個人の目標を達成するために時間を有効に使うために，大雑把でよいので記入例を参考に計画を立てましょう。本時の終わりには，この目標と計画を書いた紙を回収させてください。皆さんの目標を見させてもらいます。一人ひとりの書いた目標は，次回の授業のはじめに全員に紹介しようと思っています。ぜひ自分に合う目標を考えて設定してみましょう。

回収したプリントは，次の授業までには返却しますね。で
は，個人の目標と計画を書けた人から，イヤホンをつけ，
『ジリツ活動』を始めてください。スタート！」

### ⑦ （場面２）「ありがとう」を言う

　進度表に〇をつけるために最初にチェックをしてもらい
に来てくれた生徒に対して，全体に聞こえるように「あり
がとう」と言います。そうすると，自分からチェックをし
てもらいに来る生徒がさらに増えることにつながります。

　他にも，授業の途中ですてきな行動をしている生徒を発
見したら，どんどん「ありがとう」を言いましょう。

### ⑧ （場面２）笑顔で見守る

　単元１時間目の「ジリツ活動」中は，「ありがとう」を
言うことを見つけて言うこと以外に，特に教師の方から行
動をすることはありません。強いて言うなら，笑顔で見守
ることです。

### ⑨ （場面３）「ありがとう」を言う

　授業の終わりにも「ありがとう」を言うことは大切です。
単元１時間目は，１人で動画を見て学習を進める生徒が多
いです。私はその集中して取り組む姿が見られるととても
うれしいので，その姿勢を称えて「ありがとう」を言うこ
とが多いです。また，そのような１時間目の雰囲気の中で
も，一部の生徒は協働を始めます。その生徒たちの行動に

も「ありがとう」を言います。これらの教師の言葉により，自分１人で集中することも，仲間と協働することも，どちらもがよい行動であると再確認できます。生徒たちは，次回以降の授業でも自分に合うと思う行動を安心して選択できるようになります。

## ⑩（場面３）個人の目標と計画を書いた紙を回収する

　回収したら，空き時間などに一人ひとりの目標を把握します。また私は，タブレットで全員分の写真を撮り，次の授業で写真を大型テレビなどに投影して，全体に紹介しています。そうすることで，各自が自分の目標を全体に宣言することにもなり，自分で設定した目標をより強く意識した行動をすることにつながるからです。さらに，次の単元以降，今回以上に自分に合う目標を設定しようという気持ちを高めることにもなります。

# 2 単元2時間目からラスボス前の授業まで

　単元の2時間目〜ラスボス前までの授業は大きく3つの場面に分けられます。

> 場面1　生徒がジリツ活動を始める前（1〜5分）
> 場面2　生徒のジリツ活動中（40〜48分）
> 場面3　生徒のジリツ活動後（1〜5分）

　それぞれの場面での教師の行動をまとめます。各場面での行動をたくさん書きますが，すべてを毎時間するわけではありません。必要に応じて，必要だと思う行動をするということです。

## ①（場面1）メッセージを伝え，環境を整える

　生徒が「ジリツ活動」を始める前に，少しだけ話をします。前回の授業の生徒の様子を踏まえ，今回の授業で大切にしてほしいことについて簡単に話します。目的別に，私がよく授業のはじめに話すことをまとめます。

### 「成長」を強く意識させたいとき

　「だれもが成長できる」
　「成長することは生きる喜び」
　「授業は成長するためのもの」

「授業はわからないことをわかるようにするため」

「授業はできなかったことをできるようにするため」

「学びは成長につながる」

「自分の成長を実感することは喜び」

「学びは成長につながる楽しいもの」

「授業は全力で楽しもう」

「全力を出すことで成長度 max」

「新たな挑戦は成長に直結する。いろいろ試そう」

「皆さんはうまくいかないことがあったとしても,
それを生かして改善して成長できる力をもっている」

## 「努力」を強く意識させたいとき

「成長のために努力は大切」

「努力によりあなたは必ず成長できる」

「達成できた要因は,努力」

「うまくいかない原因は生まれつきの能力ではない」

「うまくいかない原因は努力の仕方と努力の量」

「うまくいかないときは努力の仕方を変えてみよう」

「うまくいかないときは努力の量を変えてみよう」

## 「間違い」を肯定的に捉えさせたいとき

「努力しての失敗は宝物。成長の材料」

「学校は,失敗して,失敗の対処を練習するところ」

「学校は,失敗を恐れず何でも挑戦できるところ」

「努力してもすぐに結果に結びつかないこともある。

でも，長い目で見れば努力は必ず成長につながる」

「間違いがポイントに変わる」

「わからない問題は成長のチャンスかも」

「成長するうえで本当に大切なのは，間違えた問題」

「一生懸命考えた結果，間違えた経験ってありませんか？ その考えた時間はむだですか？ むだなわけありません。その考え続けた時間分だけ頭はよくなりました」

「間違えた人は，挑戦した人です。たくさん考えた人です。頭をよくした人です」

「（人に教えてもらった生徒に）教えてくれた仲間のおかげでできるようになったね。教えてくれた仲間に感謝だね」

「（人に教えた生徒に）間違えた仲間のおかげで，説明して理解を深めることができたね。間違えた仲間に感謝だね」

## 「自己選択」をもっと促したいとき

「何事も自分で決めていいよ」

「目標達成のために必要なことなら何をしてもいい」

「静かにしていてほしいなんて思っていません」

「じっと席に座っていてほしいなんて思っていません」

「自律が大切」

「自由の責任は自分で取る」

「皆さんは自分の学習について自分で責任を取れる」

## クラスから競争をなくし，「協働」「対話」を促したいとき

「自立が大切」

「あなたが自立しているように他者も自立している」

「他者はともに協働する仲間」

「他者に貢献することはすばらしいこと」

「人それぞれ違うからいい」

「人それぞれ違うから協働でき，創造できる」

「人のよさを見つけられるといいですね」

「自分なりの学び方について自ら発見してほしい」

「他者と比べて悲しむ必要はない」

「他者と比べない」

「比べるのは過去の自分」

「過去の自分と比べて成長したことを喜ぼう」

「比べるのは目標達成した未来の自分」

「未来の自分と比べて自分の課題を発見しよう」

「テストも他人との比較じゃないよ。過去の自分の点数や，自分で設定した目標点と比較しよう」

### ②（場面1）数学を学ぶ意義を伝える

　私は生徒が数学を学ぶ意義は「考える力を高めること」だと思っています。だからこそ，生徒が自分の頭を使い，考える時間の長い授業をしたいと思っています。また，私は点数を取らせることを意識しないようにしています。考えることを続けていけば，結果的に点数にもつながると思っています。さらに，私は授業において「覚えよう」「暗

記しよう」は禁句としています。覚えようとすると生徒は考えなくなるからです。数学の勉強法や，数学を学ぶ意義を様々な書籍等で紹介している永野裕之氏（2012）も「数学において，生徒に丸暗記をさせようとする先生には二度と質問に行かない方がよい」と言っています。

　生徒に特に考えてほしいと思っていることは「理由」と「意味」です。公式が成り立つ理由，公式の意味，変形ができる理由，変形の意味…などです。だからこそ，生徒たちには，「なぜ？」という「疑問」を大切にしてほしいと願っています。自分で「これはなぜかな？」とたくさん悩んでほしいのです。自分で疑問をもち，自問自答できる姿を目指しつつ，まずは教師から「これはなぜ？」と質問することも大切にしています。

　授業のはじめに，数学の意義を伝えるために，以下のようなことを言うことがよくあります。

　「数学は，考える力を鍛えるもの」

　「考えることが，覚えることよりも重要」

　「考えることが，いち早く正解することよりも重要」

　「考えることが，点数を取ることよりも重要」

　「ああでもないこうでもない…の試行錯誤が超重要」

　「試行錯誤で粘り強さが高まる」

　「試行錯誤することで結果的に点数も高まっていく」

　「理由を考えよう」

　「意味を考えよう」

　「『なぜ？』と思うことが考える力を大きく高める」

「試行錯誤の末に間違えた問題は宝物。成長の材料」

「テストで間違えた問題は価値ある情報」

### ③（場面１）学ぶことの意義を伝える

　生徒に学ぶことの意義をどう伝えるかは，教師の悩むところだと思います。

　ここでは，学ぶことの意義を生徒に伝えるにあたり参考になるおすすめの書籍を何冊かあげます。

・喜多川泰（2008）『「手紙屋」蛍雪篇　私の受験勉強を変えた十通の手紙』ディスカヴァー・トゥエンティワン

・吉野源三郎（1982）『君たちはどう生きるか』岩波書店

・瀧本哲史（2016）『ミライの授業』講談社

・木下晴弘（2013）『学校では教わらなかった人生の特別授業』フォレスト出版

　これらは，生徒に学ぶことの意義を伝えるために先生方が読むのにももちろんおすすめですが，生徒自身に読むようにすすめたい書籍でもあります。私は，担任したクラスの学級図書として，これらの書籍を生徒がいつでも手に取って見られる環境をつくっています。

### ④（場面１）身につけることを目指している様々な力の重要性について語る

　生徒たちは，単元内自由進度学習の授業を通して様々な力を身につけています。それは，第１部の第２章でまとめた合計20個の力です。それらの力の重要性について授業の

冒頭で語ることで，なぜ大切なのかを理解し，それらの力をより高める意欲をもたせることを大切にしています。さらに，それらが少しずつ身についてきていると自覚させることで，自信をもたせたいと思っています。

　例えば，「自分の目標を自分で設定する力」の重要性であれば，以下のように話します。

　「皆さんは，毎単元，自分の目標を自分で設定していますね。一人ひとりの目標を毎単元で見せてもらっていますが，皆さんは各自に合うちょうどいい難易度の目標を設定できていると思います。さらに，皆さんの自分の目標を設定する力は，どんどん高まっていると感じています。その自覚はありますか？　自覚して，自分をほめてくれるとうれしいです。

　目標に向かって粘り強く取り組むことのできる人を社会は求めています。どのような目標だと粘り強く取り組めますか？　他者に設定された目標に粘り強く取り組むことは難しくないですか？　目標に粘り強く取り組むためにも，自分で自分に合う目標を設定する力は大人になってもずっと大切です。単元内自由進度学習を通して，どんどん自分に合う目標を設定する力を高めていきましょう」

　2章でまとめたこの他の19個の力についても，生徒に自分がそれらの力を日々高めているという自覚と，それらの力がなぜ重要なのかの理由を語ることで，単元内自由進度学習をやっている意義を生徒に伝えることは，主体的に授業に取り組ませるためにとても大切です。

⑤（場面１）人間ドック（小テスト）を行う

　私は授業のはじめに全員に小テストをすることが多いです。目的は生徒一人ひとりの理解度を私が把握し、その情報を基に、一人ひとりを伸ばすための方策を考えることです。これは、今重視されている形成的評価そのものです。

　はじめて小テストをするとき、次のように話をします。

　「『人間ドック』って知っていますか？　体全体の健康診断です。私は以前人間ドックを受けて、体の悪い部分が見つかったことがあります。

　さて、クイズです。悪い部分が見つかった際の私の気持ちは、次のうちどちらだったでしょうか？

A　はぁー、なんでだ。最悪だ…。

B　よかったー。

　多くの人はAだと思ったのではないですか？　しかし、正解はBです。なぜかわかりますか？　悪い部分があることがわからず放置していたら、どんどん悪くなり、その結果どうなっていたかわかりません。悪い部分が見つかったことによって、病院に行き、治してもらうことができました。本当によかったです。人間ドックとは、悪い部分を早く見つけるために行うものなのです。

　さて、もう１つクイズです。もうその悪いところは治り、一番最近の私の人間ドックでは悪いところはありませんでした。今の私の体を、あなたはどう評価しますか？

A　健康（もう悪いところは治ったから）

B　不健康（以前悪いところがあったから）

お医者さんから『Ａ　健康』という評価をもらいました。治療して治れば，それはもう健康ということなのです。

　学習においても，大切なことは同じです。体に悪い部分が見つかることが，健康につながるうれしいことであったのと同様に，解けない問題が見つかることは，学習して解けることにつながるうれしいことです。さらに，解けなかった問題が解けるようになれば，評価はＡなのです。

　今日から授業のはじめに１，２問のみの２分ほどで終わる小テストをします。目的は『解けない問題を見つけること』です。『体の悪い部分を見つけること』が目的の人間ドックと同じです。なので，小テストのことをこのクラスでは人間ドックと呼びましょう。人間ドックは成績に含め…ません。人間ドックで見つかった解けない問題を単元末テストで解けるようにすれば，評価はＡになります。

　では，早速１回目の人間ドックを始めます。白紙（A5）を配るので，まずは名前を書いてください。では，黒板に書いたこの１問（２問）を解いてください。

　（２分後）では，回収します。黒板で簡単に解説します。どうですか？　合っていましたか？　間違っていた人にメッセージです。『解けない問題が見つかってよかったですね』『今間違えた方がいいよね。単元末テストで間違えないようにすれば，評価はＡです』。では，ここからは皆さんの『ジリツ活動』です。始めてください」

　このように話をして，生徒が「ジリツ活動」をしている間に全員分の○つけをします。

小テストは〇つけした直後に返却します。合っていた生徒には親指を立て good を表現して笑顔で目を見て返却しています。間違えた生徒への対応が大切です。私は，類題を黒板に書き「黒板の類題を一緒にやりませんか」と誘い，解けるようになった後に，「解けなかった問題が今のうちに解けるようになってよかったですね」と言い，また次の間違えた生徒のところに行くようにしています。

### ⑥（場面２）助けを求めてくる生徒に対応する

　基本的に，求めに応じて助けます。この繰り返しで「助けを求めれば，先生は助けてくれる」という意識をクラスに浸透させていきます。助けを求めたことのない生徒にとっても，「いざとなったら先生が助けてくれる」と思えば，安心できます。

　ただし，注意が必要です。「先生に聞けば済む」と思わせないようにしないといけません。教え過ぎると自分で考えようとしなくなります。なので，生徒が自力でできるところまではやらせ，力を出しきらせるようにしています。自分で進められる生徒には，自力でやる癖を早めにつけるようにしたいからです。

　そこで，生徒によっては「プリント〇枚目にヒントがあるよ。そこを自分でよく読んでみよう」「〇〇さんがしっかり理解できていたよ。聞いてみよう」程度の助言や，解決のためのちょっとしたヒントしか与えないこともあります。

## ⑦（場面２）学習が停滞しているのに助けを求めてこない 生徒に対応する

基本的に手出しや口出しをせずに見守ります。

見守りは放任とはまったく別物です。見守りと放任の違いは，相手に対する強い関心があるかどうかです。大切に思っている生徒が悩み，苦しんでいたら，「アドバイスしてあげたい」「教えてあげたい」と思うでしょう。そこをぐっと我慢するのです。大切な生徒だからこそ，自分の力で乗り越えられるように応援の気持ちをもって，手出し，口出しするのを我慢するのです。これが見守りです。

見守りとは何かが身に染みる，あるお母さんの言葉を紹介します。比田井和孝氏他（2016）の著書『私が一番受けたいココロの授業　子育て編』で紹介されています。

「転ぶとわかっていても手を差し伸べない。だって起きあがる力を手に入れてほしいから。

傷ついているとわかっていても何もしない。だって　傷つく経験だって必要だから。

苦戦しているとわかっていても手助けしない。だって自分の力でできるようになってほしいから。

転ぶとわかっていても，傷ついているとわかっていても，苦しんでいるとわかっていても，知らん顔。

知らん顔をしているけれど，だれよりも応援している。だって愛しているんだから」

手出し，口出しするにしても，「何か困っていることは
ありませんか？」「何かしてほしいことないかな？」など，
必要最小限にとどめるのです。そのとき，もしも「…して
ください」と生徒が言ってきたら，その通りにしてあげま
す。何も言ってこないなら，「応援してるよ。がんばって」
程度の声をかけて立ち去ればよいでしょう。

　学習が停滞しているように見える原因は様々です。実際
に集中できずに停滞している生徒，友だちや教師に聞きた
いのに聞けずに困っている生徒もいますが，停滞している
ように見えて，実は深く考えている生徒もいます。見守る
か，声をかけるかは，教師自身の勘を頼るしかありません。
しかし，多くの場合，見守ることでほとんどの生徒は学習
を進めていけます。停滞から自力で解決していくことがで
きれば，それが自己肯定感を高め，自分の学び方を発見す
るまたとない経験となります。「○○さんは今日1時間ず
っと同じ問題で悩み停滞していたけれど，悩む時間も大切
な経験。次の時間に手を打てばいい」くらいの覚悟が教師
には必要です。

　単元内自由進度学習をしていると，教える時間がほぼな
いので，生徒に手を差し伸べることができる時間は多くな
ります。しかし，「本当に手を差し伸べることがその生徒
にとってプラスとなるのか」「自分で乗り越える経験を奪
っていないか」を考えるべきです。

　見ていながら，気にしながらも，口や手を出さないのは
辛いことですが，我慢することが本当に大切です。手をか

ければかけるほど，生徒は「自律」も「自立」もできなく
なるからです。

### ⑧（場面２）スキルをもっていない生徒に対応する

　メタ認知のモニタリングは，多くの中学生には難しいこ
とで，しようと考えたこともないという生徒がほとんどで
す。そうであれば，「学習の真っ最中に自分で自分をモニ
タリングすることって大切だよ。それができると，より目
標に向けて自分をコントロールできるようになるよ」と，
モニタリングというスキルを教えることも大切です。

　また，モニタリングした結果を生かし，自分をコントロ
ールすることも簡単なことではありません。作家の水野敬
也氏（2014）は，楽しいことを我慢してまで苦しいことを
やるのが嫌になりそうなときに，自分をうまくコントロー
ルする方法をわかりやすく教えてくれています。その方法
は楽しいことを我慢するのではなく，もっと楽しいことを
想像することです。苦しみを乗り越えたときに手に入れら
れるものを，実際に手にしている自分を想像してうれしい
気分になるのです。私は，この方法は自分をコントロール
し，自分の弱さにブレーキをかけ，強さを引き出すための
とてもよい方法だと思うので，生徒にも紹介しています。

　また，自分に合う目標を設定することや，設定した目標
を達成するための計画を立てることも，中学生にとっては
簡単ではないかもしれません。これらのことに生徒が困っ
ていると感じた場合，よい目標の例や，うまい計画の例を

見せるなどの支援をしてあげましょう。

　振り返りを書くことを苦手としている生徒もいます。そのような生徒に振り返りのスキルを教えるために，私は「はじめは…だったけれど，途中で…をしたおかげで，最後には…することができました」のような，成長の過程がわかるよい振り返りを書いている生徒の振り返りをコピーしてためています。そして，振り返りが苦手な生徒に見せたり，クラス全体に紹介したりすることで，振り返りのスキルを教えています。

### ⑨（場面２）生徒理解を深める

　人間は皆，理解されることを切望し，理解してくれる人に対して安心して心を開くものです。

　生徒を理解するためにまずすべきことは，生徒をよく観察することです。生徒を観察することで，一人ひとりの生徒のよさ，強み，進度，得意な考え方等を把握することができます。以前の本人と比べてできるようになったことに気づくこともできます。一人ひとりの可能性に気づくこともできるかもしれません。

　また，質問することも生徒理解に有効です。一人ひとりが今意識している目標を理解するために「今回の単元のあなたの目標は何？」「達成のために意識していることは何？」などと授業中に質問することもできます。

　また，このような動画による授業を今までに経験した生徒はほぼいないので，いろいろな思いをもつことになりま

す。担任でもない限り、そのような思いをじっくり一人ひとりに聞く時間はなかなか取れません。しかし、生徒の「ジリツ活動」中であれば、一人ひとりと数分ずつ面談をすることが可能です。私は5月ごろ全生徒一人ひとりと隣の空き教室などに行き「動画による授業をやってみてどうですか?」「困っていることはありませんか?」「私にしてほしいことはありませんか?」と聞く面談を約2分間ずつ行い、一人ひとりの生徒の思いの理解を図りました。

さらに、できることなら、授業時間中以外にも一人ひとりとコミュニケーションを図り、興味のありかや、好きなもの、将来の夢など、できる限りの質問をして生徒理解を深めたいものです。

また、前単元末の振り返りフォームで、各生徒が次の単元でどのように活動したいと書いていたかを把握し、理解できていると、授業中の言葉かけもしやすくなります。

しっかりと一人ひとりのことを理解できていると、生徒への言葉かけが変わってきます。例えば、テストで100点を取ることを目標にしている生徒がいるとします。その生徒が98点を取ったときに、その生徒の目標を知らなければ「がんばりましたね」と言うでしょう。しかし、その生徒は目標に届かず悔しがっているのです。目標を理解できていれば、「悔しいね」など、生徒が求めている言葉をかけることができるようになります。一人ひとりの理解を大切にしたいものです。

⑩（場面２）課題を早く終わらせた生徒に対応する

　「本当に？」「これはなぜ？」など数学的な本質を聞く質問をして，「わかったら呼んでね」と言って立ち去ることもよいと思います。そして，「先生わかったよ。これはね…」と言って来るのを楽しみに待っていればよいのです。もちろん，言って来ない場合も多いのですが，別のことを考えたり，別の問題に取り組んだりすることも，目標達成のために自律したよい態度だと尊重しましょう。

　「どうしたらこんなに効率よく終えられたの？」「あなたのどのような行動がよかったの？」など，自分の行動を振り返らせ，自覚を促す質問をすることもよいと思います。その質問に答えることを通して，生徒は自分の行動のよい点を整理します。すると，その後の学習においても，その行動を意識して行うことができるようになります。一生涯において役立つ自分の学び方を自覚することになるかもしれません。

　また，「この後自由になんでもしていいよ」と言われると難しい生徒もいます。そのような生徒には，早く終わった後の学び方として，次のような選択肢を提示します。
・やりたい人だけがやる発展プリントに取り組む
・教科書の節末問題をノートで取り組む
・学校指定のワークに取り組む
・学校指定のワーク付属のデジタルワークに取り組む
・eboard の学習動画やデジタル問題に取り組む
・インターネットを用いて理解を深める

・その他，自分の判断で目標達成のためによいと思うこと
　に取り組む

　このような選択肢があることにより，「だったら私は…」
と，主体的な学びが始まるのです。

⑪　（場面２）遠回りな解法で問題解決に取り組む生徒に対
　　　応する

　このような生徒に対しても，教科書通りの解法を押しつ
けたりはしません。押しつけるのではなく，理解して尊重
するのです。

　「どのように考えているの？」と質問して，生徒の考え
方の理解を図り，そのやり方を十分に承認し，尊重します。
「私は違う考え方で解決しました。あなたのやり方で同じ
答えが出るか知りたいから，答えが出たらぜひ教えてね。
もしあなたのやり方では答えが出ずに困ったときにはいつ
でも声をかけてね」と言って立ち去ります。

⑫　（場面２）成長が見られない生徒に対応する

　このような生徒に対しても「…しなさい」のような命令
口調の指示はしません。そうではなく，「…してくれると
うれしいな」などのお願い口調の指示をするのです。

　教師としてどうしてもしてみてほしいことがある場合は，
生徒に提案はしてもよいでしょう。ただし，その提案を受
け入れて実行するかどうかは生徒に委ねます。

　例えば，自分で立てた目標が，数単元連続で「がんば

る」というひと言のみの生徒がいるとします。教師として
その生徒に「自分に合う目標を立てて単元の学習をしてほ
しい」と思いました。そのようなときには，「真剣に自分
で考えた目標を立てて取り組むと，そうじゃないときより
がんばる力が何倍にも高まるよ。だまされたと思って，一
緒に目標を考えてみませんか（提案）」などと言ってみる
のです。もしも「じゃあ一緒に考えてください」と言って
きたら，その通り一緒に考えてあげます。「一緒に考えて
もらわなくていいです」と言ってきたら，「わかりました。
今度一緒に目標を考えたいと思うときがあったら，ぜひ声
をかけてね」と言って立ち去ればよいでしょう。

### ⑬（場面２）学ぼうとしない生徒に対応する

　このような生徒にも，「勉強しなさい」などの命令はし
ません。命令するのではなく，信頼していることを伝える
ことが大切です。何を信頼していると伝えるかというと，
次の３つのことです。
・あなたには学び成長したいという気持ちがあること
・あなたには学ぶ力があること
・学ぶことの意義を理解し，自分から学ぶときが近く訪れ
　るということ
　この３つのことを伝えた後は，ひたすら主体的に学習を
するときが来ると信じて待つのです。覚悟が必要だと思い
ます。応援している気持ち，困っていたら助けたいと思っ
ている気持ちが生徒に伝わっていて，なおかつ自分の価値

観を理解し尊重してくれている教師がこのように信頼してくれていると実感すれば、近い未来に、必ず生徒は行動を起こすはずです。そのときを待つのです。そのときが来たら大げさなくらい喜びの気持ちを生徒に伝えましょう。

　すべての生徒が学びたがっていることは間違いのない事実です。すべての生徒が成長したがっていることも絶対の真実です。信じ抜く覚悟が必要です。

## ⑭（場面２）指導が必要な行動をした生徒に対応する

　このような生徒に対しても、否定はしません。否定するのではなく、質問し、行動を自己決定させるのです。

　指導が必要な行動をする生徒の多くは、自分のことを自分で認めることができていない可能性がとても高いです。他人に否定されるまでもなく、自分のことを否定的に捉えているのです。

　工藤、青砥（2021）は、自己否定に走っている子どもを自律した人間に変えていくリハビリのための３つの言葉かけ（質問）を提唱しています。

A　「どうしたの？」（怒った表情を一切見せずに）
　　自分の置かれている状態を言語化させる質問

B　「どうしたいの？」
　　自分の置かれた状態を解決するための方法を考えるきっかけを与える質問

C 「先生にできることはある？」

支援を受けるか受けないか，さらに，受けるならどのような支援を受けたいかを自分で判断させる質問。さらに，支援する意思があることを生徒に伝えることになるので，「先生は味方だ」と心理的に安全な状態にさせる効果もある質問。

否定される代わりに質問されることにより，自分の行動を自己決定できるのです。自分で決めた行動は実行できます。決めたことを実行できた自分を，自分で肯定できます。自分を受け入れることもでき，様々な行動を起こす意欲をもつことにつながります。目の前の課題に立ち向かう勇気をもてるようになっていきます。

生徒を否定しそうになったとき，このような生徒の未来の成長までをも想像して，その気持ちを抑えてみませんか。普通なら叱り，否定し，反省を促すような場面でも，３つの質問を通して生徒のありのままを理解し，認め，生徒自身で自分の行動を自己決定させてみませんか。

## ⑮（場面２）笑顔でいる

生徒たちに温かなまなざしを送ることで，生徒は「先生に受け入れられている」と感じます。教師が笑顔でいることも，情緒的なつながりを実感できる環境づくりにおいてとても大切です。なので，やることがないときは，教室の前で俯瞰的に全体を笑顔で見ていたり，笑顔で教室内を歩

いたりします。生徒が顔を上げ，目が合ったときには「がんばってるのを見守っているよ」「何か困ったことがあったら声をかけてね」の気持ちを込めて，アイコンタクトを取ります。

## ⑯ （場面２）自分なりの言葉によるすてきなまとめを全体に紹介する

　生徒が進度表に○をつけるために「チェックをしてください」と言ってきたときに，生徒のプリントを見ると，自分の言葉でとてもよいまとめを書いていることがあります。そのような場合「とてもいいまとめです。写真を撮って，皆に紹介させてもらえませんか？」と聞きます。「いいです」と言ってもらえたら写真を撮り，それを大型テレビに映します。そのまとめを全員が見ることの効果は２つです。１つは他の生徒たちがそのまとめから学び，数学の理解を深めることです。もう１つは，自分なりの言葉によるまとめを書くことの重要性が全体に伝わることです。

## ⑰ （場面２）承認し，価値づけする

　授業中に次のような生徒がいたらどうしますか。

・自分なりの言葉でよいまとめを書いている生徒

・目標達成を強く意識している生徒

・成長を喜んでいる生徒

・難しい問題に挑戦し，試行錯誤している生徒

・間違えた問題を成長に生かしている生徒

・自分から他者に貢献している生徒

・全力で授業を楽しみ，成長している生徒

　私なら，これら生徒のよい行動をクラスの皆に聞こえるように大げさなくらい承認し，価値づけします。もしくは，黒板に「…している人がいます。とってもうれしいです」のように書くことで承認し，価値づけします。そうすることで，その生徒の行動がモデルとなり，同様の行動をする生徒が増えていくことにつながるからです。

　生徒を承認する際に私が大切にしていることは，以下の通りです。

・能力ではなく，努力や行動を承認する

・結果ではなく，過程を承認する

・抽象的にではなく，具体的に承認する

・後日ではなく，その日に承認する

・大人の規準ではなく，生徒の規準で承認する

・行動を始めた1人目だけでなく，その行動を取り入れた2人目以降も承認する

・実際に行動した生徒だけでなく，行動しようとした生徒も承認する

・すごい行動だけでなく，できて当たり前の行動も承認する

　最後にもう1つ大切にしていることを追加します。それは，「たとえ行動はしていなくても，存在を承認する」ということです。「今日もあなたに会えてうれしいな」「学校に来てくれてありがとう」のように存在を承認し続けてい

くと，ちょっとした行動を始めてくれるものです。

　また，生徒に応じて他の生徒だったらそのくらいの行動
では承認しないような行動だとしても「おっ，…したんだ
ね。成長したね。すごくうれしいな」などと声をかけます。
すると，行動の質も高まっていくものです。

## ⑱（場面３）「ありがとう」を言う

　授業の終わりは，私がうれしかったことについて「今日
の皆さんは…でとてもうれしかったです。ありがとう」と
言って終わるようにしています。

　では，「ありがとう」と言うことが見つからない日はど
うしたらよいでしょうか。

　旅行先のコンビニでトイレを借りる場面をイメージして
ください。トイレに入ると「いつもきれいに使っていただ
きありがとうございます」と書かれていることがあります。
旅行先なので，そのコンビニもそのトイレも使ったことな
どありません。それでもそのような貼り紙を見るといい気
分になり，実際にトイレをきれいに使おうという気持ちに
なります。

　そこで私は，「ありがとう」と言うことが見つからない
クラスの生徒たちにも，「この生徒たちは，私が見ていな
いところではきっと○○してくれているだろう」と感じた
とき，「いつも○○（実際にはまだしているところを見て
いないこと）をしてくれている人が多くいます。ありがと
う」と言うことがあります。それでいい気分を味わっても

らい，実際にその行動をしようという気持ちになってもら
うためです。その後，その通りの行動をする生徒もいれば，
しない生徒もいますが，それでよいのです。とにかく「あ
りがとう」をたくさん言いたいと思っています。

　スティーブン・R・コヴィー氏の著書『7つの習慣ファ
ミリー』(2015) では，ゲーテの次のような言葉が紹介さ
れています。

　「現在の姿を見て接すれば，人は現在のままだろう。人
のあるべき姿を見て接すれば，あるべき姿に成長していく
だろう」

　私はこの言葉を大切にしています。


### ⑲（場面３）生徒の様子を情報として伝える

　授業中に生徒の好ましくない行動や様子があったときに
は，教師が自分の目に映った行動や様子をそのまま生徒た
ちに伝えます。その際，生徒が「否定された」と受け取ら
ないような言い方を心がけることが大切です。そのために
は「あなたたちの○○な行動はよくありません」のような，
「あなた」を主語にした言い方ではなく，「今日の授業では，
○○な行動が見られました。私は少し残念に思いました」
のように，事実に加えて「私」を主語にした言い方をする
とよいと思います。

　間違っても，生徒の「能力」を否定することがあっては
なりません。能力は生徒にとってコントロール不能なもの
です。コントロール不能なものを他人がとやかく言うのは，

百害あって一利なしです。生徒にとってコントロール不能な能力ではなく，生徒自身でコントロールできる「行動」のよくない点を伝えるのです。

　ある生徒のよくない行動（例えば，授業と無関係の話が多い）を伝えるとその生徒に「否定された」と受け取られそうで伝えるのが難しいときもあります。そのようなときは，別の生徒の逆のよい行動（例えば，授業に集中していた）を全体の前で承認するという方法がおすすめです。

　ある生徒のよい行動を承認すると，その行動はよいことなのだと学び，自分でも取り入れ，似た行動を主体的に始める生徒が増えていくことにつながることは上述の通りです。さらに，その逆の好ましくない行動を取る生徒が減ることにもつながるのです。

### ⑳（場面３）その日の振り返りを書くことを促す

　私は，授業終了の５分前くらいに，次のように言って，計画表のその日の振り返りを書く欄への記入を促します。

　「授業はあと５分ほどになりました。自己調整するために，振り返りはとても重要です。皆さんに今日を振り返ってもらうために質問します。

　今日悩んだ問題はありませんでしたか？

　その問題をどう解決しましたか？

　何がポイントでしたか？

　次に似たような問題が出てきたらどうしますか？

　あなたは次回何をやりたいですか？

今日，成長につながる失敗をしませんでしたか？

今日のあなたの活動を忘れないうちに，今振り返りを書いておくことをすすめます。もし，今はどうしても集中していて書けない場合は，各自で時間を見つけて書いておきましょう」

## ㉑（場面３）各自に自己評価をさせる

授業終了のチャイムが鳴る直前に，この１時間の自分の活動を自己評価させます。この１時間を目標達成に向かういい時間にすることができたかについて振り返り，次回の自分の行動を考えてもらうためです。

具体的には，自己評価50点ならグー，60点なら人差し指１本，70点なら指２本，80点なら指３本，90点なら指４本，100点なら指５本です。50点未満なら手をあげません。

「では，いつも通り自己評価をしてもらいます。自己評価をすることは成長のためにとても大切です。ベストを尽くせたという人は自信を持って100点をつけてください。けれど，今日の自分には甘さがあったという人は正直に自己評価しましょう。『これでよし』と自分を甘やかすと成長につながりません。さあ，今日のあなたは何十点か考えてください。10秒後に手をあげてもらいます。

（10秒後）では一斉に片手をあげてください。どうぞ。おおまかに平均点を計算すると92点くらいです。全員で称え合いましょう。拍手！」

# 3 ラスボスの授業

ラスボスの授業は大きく5つの場面に分けられます。

---

場面1　確認テスト直前のジリツ活動（5分）

場面2　確認テスト（10分）

場面3　相互に採点（2分）

場面4　ラスボスクリア（全員が納得）を目指す時間
　　　　（18分）

場面5　単元振り返り（15分）

---

これらそれぞれの場面での教師の行動をまとめます。

## ①（場面1）メッセージを伝える

次のように話して，「ジリツ活動」に入ります。

「さあ，いよいよラスボスの日になりました。ラスボスクリアのために今日までがんばってきました。皆さんで単元のはじめに設定したレベルの確認テストを用意してきました。その確認テストの全問をこの時間内に全員が納得できれば，ラスボスクリアです。クリアして全員で達成感を味わいたいですね。確認テストは約5分後に始めます。それまではいつもと同様，目標の達成のため，クリアのためなら何をしてもいい，『ジリツ活動』の時間を取ります。あなた1人が納得してもクリアになりません。さあ5分間

何をしますか？　それでは，確認テスト前最後の『ジリツ活動』５分を始めます。スタート！」

## ②（場面２）解答を準備する

　確認テストを配付して確認テストが始まったら，確認テスト終了後すぐに答え合わせができるように準備をします。私は Google Classroom で解答を下書き保存しておいて，確認テスト中に投稿することにしています。

## ③（場面３）間違いをそのままにしない環境を設定する

　「では，隣の人と交換して採点し合いましょう」と言い，採点し合ってもらいます。その意図は，間違えた問題を協働して解決しやすい環境をつくるためです。採点者は自然と相手が間違えた問題を教え始めることが多いです。それをねらっています。

## ④（場面４）最善の行動を自己決定させる環境を設定する

　次のようなことも話します。

　「間違えた問題があった人に伝えたいことがあります。皆さんが真剣に確認テストに臨んでくれたことは十分伝わっています。真剣に取り組んだ間違いは，成長に直結します。今間違えてよかったですね。本番の試験である単元末テストのときに同じ間違いをしないで済むように成長できます。そのためにはどのようにしたらよいでしょうか？自分で考えて行動してくれるとうれしいです。

ダンブルドア校長がハリーポッターに言った言葉を覚えているでしょうか？　『自分が何者かは能力で決まるのではない。どんな“選択”をするかじゃ』と。さあ，全員が間違えた問題を納得し，全員でラスボスクリアをするために，あなたはどのような選択をしますか？

　18分後に『確認テストの問題すべてを納得した人は手をあげてください』と言います。そこで全員が手をあげられたらラスボスクリアです。18分どのような行動を選択してもいいです。クリアのためによいと思う行動を始めてください。18分間の『ジリツ活動』スタートです」

### ⑤（場面４）生徒の求めに応じる

　質問をしてくる生徒にはヒントを出します。確認テストをもう１枚ほしいと言ってくる生徒には渡します。確認テストをほしがる生徒が多いクラスには10枚程度余分に印刷しておいて「教卓の上に確認テストの予備を置いておきます。もう一度やるという行動を選択したい人は自由に持っていってください」と全体に伝えます。

### ⑥（場面４）単元末の振り返りの準備をする

　このジリツ活動中に，その後の単元末振り返りの準備をします。私は Google Classroom でフォームを下書き保存しておいて，「ジリツ活動」中に投稿することにしています。

⑦（場面４）ラスボスクリアか確認する

　18分が経ったら，次のように話します。

　「では，時間です。この単元のラスボスクリアができた
か確認します。この後，確認テストの問題すべてを納得し
た人に手をあげてもらいます。もし，手をあげられなかっ
た人がいたらどうしますか？　その人を責めますか？　絶
対にそのようなことがあってはいけません。私は正直に手
をあげないという行動を称えます。だって，わからないの
にそれを隠したらわからないままになります。わからない
ことを自覚し，このままではいけないと思っているから手
をあげないのです。だから，まだ理解できていない問題が
ある人は，正直に手をあげないでいいですからね。

　では，確認します。確認テストの問題すべてを納得した
人は手をあげてください。どうぞ。

　（全員手をあげた場合）ぜひ前の人も後ろの方を確認し
てください。全員が手をあげています。やりました！　ラ
スボスクリアです。拍手！　うれしいですね。異なる強み
をもった仲間全員で協働して，目標を達成できたときの達
成感はたまりませんね。やはり，授業はゲームですね。次
の単元も，皆でラスボスクリアを目指して最善を尽くして
いきたいですね。

　（手をあげない生徒がいた場合）はい，手を下ろして下
さい。私は正直に手をあげない行動をしてくれた人を確認
しました。それがだれかについては，みなさんは気にしな
くていいことです。私は正直に手をあげなかった人に言い

たい。すばらしい。まだ納得できていないという自覚があることが，できるようになることにつながります。私に何か役立てることがあったらいつでも言ってきてください。とにかく応援していますよ。次に，全問納得できた人に言いたい。がんばりました。自分の成長を自覚していますよね。自信をもってくださいね。次の単元では，全員でラスボスクリアできるといいですね。自分だけが納得できてもラスボスクリアにはなりません。どうすればクリアできるか考えて，さらなる行動をしてくれることを期待します。あなたたちならどんなことでもできるはずです。期待しています」

⑧（場面５）単元末の振り返りをするよう指示する
　次のように話します。
　「では，単元末の振り返りをしてください。今ほどクラスルーム上にフォームをアップロードしました。皆さんがこの単元を粘り強く取り組むことができたか，自己調整しながら『ジリツ活動』に取り組むことができたか，自己評価してもらいます。正確に自己分析ができることにより，次の単元でのあなたの行動がさらによりよいものに改善でき，大きく成長できることにつながります。正直に，正確に，真剣に，自己評価してくれるとうれしいです。では，始めてください」

振り返り（Forms）
サンプル

## ⑨（場面５）確認テストと計画表を回収する

　授業終了直前に，確認テストと計画表を回収します。回収する目的は２つあります。１つ目は，授業を改善するためです。確認テストの難易度が適切だったかを振り返ることができます。２つ目は，「主体的に学習に取り組む態度」の評価に使うためです。計画表に書かれている日々の振り返りの記述，単元末の振り返りの記述を評価に活用しています。日々自己調整してきたかどうかと，粘り強く考えてきたかどうかを読み取ることが可能だからです。評価に活用するのであれば，事前にどのように評価するのかを生徒に話しておくことが必要になるでしょう。

## ⑩（次時冒頭）単元末の振り返りのすてきな記述を
##            紹介する

　「前の時間に，単元末の振り返りとして皆さんが書いたすてきな記述を少し紹介させてください。

　　『問題が違っても，同じだと思って解くと，意外と簡単だったりすることに気づくことができた』

　　『難しい問題でもあきらめずにがんばろうという気持ちになったところが自分の成長だと思う』

　　『"わからない人はいませんか？"と声かけしている仲間の行動がすごいと思った』

　私はこれらの記述から皆さんの成長を感じ，とてもうれしく思いました。ありがとう」

　上の例は，どれも実際に生徒が単元末の振り返りで記述

したものです。

このように前単元の振り返りを紹介する目的は3つあります。1つ目は，自分のクラスに誇りをもつことで，次の単元の学習への意欲を高めることです。2つ目は，紹介した行動を次の単元での学習で行う生徒を増やすことです。3つ目は，次の単元末の振り返りも真剣に書くようにすることです。

【第5章の参考・引用文献】

・蓑手章吾（2021）『子どもが自ら学び出す！　自由進度学習のはじめかた』学陽書房
・永野裕之（2012）『大人のための数学勉強法　どんな問題も解ける10のアプローチ』ダイヤモンド社，p.41
・喜多川泰（2008）『「手紙屋」蛍雪篇　私の受験勉強を変えた十通の手紙』ディスカヴァー・トゥエンティワン
・吉野源三郎（1982）『君たちはどう生きるか』岩波書店
・瀧本哲史（2016）『ミライの授業』講談社
・木下晴弘（2013）『学校では教わらなかった人生の特別授業』フォレスト出版
・比田井和孝，比田井美恵（2016）『私が一番受けたいココロの授業　子育て編』ごま書房新社，p.146
・水野敬也（2014）『夢をかなえるゾウ3　ブラックガネーシャの教え』飛鳥新社，p.358
・工藤勇一，青砥瑞人（2021）『最新の脳研究でわかった！　自律する子の育て方』SBクリエイティブ，pp.93−94
・スティーブン・R・コヴィー（2015）『7つの習慣ファミリー　改訂版』キングベアー出版，pp.117−118

**第2部　単元内自由進度学習の実際**

# 第6章
# 単元内自由進度学習を行った
# 生徒の反応

# 1 3か月間実施後の生徒の反応

　4月はじめから6月末まで単元内自由進度学習を行ってきた生徒86名に採ったアンケートの結果を紹介します。

> ①自分のペースで行える今年の授業と，昨年まで受けてきた一般的な授業のどちらがよいですか？
> その理由も教えてください。

【今年の授業がよい】75名／86名（87%）

・自分のペースで進められる。（多数）

・気軽に聞けるから疑問をその場で解決できる。（多数）

・一般的な授業では自分がわからないところがあってもどんどん授業は進んでいくし，「わからないです」とも言えない。今年の授業はいつでも友だちや先生に聞ける。

・今までは早く問題を解き終えてもみんながだいたい終わるまで待たなきゃいけなかったけど，今は一人ひとりが自分のペースで進められるので集中して取り組める。

・終わったら終わっていない人のところへ行き教えられる。

・自分から進んでやりたくなる。友だちと一緒にできるらめっちゃ楽しい。

・苦手だった数学を前より好きになりがんばろうと思える。

・先生が前で説明しない分，自分の頭で考えなければなら

ないから理解度が上がった。

・動画は先生に直接教わっている感じ。文字もすぐに出るから効率的。

・学校を休んでも，プリントを家に持ち帰って QR コードを読み込めば YouTube で同じ動画を見られるので家でもできる。動画は何回も見ることができる。

・「確認テスト全員クリア」という皆の目標があるから一人ひとりが理解するために皆で協力できる。

・今年の授業の方が，「自立と自律」という目標を達成しやすい。


**【一般的な授業がよい】11名／86名（13%）**

・板書があった方が自分は理解しやすい。

・一般的な教師の解説のある授業の方が慣れているから。

・全員同じペースだとわからないところを一緒に解きやすい。遅れない。

・わからないときに，自分から聞きに行くのが苦手な人もいるはずだから。

・自由進度学習は「自分で」すべてやらないといけないので，どうすればいいかわからなくなることがまだある。「自律」できるようになればすごくいい学習方法だと思う。


　2022年度（アンケート中の「今年」）の1学期は，数学についての板書や解説はまったくしていませんでした。し

かし，「一般的な授業がよい」という生徒の意見を踏まえ，多少ですが板書や解説をしたり，わからないことを聞くことが苦手な生徒に対応したりできるように，2学期から「人間ドック（授業の最初の小テストによる生徒の学習状況のチェック）」を始めました。「人間ドック」は生徒にとても好評でした。

> ②授業中のあなたはどのように活動しているか教えてください。

・計画をはじめに立てる→計画通りに学習する→振り返りをする。
・とりあえず最初は1人で集中してやって，わからなかったら聞きに行く。
・友だちと意見交換をして，それを吸収し，自分の力にしている。
・理解できなかったところは動画を戻して理解しようとする。動画の重要なところを自分で考えてメモする。自分がわかりやすいようにまとめる。
・私は数学が得意な方なので，いち早く動画を見終えて，その後の時間はワーク等で自分のさらなる内容理解に向けて問題を解いたり，まわりの困っている人のところへ行って積極的に教えてあげたりしている。

# 2 1年間実施後の生徒の反応

　1年間単元内自由進度学習を行ってきた生徒85名に採ったアンケートの結果を紹介します。

> ①自分のペースで行える今年の授業と，昨年まで受けてきた一般的な授業のどちらがよいですか？
> その理由も教えてください。

**【今年の授業がよい】80名／85名（94％）**

・自分のペースで学習できるから。（多数）

・一般的な授業は自分にとって進みが遅いと感じることが多かったので，自分で動画を進められるこの形式は革命的でした。

・去年までの授業だと，わかっていることを説明されて退屈だったときがあったが，今年は退屈な時間がなかったから。

・一般的な授業だと先生に聞きづらくてわからないままでもったいない時間を過ごしてしまうことも結構あったけど，今年の授業だとまわりの人や先生にすぐに教えてもらうことができ，わからないままもったいない時間を過ごすことがなくなった。

・一般的な授業では一度わからなくなるとその後の応用も

できなくなって自信を失っていました。でも今年の授業
では自分が納得するまで基礎を復習できたし，そうする
ことで応用も解くことができて自信がつきました。
・一般的な授業ではおいていかれることがあったから。
・去年までの数学の授業では，追いつけなくてわからない
ところがたくさんあったけど，今年の授業では自分のペ
ースで進められたためしっかり理解できたから。
・遅めの人を待つ時間がないから。
・急いで「みんなと同じところを理解しなきゃ」と焦るこ
とがないから。
・家でも自分のペースで進めることができるから。
・風邪で休んでいたとき QR コードを読み取ることで学
校と同じように学べるところに実際に助けられたから。
・何度でも同じ動画を見て確認できるから。
・友だちや先生に質問しやすかったから。（多数）
・友だちに聞きに行きたいときにすぐ聞きに行けるから。
・わからないところは好きなタイミングで聞けるから。
・わからない問題に好きなだけ時間をかけることができる
から。
・わからないところを，じっくり考えられるから。
・わからないところを，わからないままにすることを減ら
すことができたから。
・気軽に相談でき，楽しい授業だったから。
・単元をひと通り学び終えたら，自分が理解できていない
ところについての理解を深めることができるから。

・先生に時間的余裕があるので，わからなそうにしている
　人や，自分が悩んでいたら「大丈夫？」と声をかけてく
　れて一人ひとりに寄り添ったとてもよい授業だと思った
　から。
・わからないことがあったら，初歩的なことでもまわりを
　気にせず先生に聞くことができたから。
・最初は友だちにも聞きづらかったけど，一緒にやってい
　くと自分から聞けるようになりました。
・クラスみんなが1つの目標に向かって協働することで，
　クラスメイトとの絆が深められる点。
・他人に教えたり教えられたりすると記憶に残り覚えやす
　いから。
・一般的な授業では仲間と話す機会が少ないが，今年の授
　業では自由にコミュニケーションが取れたり，アウトプ
　ットすることができたりするから。それにより，自分が
　本当に理解できているかどうかも知ることができるから。
・友だちといつも以上に協働しながら楽しく授業が受けら
　れ，内容も理解しやすかったから。
・今までの授業とまったく違う授業で，最初は不満ばかり
　でしたが，今振り返るとすごくよかった。
・一般的な授業だと集中できなかったけど，自分のペース
　でやると毎日の授業に集中できるようになっていた。
・普通の授業だと眠くなるけど，今年の授業は眠くなるこ
　とがなかったから。
・理解が深まり，数学の力が身についたと実感できたから。

・テストで解ける問題が増えたから。
・テストでいい結果が出るのがうれしかったから。
・前よりも，数学の勉強が楽しく感じたから。
・今年の授業を受け，自分からやることが増えてきたおかげで，勉強することが楽しくなったし，テストの点数も上がったから。
・数学に対するモチベーションが上がった。とても楽しかった。
・私が嫌いであきらめていた数学をがんばれるようになったから。
・今まで苦手意識があった数学を楽しく学ぶことができて，好きになることができたから。


【一般的な授業がよい】 ５名／85名（６％）
・動画だと，わからないところがあったら，細かいところまで聞くことができないから。
・黒板を使ってポイントやまとめを書いてくれた方がわかりやすいと思ったから。
・今年の授業だと怠けてしまうことが多く，自分には合わないと思ったから。
・本当に自由なので縛られている感じがなく，少し怠けてしまった自分がいたから。
・「自由」といっても，境界線をはっきりしてほしかったから。

「一般的な授業がよい」という生徒たちの意見を踏まえて，2023年度は2022年度以上に「人間ドック」をする授業を増やし，わからなくて困っている生徒に黒板を使って説明する頻度も増やしています。

また，2022年度は「自由」を強調した結果，学習支援動画をほぼ見ず，プリントにも取り組まず，インターネットで自由に学ぶ生徒が2人ほどいました。それも自分に合う学びをしている姿と捉え，容認してきましたが，その生徒たちは数学の力を十分高められていませんでした。そこで，2023年度からは生徒が学習支援動画を見て，プリントにボス問を解き，自分なりの言葉でまとめているかを教師がチェックすることのできる進度表（本書で紹介したもの）を用意し，活用し始めました。

②1年間の単元内自由進度学習を通して，あなたにはどんな力が身についたと思いますか？
　どのような力が高まったと思いますか？

・最後まであきらめずに挑戦する力（多数）

・最後まで自分で解こうとする粘り強さ（多数）

・1つの問題に対して粘り強く考える力（ワークの問題ですぐに答えを見なくなった）

・協力・協働する力（多数）

・自分で考える力（多数）

・わからないことを素直に聞く力，質問する力（多数）

- 人に教える力（多数）
- アウトプットする力
- 自分の言葉で要点をまとめる力
- 自分で自分に合う目標を設定する力
- 計画を立てる力（多数）
- 自分で計画を立て，自律して学習を進める力
- 自分で計画を立て，目標を達成する力
- 自分で計画を立て，実行する力
- 自分で計画を立て，自分のペースで進める力
- なぜそうなるのかを考える力
- 「なぜ？」と疑問に思い，調べる力
- 自分で情報を探す力
- 必要なことを逆算して考える力
- 自分で何をするか考える力
- 今の自分に必要なことを見つける力
- 決められた期間の中で，自分がやるべきことを自己調整する力
- 自分自身をコントロールする力
- 自分自身をマネジメントする力
- 自律の力（余計な話をしてしまうこともありましたが，自律しなくてはいけないという気持ちが強まり，自律する力が成長したと思いました）
- コミュニケーション力
- 数学をすることは楽しいという感情

# あとがき
## Afterword

　本書を最後までお読みいただき，ありがとうございました。

　さて，最後にまた質問させてください。

> Q1　担当しているクラスの生徒の学力差に対応できそうではないですか？
>
> Q2　授業の演習時間中，早く解き終わり，時間を持て余している生徒や，演習時間内には問題を解くことができず「もう少し時間がほしいのに…」と思っているであろう生徒に対応できそうではないですか？
>
> Q3　「仲間と協働したい」と考えている生徒の希望と，「自分で1人でじっくり考えたい」と考えている生徒の希望，どちらも叶えることができそうではないですか？

Q4 50分の授業時間中，生徒全員が自分の頭をフル回転させて考えている時間が長い授業ができそうではないですか？

Q5 これからの時代を生きる生徒につけたい力をつけられる授業ができそうではないですか？

本書を読み終えて，読者の先生方のこれらの質問に対する答えがすべて「はい」であれば，うれしい限りです。

極論を言うと，私は「自律」と「自立」を促すことができる授業であれば，学習支援動画を用いた単元内自由進度学習でなくても全然よいと思っています。単元内自由進度学習にこだわっているわけではありません。生徒の「自律」と「自立」にこだわっているのです。その結果，生徒の人生を「幸せ」なものにすることにこだわっているのです。

現在の私が考え抜いた結果，生徒の「自律」と「自立」を最大限に促し，「幸せ」な人生に導くことができる授業は，学習支援動画を用いた単元内自由進度学習であると思ったから紹介させていただいたのです。

生徒の「自律」「自立」「幸せ」を重視している他の授業方法について，これからも勉強・研究していきたいと思っています。そのような実践をされている方はぜひご連絡い

ただき，ご教示いただけるとありがたいです。

　2016年の中央教育審議会答申には「目の前の子供たちの現状を踏まえた具体的な目標の設定や指導の在り方について，学校や教員の裁量に基づく多様な創意工夫が前提とされている」との記述があります。

　本書が，読者の先生方の目の前にいる生徒のために新たな創意工夫を考えるきっかけとなることができたら幸いです。本書を通して，何か「やってみよう」と思ったことがあるのであれば，勇気をもって挑戦されることを応援しています。


　2022年度，私は新型コロナウイルス蔓延防止の観点から，数日間連続して学校に出勤できない期間が３回もありました。しかし，そのようなときでも，事前に生徒には１単元分のプリントが配付してありましたし，１人１台持っている端末で動画を見ながら，「自律」して「自立」した学びを続けることができました。この点にも，単元内自由進度学習の新たな可能性を感じています。

　私は，2022年度に中学校現場ではじめて働いたのですが，中学校の先生方の忙しさは予想をはるかに上回るものでした。「中学教師の仕事はブラックだ」と言われていることの正しさを，身をもって実感しました。「働き方改革」が進まなければ，これから教師になりたいと思う未来の有能な教師が減ってしまうことは，逃れようのない事実だと思います。そうなってしまったら，未来の子どもにしっかり

とした教育が届けられません。未来の子どもを不幸にしてしまいます。このような現在の教育界の大きな問題の解決にも，学習支援動画を用いた単元内自由進度学習は貢献できるのではないかと考えています。

ダーウィンは，「進化論」で，「強いものが生き残るのではない。賢いものが生き残るのでもない。変化に対応できるもののみが生き残るのだ」と言いました。現在の教育界は，過去に例を見ないほどの大きな転換期に差しかかっています。変化に対応し，世界で生き残れる教育を日本でもしていかなければいけないと思います。


今回，このような形で私の考えと実践をまとめる機会を頂戴しました。その作業を通じて，自分がやるべきこと，やりたいこと，自分の人生のミッションを明確にすることができました。授業も，本書執筆前以上に生き生きしてきました。これもすべて本書の執筆の話を私にしてくださった，明治図書出版教育書編集部の矢口郁雄様のおかげです。この場を借りて心より感謝申し上げます。ありがとうございました。

また，この本を書き上げられたのは，今まで多くのことを学ばせてくださった方々のおかげです。共に働き，学びをくださった多くの皆様と，参考にさせていただいたり，引用させていただいたりした様々な書籍の多くの著者の皆様にも，心より感謝しています。ありがとうございました。

さらに，私の授業を受けてくれ，多くの気づきと学びを

204

くれた，三条市立第二中学校の生徒の皆さんにも本当に感謝しています。ありがとうね。

　最後に，執筆を支えてくれた妻と3人の子どもたちにも感謝しています。本当にありがとう。3人の「自律」と「自立」をパパはいつも応援して見守っているよ。

　最後の最後に，読者の先生方。ここまで読んでいただき心より感謝申し上げます。大変ありがとうございました。読者の先生方の目の前にいる生徒たちに，私は会うことはできません。直接会うことはできない日本の多くの生徒の「自律」と「自立」を促すことに間接的に少しでも役立つことができたとしたら，これほどうれしいことはありません。

　日本中の多くの生徒の幸せと，日々奮闘してがんばっておられる先生方の幸せをお祈りして，終わりにします。


　2023年7月

　　　　　　　　　　　　　　　　　　松﨑大輔

## 【著者紹介】

松﨑　大輔（まつざき　だいすけ）

1981年生まれ。筑波大学第一学群自然学類卒業。同大学院修士課程教育研究科数学教育コース修了。その後，新潟県公立高等学校数学教諭として13年の勤務を経て，新潟県立教育センターで特任指導主事として勤務。新潟県立教育センターでは学習支援動画約170本を作成。作成した学習支援動画を用いて単元内自由進度学習をすることを希望し，2022年度より新潟県公立中学校の現場へ派遣異動。現在，三条市立第二中学校で教諭として毎日実践研究中。

日本教育情報化振興会主催の「ICT夢コンテスト2022」において「学習支援動画を用いた単元内自由進度学習で，個別最適な学びと協働的な学びを促す」が優良賞を受賞。

中学校数学
生徒の自律と自立を促す　単元内自由進度学習

| 2023年8月初版第1刷刊　ⓒ著　者 | 松　　﨑　　大　　輔 |
| 2024年9月初版第2刷刊　　発行者 | 藤　　原　　光　　政 |
| 発行所 | 明治図書出版株式会社 |

http://www.meijitosho.co.jp

（企画）矢口郁雄（校正）大内奈々子・山根多惠

〒114-0023　東京都北区滝野川7-46-1
振替00160-5-151318　電話03(5907)6701
ご注文窓口　電話03(5907)6668

＊検印省略

組版所　株式会社カシヨ

Printed in Japan

ISBN978-4-18-387139-8

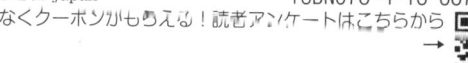
もれなくクーポンがもらえる！読者アンケートはこちらから　→

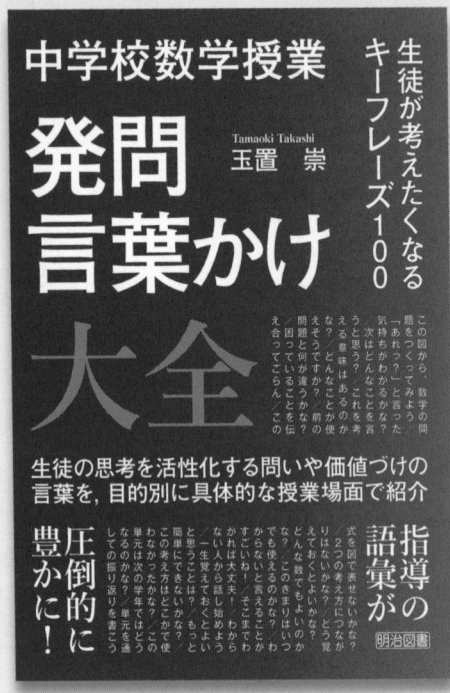